现代工商管理
·文·库·
THE SERIES BOOKS OF MODERN BUSINESS MANAGEMENT

总主编：陈佳贵 冯 虹

第二版

现代资本经营

王先庆⊙编著

MODERN
CAPITAL
OPERATION

经济管理出版社
ECONOMY & MANAGEMENT PUBLISHING HOUSE

图书在版编目（CIP）数据

现代资本经营/王先庆编著.—2版. —北京：经济管理出版社，2012.12
ISBN 978-7-5096-2241-4

Ⅰ. ①现… Ⅱ. ①王… Ⅲ. ①企业管理-资本经营 Ⅳ. ①F275.1

中国版本图书馆CIP数据核字(2012)第288023号

责任编辑：苏全义
责任印制：蒋　方
责任校对：超　凡

出版发行：经济管理出版社
（北京市海淀区北蜂窝8号中雅大厦A座11层 100038）
网　　址：www.E-mp.com.cn
电　　话：(010)51915602
印　　刷：三河市延风印装厂
经　　销：新华书店
开　　本：787mm×960mm/16
印　　张：14.5
字　　数：297千字
版　　次：2012年12月第2版　2012年12月第1次印刷
书　　号：ISBN 978-7-5096-2241-4
定　　价：25.00元

总主编简介

陈佳贵，男，汉族，四川岳池县人。先后毕业于中国人民大学、中国社会科学院研究生院，获硕士和博士学位。现任中国社会科学院副院长，全国人大常委、财经委委员，研究员、博士生导师。兼任中国企业管理研究会会长、中国经社理事会副主席、中国工业经济联合总会副会长、国务院学位委员会学科评议组成员。

陈佳贵同志曾长期在企业从事管理工作，并在香港中文大学工商管理学院和美国科罗拉多大学经济学院长期研修。曾任中国社会科学院工业经济研究所所长，主要研究领域是工业经济、企业经济、企业改革和企业管理等方面。1990年获国家有突出贡献的中国博士称号、1992年获国家级有突出贡献的中青年专家称号。出版著作（包括独著、合著）30余部，发表论文400多篇。其中《现代大中型企业的经营与发展》获第六届“五个一工程奖”，《论企业对市场的适应性》获中国社会科学院“第一届优秀论文奖”，《市场经济与现代企业制度》获《经济日报》举办的“优秀经济读物奖（1994）”，参与写作的论文多次获“孙冶方经济科学奖”，10余篇论文获优秀作品奖。

冯虹，1957年4月生于重庆市。现任北京联合大学副校长，校学术委员会常务副主任，教授、硕士生导师。兼任中国劳动科学教学研究会副会长，北京市高级职称评审委员，北京市社科规划项目综合组评审委员。

1982——1994年在北京经济学院劳动经济系先后任副系主任，系党总支书记；1994——2001年先后任北京经贸大学副校长兼秘书长、首都经贸大学副校长。2001年起任北京联合大学副校长。1996年赴荷兰做高级访问学者半年。2003年起在职攻读经济学博士学位。

主要讲授社会经济统计学原理、劳动统计学、人力资源管理学、经济学方法等课程。指导硕士研究生几十名。被北京市人民政府授予“北京市优秀青年知识分子称号”。长期从事劳动经济理论和人力资源管理与统计的研究，主持了国家“八五”社科基金重点项目“中国就业管理体制研究”，其研究成果形成专著——《就业管理》，获得劳动部科技进步三等奖。作为中青年学者，撰写了大量的专著、教材和论文100多万字，并主持国家及省部级课题多项。其中代表性的著作有：《现代企业人力资源管理》、《现代企业统计分析》、《现代人力资源统计学》、《新编统计学原理》、《就业管理学》等。

现代工商管理文库
总主编、总副主编、编委名单

现代工商管理文库

总 序

1997年，我们曾经组织编写过“跨世纪企业家管理文库”，全套书共13本，被列入国家“九五”重点图书出版计划。这套书出版后，受到了广大读者的欢迎和社会有关方面的好评，其中的大多数很快又重印，有的书重印了四次，有的还获了奖。时隔七八年后，出版社仍然不断地接到一些大学和培训机构要求购书或要求加印的电话。在这种情况下，我们曾考虑对这套文库进行修订，但是经过反复讨论后，大家认为还是新编一套工商管理丛书更好。一方面，原书的许多作者的工作发生了变动，凑齐原班人马已经是不可能；另一方面随着科学技术的飞快发展和我国改革开放的不断推进，国内和国际的经济环境发生了很大的变化，管理理论和管理实践出现了许多重大突破和创新，原有的那套教材已经难以适应现代工商管理的需要；所以，我们决定在原来那套文库的基础上重新组织编写队伍，编写这套“现代工商管理文库”。

在组织编写这套“现代工商管理文库”的过程中，我们主要做了以下工作：首先，成立了文库的编委会，并在广泛征询有关专家意见的基础上，拟定了文库的开发方案，制定了编写体例。其次，认真选择每一本书的主编。我们除了将学术地位和影响、教学经验和实践经验等因素作为选择主编的条件外，还要求每本书的主编熟悉管理理论的最新发展。再次，认真审定每一本教材的编写大纲。最后，由每本书的主编确定作者。在组建编写队伍的过程中，我们还特别强调了作者的责任心和良好的敬业精神。

工商管理作为管理类的核心学科，其学科体系中的一些基本理论与方法，对于其他所有行业的管理都具有广泛的适用性，因此，这一学科的建设和发展状况对所有管理类专业的建设和发展都会产生直接的影响。有鉴于此，这套工商管理文库在体系设置上力图囊括在经济全球化、信息化的背景下，我国大专院校管理专业学生、企业经营管理人员所应掌握的基本管理知识与技能，力求反映当代管理科学的最新发展，揭示管理实践的最新变化，介绍管理艺术的成功经验；同时，我们也试图使之在促进工商管理学科建设的同时，能够对其他管理类学科的发展也起到一定的促进作用。

工商管理是一个实践性、操作性很强的学科。因此，我们在组织编写这套文库的时候，要求每一本教材都应当具有较强的针对性、实用性和一定的超前性。同时，这套教材在教学内容的安排上注重理论联系实系，把培训能力、提高素质放在极其重要的位置，适应培训的要求，在培训理念、内容、方法等诸多方面都具有鲜明的特点，特别是强调案例教学。在教材中加入了相当多的中外企业的案例，使案例教学更能结合中国企业实际，更能吸引学生参与讨论。

“现代工商管理文库”已列入出版计划的教材共有21本，分别是：《现代管理原理与运作》、《现代企业制度》、《现代生产管理》、《现代质量管理》、《现代成本管理》、《现代品牌战略》、《现代营销管理》、《现代物流管理》、《现代财务管理》、《现代人力资源管理》、《现代技术开发与创新》、《现代企业文化》、《现代国际化经营》、《现代国际贸易》、《现代战略管理》、《现代信息管理》、《现代组织管理》、《现代全面预算管理》、《现代资本经营》、《现代企业统计分析》和《现代企业法律规范和约束》。

概括起来，这套文库具有三个鲜明的特点：一是教学、科研、生产单位的作者相结合。这套文库的作者由高等院校的教授、科研机构的研究员和企业的高层经营管理者组成，他们的共同之处是集教育、科研和管理于一身，从事教育、科研的都常到企业中做调查甚至挂职，从事科研、管理的都常到大学中授课，同时，他们又都承担着科研项目，有大量的学术成果，是学科的带头人和领路人。这样，他们对每本书的内容体系、需要把握的重点、需要什么样的案例等，都非常清楚。二是国内管理理论与国外管理理论相结合。具体来说，这套文库既是对我国企业管理实践的科学总结，体现了我国企业管理理论、管理经验、管理方法及学科研究的最新成果，同时，又结合我国国情消化吸收了国外管理科学的有用内容，包括新概念、新原理、新方法、新案例等。可以说，这套文库是“中西结合”的尝试，是对工商管理学科体系进行变革和创新的具体体现。三是理论与实践相结合。作为高等学校的教材，我们不仅注重其基本概念的准确性、基础理论的完整性，而且注重理论的前沿性；不仅注重一般管理理论的全面性、系统性，而且注重管理理论的实践性、实用性，坚持理论为实践服务的宗旨。

我国改革开放的社会实践表明，国民经济的持续、快速、健康发展与拥有一大批具有先进的管理理念、管理理论和管理技术的专业人才是分不开的。培养和造就一大批基础理论扎实、掌握先进管理经验和技术的优秀经营管理人才，是我国经济发展取得成功的一个法宝，更是我国未来经济持续增长的保证。而教材的质量如何对于培养合格人才具有非常重要的作用。为促进我国管理学教学和科研事业的繁荣发展，满足大专院校相关专业的教学以及工商企业进行经营管理人员培训的要求，我们向广大读者奉献出这套文库。我们衷心地希望这套新教材的出版能够满足广大大专院校师生和企业经营管理人员的需要，使读者能够通过学习把握新知识、树立新观念、掌握新技能，对提高知识水平和管理能力有较大的帮助。

陈佳贵

2005 年 10 月

前　言

一

资本是最稀缺的资源。对于绝大多数人或企业来说，恐怕最缺的不是人，也不是知识或技术，更不是市场，而是资本。由于市场主导下的中国工业化历史很短，所以绝大多数企业和个人都没有完成资本的原始积累。无可否认，对资本的追求和渴望充斥在每一寸土地上。

然而，是否拥有了资本的人就真正成为资本的主人，就真正了解资本呢？答案是否定的。由于过去对资本存在着较多的误解，也由于我们长期停留在实物经济时代，因而中国的企业和个人在很长一段时间内既缺少资本的理念和精神，更缺少对资本经营和运作的能力。正是这种能力的稀缺使得中国国内企业与跨国企业从一开始就不在一个起点上竞争：他们注重资本的长期收益，而中国关注的则是税收、就业和产值。于是，中国的一些地方政府和企业以牺牲资本的收益为代价，去追求那些真正的资本所有者并不关心的指标。无疑，在这种竞争态势下，我们一开始就失去了市场竞争下最根本的东西，从而无法取得作为资本投入者或所有者的成功。这也就是我们获取了GDP的长期增长以及产值规模的不断扩大，但净利润和相关收益所得不多的原因。

我们应该从盲目追求资本的数量转为追求资本的质量尤其是资本的经营能力的提升了。否则，即使在短期拥有巨额的资本，也会在低水平的经营能力下很快丧失。

可以说，没有资本理念和精神的企业家，绝对不可能获得成功。而缺少资本经营能力的企业，绝对不可能获得持续的盈利。潮起潮落，中国企业普遍生命周期过短，其主要原因之一即在于大部分企业领导人只懂得生产和一般性管理，而不熟悉资本和市场。

二

本书是一本关于资本经营的专业性著作。不过，本书所界定的资本经营，是狭义的。即主要是基于金融市场背景下的多种资本工具的运作。它基本上不包括基于财务背景下的企业内部资本经营。

本书分为八章。除第一章讨论资本经营的一般理论和第八章涉及资本的监管问题外，其余六章都是讨论资本经营的最主要手段和工具的运用。其中，除极少数资本工具，如杠杆收购等在国内还难以运用外，大部分工具都已经可以在国内资本市场上操作了。这是中国资本市场发育成长的产物，也是市场的进步。

本书对主要资本工具的介绍，轻重程度不一致。有些工具介绍较多，而有些则讨论较少。这一方面是由于重要性和使用频率的原因；另一方面是由于资料的原因。

此外，随着中国资本力量的快速壮大，国内企业开始介入跨国收购中。像 2005 年上半年发生的收购事件：盛大收购新浪、中海油收购美国优尼科、联想收购 IBM 个人电脑业务、海尔收购美国美泰克以及中信、TCL 等企业的收购案。尽管这些收购有的成功了，有的没有开始就收场了，有的无疾而终，而有的收购后则处于痛苦的整合中（如 TCL）。另外，国内跨国公司仍然势如破竹地收购国内企业，从原来的小规模收购，到动不动出价几十亿美元的收购，像汇丰银行收购交通银行和平安保险的股份。这些事件的发生说明中国正处于资本经营的最活跃时期之一。

三

本书写作历时一年多，可以说是在首都经贸大学吴少平教授的不断推动下才完成的。这也是 10 多年来，笔者在与吴教授的合作中养成的“不良习惯”了，因为我已经基本习惯了吴教授经常不断地敦促、鼓励和支持。

本书能顺利完成，最大的功劳应归于我的科研助理石志坤女士，从初稿的写作、反复修改和最后的排版，都凝聚着她所付出的极大辛劳。此外，庞宝林、朱伟、阙紫康等从事资本经营实践的朋友，都对本书的成稿给予了宝贵的支持。

本书参考了国内外大量的相关资料，对于这些资料，本书大多予以了注明。如有遗漏的地方，请相关作者能及时指正。对于上述资料的作者，笔者在此表示诚挚的谢意。

王先庆

2006 年 2 月 6 日于广州

目　　录

第一章 资本经营概述

学习目的与要求：通过本章学习，明确资本经营的内涵、特征，资本经营与商品经营和资产经营的关系，以及资本的功能、方式等。要求重点掌握资本经营的各种方式和资本经营的主要战略，为后面的深入学习打好基础。

第一节 资本的内涵与功能

一、广义的资本

就广义而言，所有一切能带来增值效应的事物都可以称为资本，如财富、知识、可以吸引游客的天然环境等，一切可以为所有者带来收益的有形和无形的事物都可以称为资本，从这个角度而言，除了物质富裕的中国东部有充裕的资本以外，中国西部因为自然条件优越、风景宜人、风俗独特，也有很多可资利用的资本，只是尚未被充分开发出来。

狭义的资本通常指一个企业所拥有的增值手段和工具，这些手段包括企业的流动资金和除了这些资金以外企业中的房屋、工厂、机器设备以及库存等。此外，还包括企业的品牌价值、市场价值、人力资源价值等无形的价值。

资本，不管采用哪种形式，其特点都是利用现在的价值来创造将来的消费或享用，或者创造将来的生产要加以利用的某种资源。

二、传统政治经济学中的资本

按照中国政治经济学教科书中对资本的诠释，资本是能够带来剩余价值的价值，其唯一的有用性是使资本保值和增值，同时也是资本家剥削工人的工具。换言之，传统的社会主义政治经济学对资本持否定的态度，认为资本的属性是资本家对雇佣工人的剥削，因此，在社会主义制度下，不应有“资本”这一范畴。实践证明，这种观念存在着片面性。这种观点的误区在于没有正确理解资本的本质属性。实际上，就资本本身或资本一般来说，资本的本质属性是追求价值增值。

三、西方经济学中的资本

从西方经济学的角度，资本更多地被理解为是一种生产要素。

《经济学百科全书》对资本的解释是："资本就工商而言，资本由房屋、建筑物、工厂、机器设备以及库存等构成。稍广一点的含义还包括住房（不论是租赁的还是住房私有的）、运输设施和设备。资本还包括人力和非买物，它包括了有利于研究和开发的经费所产生的知识、通过教育培训而取得的熟练技术、增加工人保健费而提高的生产能力，以及因采取诸如修整山林、改良土壤、开发矿产，以及为了对周围的水和空气进行保养和改善而进行投资等措施而提高的土地和自然资源的价值等。"①

四、会计学中的资本、资产与资金

（一）会计学中的资本

在会计学中，资本是指资本金，指投资者投入企业的资金，包括货币资金、实物以及无形资产等其他形态的资金。中国过去把资本金称作资金或投入资金。在西方资本主义国家，把投资者投入企业的资金叫做资本。中国《企业财务通则》确立了资本金这一新概念，并把资本金规定为企业的实收资本或注册资本。在本书中，我们将资本金视为狭义的资本概念。

资本经营的目的在于资本的保值增值，这里主要指对投资者投入资本金即狭义资本的保值增值。然而，企业并不仅仅以所投入的资本金来从事经济活动，企业应该根据实际情况，尽可能利用可以利用的资源，来保证所投入资本的最大增值。

由于企业所投入的资源是以整体的形式来从事资本经营活动的，根本无法区分、也不应该区分哪一部分是资本金、哪一部分是负债，所以资本经营活动所经营的资本既包括所有者的投资，也包括全部负债。事实上，企业作为一个投入产出系统，是将所有投入的资源、生产要素进行配置，以谋求赢利最大化的组织。投入企业的每一种资源和每一种生产要素，包括资本（狭义的）、劳动力、土地、技术和信息等，我们将其称为广义的资本。

（二）会计学中的资产定义

资产（Asset），美国财务会计准则委员会认为："资产，是指某一特定主体由于过去的交易或事项而获得或控制的可预期的未来经济利益。"这里，资产被看做是可以预期得到的经济利益，这种经济利益是靠过去的交易或事项获得的。国际会计标准委员会对资产的定义是："一项资产所体现的未来经济利益是直接或间接带给企业现金或现金等价物的潜能。这种潜能可以是企业经营能力中的部分生产能力，也可以采取可转换为

---

① 《经济学百科全书》，中国社会科学出版社，1992年版。

现金或现金等价物的形式，或减少现金流出的能力，诸如以良好的加工程序降低生产成本。”

从这些定义可以看出，企业所有物，无论是有形的还是无形的，只要具备直接或间接带给企业现金或现金等价物的潜在能力，便应该称为企业的资产。

在会计学中，资产与负债对称，指商品生产经营者所拥有的债权和股权的总和。由于其股权和债权与资本运用有关或者是资本运动的结果，因此，在会计学中又把资产视为资本运用的同义词。

资产按其存在的形式划分，可以分为有形资产和无形资产，有形资产包括现金、设备、房产、办公用品等，无形资产包括专利权、商标、商誉等；按其在社会资本运动中的地位和作用，可以划分为金融资产与非金融资产，金融资产包括货币以及有价证券，非金融资产一般由实物构成，尽管这些实物也可能表现为一定的货币额；按其能否在不受损失的条件下迅速变为现金，可以划分为流动性资产和固定性资产，流动性资产是能够迅速变为现金的资产，固定性资产是不能迅速变为现金的资产。

（三）会计学中的资金概念

资金，在西方财务管理理论中，资金一词并没有企业投资者投入资本的含义。关于资金的定义多种多样，有时指基金（Fund），有时指流动资金，有时也指现金（Cash）。根据分析者的不同，其内容可以扩大，也可以缩小，是一个不严密的概念。在中国，资金的范畴并没有严格界定，资金在不同地方所表示的含义也是不同的。①

1. 资金表示狭义的资本。传统的政治经济学的观点认为，资本属于资本主义的范畴，反映的是资本家对劳动者的剥削关系。在社会主义制度下，人们为了摆脱资本反映的剥削关系，常将狭义的资本称为资金。

2. 资金表示企业资产的总价值额。无论是投资者投入的资本金，还是企业从债权人手中借入的贷款，只要在生产经营中起作用，就可以视为企业的资金，因此，企业资金总额实际上是企业资产的总价值额。

如果一个人拥有一笔可自由支配的货币，并不是说他就拥有了资本，辨别货币是不是资本的关键在于这些货币是否投放到再生产领域中去，而不是让它静止，或者购买了最终消费品。例如，如果拥有货币的人把货币存放在家里或者用于购买消费用品，那么这笔货币就不算是资本，但如果用来购买股票债券，或者用它来组建一家公司，那么就变成资本了。

五、资本的特性与功能

本书所采用的资本一般指可转化为货币形式的并且具有增值效应的有形和无形的事

① 何维达：《论社会主义市场经济条件下资本存在的客观和功能》，《当代财经》1996 年第 2 期。

物，包括投资者以各种形式，如货币、证券、股份等形式投入企业的资金，还包括企业中可以通过转化为证券、股份等形式并最终可以转化为货币形式的有形和无形的价值，这个概念的资本是针对资本经营中的资本而言的，具有与其他资本相似的特性也有其独特的一面。

任何一个有形的经济实体，都凝结着或多或少的资本。资本的功能从投资者的角度而言，可以保值增值；对于社会而言，则有更广泛的意义。在现代经济社会中，资本是一个地区经济发展必不可少的生产要素，而且资本有其他生产要素所没有的功能，可以通过使资源有效配置统领生产要素的组合生产并加快其他生产要素创造新价值的速度。

（一）资本的特性

1. 资本具有收益性，凡是资本都会追求一定的收益。如果不追求收益，那么它就不是资本。只要它是资本，它就天经地义地有实现资本价值和取得收益的特性。此外，都将出现资本的异化和变质，脱离资本所应具有的最基本的生存基础。

2. 资本具有流动性，即资本要求不断处于运动状态。流动性是资本增值的必要条件，资本的价值增值只能在运动中实现，并且在运动的过程中以实物形态为依托，但又可以脱离单个实物形态在各个产业之间流动。

3. 资本具有风险性，资本是收益和风险并存的一种价值形态，在资本市场中，外部环境变幻莫测，并且资本的价值在很多情况下受到社会价值观念的左右，因此资本具有风险性。

4. 资本具有多种形式，包括有形资本（房屋、机器设备、库存等），无形资本（知识、技术、商誉等）和人力资本等。

5. 资本具有不同的形态，如现金、股票、期权、债券等。

（二）资本的功能

1. 保值功能。资本在运动的过程中首先需要实现其保值功能，然后才是增值功能。保值功能，是指资本在运动中不失掉其价值，而是要将自己的价值保全下来。这一点在货币价值变动不明显的社会阶段里表现得不明显，但在货币不稳定，特别是在通货膨胀明显的社会阶段里，资本保值的功能就显得尤其关键。资本的保值功能要求资本在社会生产总过程，即生产、流通、分配和消费的各个环节，保持资本的量不流失，这是维持经济正常运行的必要条件。

2. 增值功能。资本本身就是一种生产要素，在资本的运作过程中，资本可以产生比自身大的价值。这是资本最基本的功能，也是几乎所有投资者的目的所在。资本以其特有的性质可以把生产所需的要素组合起来，进行更有效率的生产，因此可以产生更大的价值，这个价值的大小很大程度上取决于管理者驾驭资本的能力。

3. 激励功能。资本的激励功能在于它能够带来价值增值，并带来丰厚的收益回报，因而能给企业家或管理者以激发与推动。这种激励功能衍生了资本的管理功能和监督功能，这种管理功能和监督功能是企业生存与发展的需要。

4. 引导资源优化配置功能。资本流动可以引导资源重组，因而有利于形成优胜劣汰的竞争机制，从而优化资源配置。资本对经济的发展速度具有乘数功能。乘数的概念最早由西方学者卡恩提出，后来又由凯恩斯进一步发挥。其含义是说，一定量的投入会对收入和就业产生重要影响，由此增加的国民收入总量会等于最初增加投资的若干倍。资本的乘数功能也有类似的含义。从资本发展的历史看，它的产生和运用，带来了社会生产力的极大提高。资本通过资源的优化组合和对资源的推动作用促使生产速度的加快和生产质量的提高，从而产生乘数效应。

5. 积累功能。资本要增大价值，就必须进行积累。积累的动因来自追逐最大利润的需要，也来自竞争的压力。只有在积累的过程中，资本才有持续扩张的可能性。资本积累有两种形式：①个别资本的积累，它是指单个资本的增大。②资本的集中，它是将单个资本集中起来，集中的积累方式补充了积累的作用，使企业家能够扩大自己的经营规模。只有这样才能增强企业的实力，提高其竞争能力，使企业立于不败之地。在现代，企业积累单靠个别积聚是远远不够的，必须走集中之路，即实行企业兼并、合并，壮大资本的力量，扩大生产规模。

6. 对经济具有调节功能。资本的调节功能分为内调节和外调节两种形式。内调节是资本的内在功能，它具有自我导向和自我调节的特性。比如，当某部门利润率下降时，资本会从该部门流出；当某部门利润率提高时，资本则会流入该部门。这种内调节是自发进行的。外调节是通过人或组织机构进行的，是有意识的调节，它是资本的外在功能之一。这种外调节是必要的，因为它有助于改进或完善生产体系，有利于补充内调节。①

第二节 资本经营的概念辨析

一、资本经营的定义与构成要素

（一）资本经营的概念

经营，最一般的含义是指筹划和管理活动。资本经营即是对资本的筹划和管理活动。

资本经营，是指把公司拥有的法定资本和增值资本、固定资本和流动资本、自有资本和借入资本、投资资本和债权资本、有形资本和无形资本变为可以经营的价值资本，通过进行运筹、谋划和优化配置即流动、收购、兼并、重组、参股、控股、交易、转

---

① 何维达：《论社会主义市场经济条件下资本存在的客观和功能》，《当代财经》1996年第2期。

让、租赁等各种途径进行有效运营，以实现最大限度资本增值目标的一种经营管理方式。资本经营的目标在于资本增值的最大化，资本经营的全部活动都是为了实现这一目标。

通常所说的资本经营是一个狭义的概念，它主要是指以价值化、证券化形式存在的资本或可以按价值化、证券化操作的物化资本为基础，通过优化配置来提高资本营运效率的一系列经济行为和经营活动。① 它可以独立于生产经营而存在。

资本经营是一种市场行为，是市场竞争中企业优胜劣汰的必然结果。从本质上讲是企业资本数量不断扩张、资本结构不断优化、资本营运技术和效率以及企业经济效率不断提高的过程。纵观当今世界大财团、大公司的成长史，便不难发现，它们都毫无例外地经过由依靠内部自身积累到借助市场信用关系，从外部谋求企业重组和扩张的过程，走出了一条从生产经营向资本经营转变的道路。

（二）资本经营的构成要素

资本经营一般包括四个要素：经营主体、经营资本、经营对象和经营手段。另外还需要有一个良好的运营环境即资本市场。

资本经营的一个前提是必须有经营主体，在现代经济运行体制中资本经营的主体通常是由资本所有者决定的，因此资本经营的主体包括资本所属的企业以及企业的控股人和控股人所聘请的管理者。

资本经营主体必须要有经营资本。资本需要区分自有资本和借入资本，必须在自有资本经营的基础上实现资本融通，即在必要时以合适的价格出让或购买货币资本的使用权，并且善于盘活资本，把死资本变成活资本，加速资本周转。

资本的经营对象通常是在资本市场上所有的企业，其主要手段有发行股票、发行债券（包括可转换公司债券）、配股、增发新股、转让股权、派送红股、转增股本、股权回购（减少注册资本），企业的合并、托管、收购、兼并、分立以及风险投资等。

资本经营的手段是机构和个人可以从事交易活动的有价证券和现代金融工具，诸如股票、债券、外汇、期货、期权等金融资产。这里涉及价值发现、投资决策、资本成本计算、资产定价和价值评估以及资本市场的建立监管等财务工作。从经营对象视角出发，把有价证券交易视为资本经营是可行的，但不够准确，因为一些非财务资源的资本化经营也属于资本经营。

（三）资本经营的基本前提

资本经营作为一种高级经营方式，其基本前提包括：

1. 完成资本积累准备工作。除金融企业外，其他所有企业在实施资本经营策略之前，

① 从资本经营的内容看，资本经营包括产权交易。产权资本交易主要是企业产权整体交易、企业产权分割交易和企业产权分期交易等三种情况。从财产或价值的所有权视角出发，把产权交易视为资本经营，符合财务关系原理。但这种认识则不够十分准确，因为产权与资本毕竟不是同一概念，产权交易或经营不等于资本经营。

应高质量地完成产品经营和资产经营两个经营阶段，从而积累必要的企业发展资本。

2. 具有较高水平的完善的会计核算制度和信息披露制度。

3. 具有完善的产权交易制度、健全的资本市场机制和科学的企业内部治理结构。

4. 中介机构具有较高的信誉度。证券公司、投资银行、资产评估公司、会计师事务所、律师事务所等应积极维护公平竞争的市场原则，并成为企业信誉评价和传递的权威机构。

5. 企业资本具有良好的盈利性、流动性和安全性。当一个企业不具备这些基本条件时，其资本经营活动被视为资本的错误操作。

二、资本经营、生产经营与资产经营

经营方式的选择也随着市场形态的变化和市场经济深度广度的升级而不断变化和升级。于是，人类经营方式按生产经营、资产经营、资本经营的顺序逐步升级。

（一）生产经营

生产经营是指企业用流动资金购买原料，用固定资产生产产品，再想方设法将产品销售出去，传统的生产经营是以产品为中心的运作机制。

生产经营是企业以研制、开发和生产多品种、高质量、适销对路产品为核心内容的生产经营方法和形式。企业怎样确定产品的规格或型号才有利于销售率和回款率的提高，怎样确定质量等级及范围才能使质量成本与质量收入之差最大，怎样安排每种产品的产量规模才能保证平均总成本最低，采取怎样的推销方式和营销规模才能与现有生产相适应等等，都属于生产经营方式要解决的问题。因此，单纯的生产经营活动不同于拥有法人财产的公司所进行的资产运作。

生产经营的对象是具体的商品和服务，产品经营的方法是扩大产量、提高质量、增加品种，生产经营的目标是商品的数量、质量和品种，以及收入和利润最大化。产品经营决策的区位是中下层或前沿经营者，以及基层单位战术性经营策略的确定和实施。

（二）资产经营

资产经营是指通过调整和改变现有资产形态、结构及功能以达到与外部环境的平衡与协调，实现预期资产规模增大和增值一系列经济活动。资产是所有者投入经营的“所有物”，以机器设备、建筑物等形式存在。资本是所有者对投入经营的“所有物”的“所有权”，它以股权形式存在。

由于资产和资本的存在形式不同，二者流动的目的及其形态也不同。资产流动属于物权交换，流动目的在于变换资产物质形态，谋求资产规模。而资本流动则属于产权交易，流动目的在于调整投资方向。企业的全部资产由自有资本和他人资本购置和创造。

资产经营者一般是各类法人企业；资产经营的对象是具有整体性的法人资产，即法人直接经营的实体，企业利润增长和自我发展是法人资产经营的动力。资产经营的方法是通过变换资产物质形态谋求市场机会的最优化，谋求资产的“整合效益”，最大限度地发挥资产的整体优势。资产经营的目标不是单项资产的流动问题，而是整个企业占有的法人财产的总量保值和增值。因而，企业总资产及其增长率、总利润及其增长率是衡量资产经营效果的终点指标。一般竞争性企业常采取资产多样化经营对策，以结构优势和组合效应抵御市场风险，保证资产收益。资产经营适用于生产经营状况良好，处于成长阶段的大中型企业和一般竞争性企业。资产经营决策属于企业中高层决策。

（三）资本经营

资本经营是指对企业可以支配的资源和生产要素进行运筹、谋划和优化配置。资本经营相对于生产经营来说是一种全新的理念，资本经营是企业走外部成长道路的主要途径。在西方国家资本经营被称为“立体经营”，被企业家广为应用。

资本经营是在企业有效开展生产经营和资产经营基础上发展起来的一种高级经营方式。实际上，资本经营是资产经营的一种特殊形式——以金融资产为主要经营对象的经营方式。它适用于大中型优秀生产、流通企业和所有金融性企业。资本经营者一般为资本所有者及其代理人；资本经营的对象是具有分割性的资本；资本经营的方法是通过资本的流动、组合和交易进行有效运营。资本经营的目的是以少控多，实现价值最大化。与作为生产要素稳定地处于商品和劳务生产过程中的资产不同，资本始终处于生产和市场运行的全过程，呈现流动状态。

由于重大投资项目的选择、企业并购、战略联盟的财务选择，以及公司性质和治理结构的改变等战略发展需要，现代企业大多实施资本经营策略。

（四）三者的关系

资本经营、资产经营和产品经营的三个层次之间相互联系，相互制约，构成从投资到收益有效运作的完整体系。该体系存在两个基本约束顺序，即资本经营→资产经营→产品经营的经营条件约束和产品经营→资产经营→资本经营的经营效果约束。缺少资本投入就不能购置资产，没有资产就不能进行生产和销售活动；同理，生产不佳，则资产无效，则资本无利。

资本经营的目的不外乎占领市场扩大规模和取得投资回报。由于资本运作的目的不同决定了是资本经营还是资产经营。① 凡是以投资回报为目的的是资本经营，凡是以实物产品占领市场为目的的是资产经营。资本经营和资产经营是截然不同的概念，但也有一定联系。资本经营是资产经营发展到一定阶段的产物，也是资产经营的高级形态。资

① 需要指出的是，目前，在中国理论界及实际经济活动中经常使用资本经营和资产经营的概念，但是理论界并未对这两个概念进行严格界定。在许多文献中，资本经营和资产经营是指以资本（狭义）和资产为运作对象，强调通过产权经营，实现资本或资产的保值增值。在本书中，对资本的界定是较宽泛的，并非将资本仅仅看做狭义的资本金，而是将一切可以利用的资源都看做是可以增值的资本，其目的在于强调资本经营理念。资本经营也不仅限于产权经营活动，还包括可以使资本得到最大增值的一切活动。

本经营直接目的和最终目的是取得投资回报，而不考虑经营标的的实物形态。资产经营通过特定实物形态的产品占领市场，通过产品取得回报，直接目的是占领市场，最终目的是取得回报。

当然，资本经营不是空中楼阁，它是对生产经营的“扬弃”，也是企业生产经营的延伸。良好的生产经营，无论何时都是资本经营的前提。如果说，从生产型到生产经营型的转变是企业发展的第一次飞跃。那么，从生产经营型到资本经营型的转变无疑是企业发展的第二次飞跃。结论是，谁在资本经营中领先一步，谁就会在市场竞争中领先数步。

三、商品经营与资本经营

资本经营和商品经营的目的一致，它们最初是合一的。随着企业制度的变迁、所有权与经营权的分离以及资本市场和产权市场的发展，两者逐渐分离。

资本经营和商品经营都是以资本增值为目的的经营活动。资本经营并不排斥商品经营，资本经营和商品经营是密不可分的通过商品经营实现利润最大化，是资本保值与增值的基本途径，商品经营是资本经营的基础，而资本经营的成功运作，又会有力地推动商品经营的发展。

此外，资本经营和商品经营是相互渗透的。企业进行商品经营的过程，就是资本循环周转的过程，如果企业商品经营过程供产销各环节脱节，资本循环周转就会中断，如果企业的设备闲置，应收账款与存货等流动资产质量不高，商品销售不畅，必然使资本效率和效益低下。企业通过直接的资本经营，盘活存量资产，提高资源利用效率，使资本经营和商品经营又在更高的层次上联系在一起。但资本经营相对于商品经营有其固有的特点，见表1—1。

表1—1　　资本经营和商品经营区别

区别的属性	商品经营	资本经营
经营对象不同	对象是产品以及生产销售过程，经营的基础是厂房、机器设备、产品设计等，侧重的是企业经营过程的使用价值方面	对象是企业的资本以及运动，侧重的是企业经营过程的价值方面，追求价值的增值
经营领域不同	涉及的领域主要是产品的生产技术、原材料的采购和产品的销售，主要是在生产资料市场、劳动力市场、技术市场和商品市场上运作	主要在资本市场上运作（资本市场包括证券市场和非证券的产权交易市场等）
经营方式和目的不同	方式和目的是通过商品销售或提供劳务，实现利润的最大化	资本经营的方式和目的是通过产权的流动和重组，提高资本经营效率和效益
经营导向不同	较多地受价格信号的控制	主要受资本市场的制约和资本回报率的限制

续表

区别的属性	商品经营	资本经营
经营风险不同	企业生存和发展维系在一个或多个产品上，如市场需求发生变化，则会直接影响企业的生存和发展	企业把生存和发展建立在一个或多个产业上，并不断发现新的经济增长点，及时退出风险大的产业，规避风险
企业的发展方式不同	企业主要依赖企业自身的积累，通过创造更多的利润并使之转化为资本，增加生产要素和生产能力而获得发展	不但注重企业自身的内部积累，更重要的是通过资本外部扩张的方式，使企业快速扩张，发展壮大

资本经营和商品经营是企业经营相辅相成的两个方面，应当有机地结合起来。商品经营始终是企业运作的基本形式，也是资本经营的基础；资本经营并不能取代商品经营，它通过对生产要素的有效配置，能够扩大企业市场份额，产生规模效益，拓宽经营领域，降低经营风险。

四、资本经营者和资产经营者的区别

资本经营与资产经营不论从经营对象、经营主体还是对经者的素质和能力要求来看，都是完全不同的两个概念，容不得混淆与错位。从财富创造的角度看，资产经营是物质财富创造的源泉，只有资产经营的成功才能导致社会财富的真正增加，投资与资产的资本收益才具有物质保障与实际意义。相反，如果资产经营不成功，资本得不到有效的使用。资本经营无非是一场经济游戏，暂时的繁荣只能形成所谓的经济泡沫。从经营者能力的角度看，善于经营资产者不一定善于经营资本，而善于经营资本者也不一定善于经营资产。

比如，比尔·盖茨是一个优秀的企业家，但我们尚未看到他在资本市场和风险投资方面的卓越表现，相反，他本人却远离股市，将大量个人资产投资于美国政府债券。索罗斯是一个优秀的资本经营者，在相当一段时间内在金融市场上呼风唤雨，牟取厚利，但我们也未看到他在经营工商企业方面的突出成就。事实上，随着现代市场经济的发展，同时集两种能力于一身变得越来越困难。因此，必要的分工也就成为必然。善于资本经营者扮演着“资本家”的角色，他们既可以利用自己的资本购买公司股票或债券从事资本经营活动，成为企业的股东或债权人；也可以成为金融企业的经营者，代那些拥有资本却不具有资本经营才能的个人来经营他们的资本。通过他们的资本经营活动（在很大程度上是对优秀企业家的选择），使善于进行资产经营的企业家得到充分的资金来购置资产，进行资产经营活动，使资产得到最有效的运用。而具有企业家才能者则既可以利用自己的资本购置资产从事资产经营活动，也可以通过替资本所有者经营资产而成为职业企业家。

因此，在一定程度上可以说，资本经营者的一项重要工作就是正确地选择企业家（选择正确的投资对象其实就是选择能够经营好相应资产的企业家），而企业家的主要作用则表现为正确地配置和运用资产。资本经营者与企业家的完美结合，将形成推动经济发展的一个重要动力。

许多企业在创建之初，其经营者既是资本的投资者，也是资产的经营者。但究其取得成功的原因，多是由于创业者本人在经营某项资产方面具有一定的能力和优势，从而将自己的资金（资本）投资于这一领域，并通过自身的资产经营优势在激烈的市场竞争中脱颖而出。因此，其成功的根本在于善于资产经营，而这些企业将来的成功，也将主要依赖于其能够更好地完成更大规模的资产经营活动。

五、资本经营的目的与作用

（一）资本经营的目的

资本经营的目的在于资本的保值增值，这里主要指对投资者投入资本金，即狭义资本的保值增值。然而，企业并不仅仅以所投入的资本金来从事经济活动，企业可以根据实际情况，尽可能利用可以利用的资源，来保证所投入资本的最大增值。事实上，企业作为一个投入产出系统，是将所有投入的资源、生产要素进行配置，以谋求盈利最大化的组织。

（二）资本经营的意义与作用

1. 进行资本经营有利于企业优化产品结构，使生产更好地适应市场需求的变化。由于资本经营的趋利性，当某种产品不能为资本带来最大的市场机会，达到保值时，资本就必然会与这种产品载体相分离，而裂变到其他名优和市场占有率高的产品载体上。如果不是这样的话，把企业的资本和重点还放在某种没有市场或者是不能为企业带来经济效益的产品上的话，这个企业将不会发展。

2. 进行资本经营有利于企业提高管理水平。在市场经济条件下，竞争日趋激烈，企业经营者在关注生产过程的同时，还必须关注原料供应及产品营销、售后服务等环节。经营管理者要把加入企业活动的每一种资源、每一种生产要素都看做可以增值的活化资本；通过流动、扩张等各种方式进行有效运营，以最大限度地实现增值。企业经营管理者必须努力更新知识结构，树立资本经营的效益观、市场观，增强风险意识，提高决策能力和应变能力，以不断推动企业管理水平的提高。

3. 进行资本经营还有着一项重要的作用，那就是可以增加经济效益。它使追求经济效益成为企业经营活动的出发点和归宿。资本重组的前提条件是资本的流动。马克思指出：资本一旦停止运动，就不会生出“金蛋”来。资本的流动与重组后，优势企业就可通过并购一些劣势企业而得到发展，而劣势企业或一些闲置的设备、厂房、土地等又能得到充分利用，实现资金、技术、资源的最优配置和企业的规模经营，在总体上提高企业的经济效益。

(三)资本经营理念

资本经营理念强调要将资金、劳动力、土地、技术等一切生产要素都通过市场机制进行优化配置，即要将一切资源、生产要素在资本最大化增值的目标下进行结构优化。这一经营理念对于企业的经营者思考问题、解决问题的思路和方式转到市场经济上来有着重要意义，将对企业的发展产生深远的影响。

长期以来，由于受计划经济体制的影响，许多企业管理者对企业的物质运行管理了如指掌，却对资本经营较为生疏，缺少资本经营理念，不善于根据市场的长期预测，决定企业的经营战略和资本流动方向，致使企业资源在闲置和凝固中浪费和流失。

第三节 资本经营的特点

一、资本经营保值增值的特点

资本经营是以资本导向为中心的企业运作机制。它要求企业在经济活动中始终以资本保值、增值为核心，注意资本的投入产出效率，实现资本最大限度的增值。资本经营是以价值形态为主的管理，资本经营要求将所有可以利用和支配的资源、生产要素都看做是可以经营的价值资本，用最少的资源、要素投入获得最大的收益。资本经营不仅重视生产经营过程中的实物供应、实物消耗、实物产品，更关心价值变动、价值平衡、价值形态的变换。

二、资本经营注重对资本的支配和使用

资本经营重视对资本的支配和使用而非占有。资本经营把对资本的支配和使用看得比资本占有更为重要，企业的利润来源于使用资本而非拥有资本，因此，重视通过合资、兼并、控股、租赁等形式来获得对更大资本的支配权，开拓市场、获取技术，降低风险，从而把企业做强做大。

三、资本经营的开放性

资本经营是一种开放式经营。经营者不仅要通过企业内部资源的优化组合来达到价值增值的目的，还要充分利用一切融资手段、信任手段来扩大利用资本的份额。资本经营要求打破地域、行业、部门、产品概念，通过兼并、收购、参股、控股等途径，实现资本的扩张，使企业获得更大的价值增值。

四、资本经营中资本的流动性

资本经营注重资本的流动性。企业资本只有流动才能增值，资本闲置是资本最大的流失。因此，企业一方面要求通过兼并、收购、租赁等形式的产权重组，盘活沉淀、闲置、利用率低下的存量资本，使资本不断流动到报酬率高的产业和产品上，通过流动获得增值；另一方面要求缩短资本的流通过程，尽量避免资金、产品、半成品、原材料的积压。

五、资本经营的结构性

资本经营是一种结构优化式经营。结构优化包括对企业内部资源（如产品结构、组织结构、技术结构、人才结构）的优化、资本形态结构的优化、存量资本和增量资本结构的优化、资本经营过程的优化等等，使其更趋合理化。资本经营符合企业经营综合化、立体化、多元化的大趋势。它将促进社会资本结构、企业结构、产品结构的优化，降低企业经营风险。

六、资本经营的创新性

资本经营以新的观念和思维，突破了传统的企业经营方式，抓住资本价值这个根本，实现了由实物管理向更高层次价值管理的质的飞跃。它把产品变为价值载体和实现手段，通过追求资本增值，将盘活现有资产，促进优化配置，提高其市场价值，使静态的资本存量变为动态的资本扩张。

资本经营开阔了经营思维空间，为价值增值提供了有效的途径。现在，我国企业的总资本已达到相当规模，每亿元资本利润率提高 1%，即可增加利润上百万元，资本周转时间缩短 10%，即等于注入几百万元的流动资金。每个地区、每个企业的资本经营实践都表明，提高资本经营比活化单个产品或新上一个项目效果更为显著。所以，资本经营将有助于企业确立效益观念，以适宜的技术和质量，以有效的方式，取得满意的效益。

第四节 资本经营的动力

资本经营是企业资本成长到一定阶段后，为了持续生存和扩张的一种必然选择。企业之所以要进行资本经营，其动力来源主要有以下一些方面。

一、资本利润最大化目标的需要

资本经营过程是根据资本经营目标，在分析企业外部环境和企业内部条件的基础上，制定资本经营战略，在资本经营战略的指导下，进行筹资决策和投资决策，在此基础上开展资本经营，使资本不断增值。资本经营的目标就是使资本在再生产过程中实现利润最大化，使资本更有效率，并能不断地实现资本扩张。因此资本经营的动力根源于资本利润最大化。

需要注意的是，这里所说的资本经营已经超出了一般产品再生产过程的资金运营的意义。它的更深刻的含义是指如何使企业具有强大的实力，即企业的核心能力，从而使企业具有竞争能力和资本扩张能力。企业内部的资产重组、企业间的兼并、收购和重组，都是资本经营的重要内容（一般讲资本经营，多是指企业间的兼并重组），对于企业的发展都具有重要的意义。

资本经营是企业发展到一定阶段后，结合内外资源状况寻求自身进一步发展时的一种内在需求，成功的资本经营与资本市场的发展与完善是密不可分的，成熟的资本市场和蓬勃发展的投资银行产业作为资本经营的一种外部力量同样起着重要的推动作用。

二、资源和要素优化组合的内在要求

企业经营和发展有两个重要途径：①通过改善内部经营管理，提高企业资源优化配置来增强企业在市场中的竞争能力，即内部管理型战略。②通过资本市场寻求企业重组和扩张。资本经营通过对资本进行综合经营和调动，可以对生产要素进行优化配置，对资产结构进行动态调整，从而使其与产品经营并行互补，实现促进资产增值、利润最大化的目的。它的核心，是用金融的理念、金融的方法、金融的工具，对企业的有形资产和无形资产进行运作重组。

三、规模经济的需要

当今世界实力雄厚的大财团、大跨国公司无一不是通过资本战略的多次运用才取得今天的规模、市场份额和持久的竞争优势。企业规模越大，资本经营战略对下一步的发展就越关键。第一次世界大战后，杜邦公司在对化工生产各个领域基本工艺调查的基础上，开始进入化学工业领域，其间并购企业100多个，至20世纪20年代末，建成了与火药部门同等重要的染料、涂料、纤维、塑料、薄膜、人造纤维等生产部门。孟山都、帝国化学公司、巴斯夫、拜尔等大型跨国化工公司都是通过一系列大胆而又成功地兼并现有企业发展起来的。近年来强强联合产生了世界级的石化巨头，据预测，世界前十位石油化工生产商的市场份额将由1999年的20%提高到2010年的35%，前十位生产商聚烯烃市场份额将由1999年的35%提高到2010年的50%～60%。

大规模兼并、联合并在此基础上实现生产要素的优化配置和合理组合，从而产生互补、协同效应。埃克森公司和美孚公司全面合并，两者合并每年产生协同效益至少38亿美元（税前利润），由于运营效率提高，1999年减少操作成本12亿美元（与1998年相比）。辉瑞公司兼并法玛西亚公司后，在2003～2005年逐年节省支出达14亿、22亿和25亿美元。

四、企业多元化发展的需要

资本经营是企业优化资本结构、调整产业和产品结构的重要方式。企业为了保障资本的安全，既要依靠产品组合，也要依靠多个产业或多元化经营来支撑企业，以降低或分散资本经营的风险性。各个产业之间存在着一定的关联度，企业要通过调整投资方向、投资比例，促使产业结构不断向高级化、现代化转移。任何先进技术和优势产品都具有一定的寿命周期，企业要求得生存和发展就要根据自身的特点及发展的需要及时进行调整，通过出售方式放弃非优势产业，购入能强化自己竞争力的优势产业，通过优化产品组合，使不同产品满足不同层次顾客的需求，回避经营风险。

一般来说，企业都是从产业经营起步的，这是立足市场的前提和必要。但发展到一定阶段后，这种单一的产业经营将会束缚企业自身的进一步发展，要寻求更广阔的发展空间，资本经营就成为必经之路。通过这种方式可以使企业资源融入更大范围的资源组合之中，进行优化重组，实行跨行业、跨地区、跨所有制的资本经营，充分发挥资源的最佳运营效益，实现企业规模效益的提高。

当企业重新定位核心业务或需要多元化经营时，收购现成的企业要比单独从头干起好得多，可以降低进入新行业和新市场的障碍，获得技术上的（特别是某些核心专有技术和知识）优势，迅速进入某些高科技领域。从这点说，企业从产业经营到资本经营的结合，是“一次创业”到“二次创业”的深化和飞跃。20世纪30年代，汉高公司因收购了两家刚刚开始生产合成洗涤剂的厂家，对汉高发展成为德国最大的洗涤剂和清洁剂生产商奠定了基础。

五、企业转型和升级的需要

有条件的企业，应该积极创造条件上市，直接面对资本市场融资。全世界的家族企业都是通过上市和股份制来改变自己，走上了现代公司制的道路，实现企业的转型升级。

企业的资本经营能推动现代企业制度的建立和产权制度的改革，促使企业走向市场。资本经营的开展将在企业和社会中逐渐形成资本的组合机制、竞争机制和增值机制，使增量资本的投向和存量资本的调整，按照市场经济和规模经济的要求进行运作，从而使经济运行和发展进入一个新阶段。

六、市场开拓和扩张的需要

资本经营是开拓市场的一种有效方式，可充分利用被兼并企业所建立的销售网络，提高市场占有率。BP－阿莫科对美国阿科公司的收购进一步增强了公司的整体实力，不但加强了天然气业务，而且扩大了公司在阿拉斯加和亚洲市场的发展机会。对 BP 投资 5.7 亿美元购买中国石油的股票则为其进军中国能源市场开辟了道路。

七、资本经营可以加快企业技术积累

企业通过资本经营可以增加个人的知识积累，提高企业局部或整体的技术能力和技术水平，不仅为企业提供了重新组织技术研究与开发的有利条件，而且也使其获得别的企业相关产业的关键技术、科研成果和现有的生产设施以及稳定可靠的销售网络。汽巴—嘉基和山道士合并后使新公司获得了更雄厚的科研投资，节省了原来两公司中重叠的开发投入，加强了该公司在药品、农药和营养保健品等方面在国际市场上的竞争力。

第五节 资本经营的方式

资本以追逐利润为最根本目的，不管在什么情况下采取何种形式，它的最终目的都是为了利益最大化，但同时资本的运作过程中又受到资本路径依赖和外在法规条文的制约，这三方面的因素决定了资本经营采取何种方式。道理很简单，追逐利润最大化的资本会尽可能多地搜寻出所有可能产生利润的产业和经营方式，然后从中选择出最大利润的行业，但资本最终的去向不一定是使资本利润最大化的地方，因为资本的去向还取决于资本路径依赖和外在法规条文的约束，同样的资本过去的投资方式影响着未来的投资方式。例如，一个企业家投资建立了一个工厂，在资产没有剥离的情况下，它必然有一部分流动资产转化为固定资产，这些固定资产只能适用于某一领域，这些资产的选择范围就被缩小了；另一方面，外在的法规条文也是对资本的运作方式产生影响的重要因素之一。例如，如果金融市场不允许资本从某一企业中剥离，那么这些资本就只能被局限在那一个企业中了。资本市场形势错综复杂，因此产生了形式多样的资本经营方式。

资本经营的形式从逻辑上来看，是一种聚变、裂变、衰变的流动过程，其表现形式有并购、重组、受托经营、股权置换、分立和清算等。例如，重组表现为公司实施的资产增加、减少、放弃或变换法人财产及对法人财产经营使用权的处分，又例如股东进行的资本经营即股权的经营表现为股权的取得、增加、减少和放弃。从资本和企业的关系来看，一个企业中的资本可以增大也可以缩小，并且还可以完全脱离某个企业转移到其他企业中去，也可以在特定企业中产生结构变动，因此资本经营的方式可以分为资本扩张方式、资本收缩方式、资产重组、资本经营其他方式，又由于知识资本、品牌资本等也属于资本经营的范畴，因此还有一种资本经营方式是无形资本经营。其中，资本扩张方式包括合并、战略联盟、股权经营；资本收缩方式包括股份回购、企业分立、股权出清等；资产重组方式包括股份制改造、资产置换、债务重组等。此外，还有租赁经营、

托管经营等形式。详细情况参看表1—2。

表1—2 资本经营的方式

资本扩张方式	合并	兼并
		收购
	战略联盟	产品联盟
		知识联盟
	股权经营	参股、控股
		股权拆细
		借壳上市
		合资、合作
资本收缩方式	股份收缩	股份回购
		股权出售
	企业收缩	企业分立
		资产剥离
		企业清算
资产重组	股份处理	股份制改造
		资产置换
		管理层收购
	债务处理	债务重组
		债转股
	破产处理	重组
		拍卖
资本经营其他方式	租赁经营	经营租赁
		融资租赁
		杠杆租赁
	托管经营	
无形资本经营	知识资本经营	
	品牌资本经营	
	人力资本经营	

一、资本扩张方式

资本扩张是资本自身生存发展的需要，也是资本具有的本质属性。企业资本扩张经营的方式是多种多样的。目前，中国企业资本扩张中采用的基本方式有兼并、收购、战略联盟等。

企业资本扩张经营的根本目的是实现股东价值的最大化，并且使现有管理者的收益更大。企业资本扩张的价值来源主要体现在：获取战略机会；产生协同效应；提高管理效率；从目标企业的价值低估中获益；降低交易成本；在联盟中实现共赢等方面。

（一）合并

合并（企业合并）是指两个以上的公司依据契约及法令归并为一个公司的行为。企业合并包括吸收合并和创新合并两种形式。吸收合并是指两个以上的公司合并中，其中一个公司因吸收了其他公司而成为存续公司的合并形式；创新合并是指两个或两个以上的公司通过合并创立一个新公司。

合并、兼并和收购是一种从属关系，兼并和收购包含在广义的合并概念中。兼并是合并的一种形式，即吸收合并；而收购是兼并的一种形式，即控股式兼并。

1. 兼并、收购、合并的共同点在于以下三点：

（1）它们的对象是共同的。它们都是企业产权交易的形式，其交易都是以企业这一商品为对象的。

（2）这三种行为都是企业产权的有偿转让，就其活动而言，都是企业的买卖，所不同的只是买卖的方式而已。

（3）它们都是企业在谋求自身发展中所采取的外部扩张战略，通过这种外部扩张战略，能加强企业的竞争能力，扩充经济实力，有利于企业不断改善经营管理，提高经济效益。

2. 兼并、收购与合并作为不同形式的资本经营方式，各自又有不同的特点，它们之间的差别在于以下四点。

（1）创新合并中参与合并的企业法人资格都随着合并而消失，它通过另外组建一个新企业取得法人资格；吸收合并（兼并）中的承担债务式、购买式、吸收股份式兼并，被兼并企业放弃法人资格并转让产权，兼并方接收产权、义务和责任。可见，在包含兼并的广义合并中，参与合并的企业或被兼并企业就将丧失原有的法人资格；而收购中，被收购企业作为经济实体仍然存在，被收购方仍具有法人资格，收购方只是通过控股掌握了该公司的部分所有权和经营决策权。

（2）创新合并中新组建的企业形成后，参与企业的原法人资格全部消失，于是，原有企业的债务一并归于合并后的企业。在承担债务式兼并中，兼并企业将被兼并企业的债务及整体产权一并吸收，表现为以承担被兼并企业的债务来实现兼并。兼并行为的交易也是以债务和整体产权价值之比而定的；在购买式兼并中，兼并方在完成兼并的同时，需对其债务进行清偿；吸收股份式兼并的被兼并企业所有者与兼并企业一起享有按股份分红的权利和承担债务的义务。在这前二者兼并形式中，原所有者将原资产、债权、债务一并转移，兼并方成为企业资产的新所有者及债务承担者。在吸收股份式兼并中，被兼并方所有人将企业的净资产作为股金，成为兼并方的一个股东，而与兼并方共担债务。而在收购中，兼并企业作为被兼并企业的新股东，对被兼并企业的原债务不负连带责任，其风险责任仅以控股出资的股金为限。

(3) 收购与合并对债权人新担负的义务不同。当公司决定合并时，应立即编制资产负债表及财产目录，以明确其财产状况，提供给债权人查阅。所以，合并有保护债权人的程序和义务。合并中，依据有关规定的程序，经股东会的决议和资产负债的结算，必须征询债权人的异议，如声明债权人在一定期限内没有提出异议，即为承认此合并案。可见，如果采取合并的方式取得某家企业的经营权，必须先取得该公司经营者的同意，经股东会议决定后才能达到目的。而收购在程序上就简单了，如果收购方想通过收购某家公司的股权而取得经营权，只要收购到目标公司一定比例的股权就可以达到目的。在程序上只要取得股权上的优势，再进行董事会、监事会改组即可。

(4) 在收购股权及资产方面，签订合约的对象虽然分别是股东和公司，但都只计算被收购企业或资产的价值。但在合并过程中，合并参与者若为股份公司，则通过股权交易，使原公司股东改持存续公司或新设立公司股票。这里需要先计算出各自的价值，经双方认同再计算出交换比率，然后才能进行合并。

3. 兼并。企业兼并是由两个或两个以上企业通过协商或契约兼并为一个企业的行为，原有的两个企业法人地位消失，新的企业法人生效。新设公司接管原来几个公司的全部资产、业务和债务，组建新的董事机构和管理机构。企业兼并后各方资产所有权并没有消失，而是以兼并后企业的所有权形式出现。兼并后，各方所有权的转让是无偿的，并连带将原各自企业资产的使用权、支配权、收益权等一并转让给新设企业。兼并有利于企业的生存和壮大，获得规模效应，避免由于激烈的市场竞争带来的两败俱伤，增强了抵御风险的能力，有利于加强市场的垄断性。同时，企业的兼并减少了办事机构和办公设施，可节约管理费用。

企业的兼并有时是两三个公司各取其强项兼并在一起，以便扩大生产规模、提高企业的研究开发效率和生产技术水平，增加销售网络覆盖面，增强其竞争能力。赫斯特、拜尔都是从用煤焦油生产染料起家，历史悠久，产品众多，生产技术均居世界领先地位。1995 年 7 月两公司以各控股一半的方式兼并了两家的染料和颜料业务，联袂组成 Dystar 公司。2000 年 10 月，巴斯夫将纺织品染料业务又与 Dystar 兼并，兼并后实行技术知识共享，以优秀的产品质量，强大的 R&D 系统，在世界染料市场居统治地位。

4. 收购。

(1) 收购的形式，收购是指一个企业采取各种形式有偿接收其他企业的产权，使被兼并方丧失法人资格或改变法人实体的经济行为，从而能够使该公司经营决策权易手的行为。企业收购的形式有：①承担债务式收购，即在资产与债务等价的情况下，收购方以承担被收购方债务为条件接收其资产的收购方式。②购买式收购，即收购方出资购买被收购方企业资产的收购方式。③吸收股份式收购，即被收购企业的所有者将被收购企业的净资产作为股金投入收购方，从而成为收购方企业的一个股东的收购方式。④控股式收购，即一个企业通过购买其他企业的股权，达到控股，实现收购的方式。

（2）杠杆收购，杠杆收购是指收购公司利用目标公司资产的经营收入，来支付兼并价金或作为此种支付的担保。换言之，收购公司不必拥有巨额资金（用以支付收购过程中必需的律师、会计师、资产评估师等费用），加上以目标公司的资产及营运所得作为融资担保、还款资金来源所贷得的金额，即可兼并任何规模的公司，由于此种收购方式在操作原理上类似杠杆，故而得名。杠杆收购 20 世纪 60 年代出现于美国，之后迅速发展，80 年代已风行于欧美。具体说来，杠杆收购具有如下特征：①收购公司用以收购的自有资金与收购总价金相比微不足道，前后者之间的比例通常在 10%～15%之间。②绝大部分收购资金系借贷而来，贷款方可能是金融机构、信托基金甚至可能是目标公司的股东（并购交易中的卖方允许买方分期给付并购资金）。③用来偿付贷款的款项来自目标公司营运产生的资金，即从长远来讲，目标公司将支付它自己的售价。④收购公司除投资非常有限的资金外，不负担进一步投资的义务，亦贷出绝大部分并购资金的债权人，只能向目标公司（被收购公司）求偿，而无法向真正的贷款方——收购公司求偿。实际上，贷款方往往在被收购公司资产上设有保障，以确保优先受偿地位。

盈科数码动力收购香港电信就是这种资本经营方式的经典手笔。由小超人李泽楷执掌的盈科数码动力相对于在香港联交所上市的蓝筹股香港电信而言，只是一个小公司。李泽楷采用以将被收购的香港电信资产作为抵押，向中国银行集团等几家大银行筹措了大笔资金，从而成功地收购了香港电信，此后再以香港电信的运营收入作为还款来源。

（二）战略联盟

战略联盟是指由两个或两个以上有着对等实力的企业，为达到共同拥有市场、共同使用资源等战略目标，通过各种契约而结成的优势相长、风险共担、要素双向或多向流动的松散型网络组织。根据构成联盟的合伙各方面相互学习转移，共同创造知识的程度不同，传统的战略联盟可以分为两个极端——产品联盟和知识联盟。

1. 产品联盟，在医药行业，可以看到产品联盟的典型。制药业务的两端（研究开发和经销）代表了格外高的固定成本，在这一行业，公司一般采取产品联盟的形式，即竞争对手或潜在竞争对手之间相互经销具有竞争特征的产品，以降低成本。在这种合作关系中，短期的经济利益是最大的出发点。产品联盟可以帮助公司抓住时机，保护自身，还可以通过与世界其他伙伴合作，快速、大量地卖掉产品，收回投资。

2. 知识联盟，以学习和创造知识作为联盟的中心目标，它是企业发展核心能力的重要途径；知识联盟有助于一个公司学习另一个公司的专业能力；有助于两个公司的专业能力优势互补，创造新的交叉知识。与产业联盟相比，知识联盟具有以下三个特征：

（1）联盟各方合作更紧密。两个公司要学习、创造和加强专业能力，每个公司的员工必须在一起紧密合作。

（2）知识联盟的参与者的范围更为广泛。企业与经销商、供应商、大学实验室都可以形成知识联盟。

（3）知识联盟可以形成强大的战略潜能。知识联盟可以帮助一个公司扩展和改善它的基本能力，有助于从战略上更新核心能力或创建新的核心能力。

（三）股权经营

进入20世纪90年代后，为了充分利用各自的科研实力、降低研究开发的风险，改善企业市场应变能力，减少市场准入成本，很多大型跨国公司通过参股控股、股权拆细、借壳上市、合资、合作的形式形成复杂的集团公司网络，环环相扣，你中有我，我中有你，大大增强了国际竞争能力。

1. 参股、控股。参股是企业将部分资本作为股本向另一家企业入股的一种经济行为，也是资本经营的一种方式。参股并不取消或改变企业的法人地位，参股的比例达不到一定的比例，也不会改变他人企业的法人地位。参股者往往将资产投入到有成长潜力、经营好、效益高的企业。由这家企业统一使用，实现资产一体化，从而有助于集中资本、扩大生产规模、提高营运效率和资本收益率。参股企业通过参股建立一种利益关系，促进了企业的技术合作。

控股指并购公司根据股权协议转让价格受让目标公司全部或部分产权，从而获得目标公司的控股权。这种模式由于其对象是界定明确、转让方便的股权，无论是从可行性、易操作性和经济性而言，转让模式均具有显著的优越性。这种以现金和资产入股的形式进行相对控股或绝对控股，可以实现以少量资本控制其他企业并为我所有的目的。

在实际操作中，控股可有三种低成本或零成本扩张的方式。

（1）借债控股。即先通过银行贷款对某一企业实行控股，随后对其输入母公司的机制、管理、文化、形象。待这一企业取得经济效益后再向银行还本付息。

（2）欠债控股，即对某一企业一开始不是注入多少实际资本而是先假定它已被一大公司在概念上实行控股，随即对其输入公司的机制、管理、文化、形象，待这一企业取得效益后，该大公司根据其概念股份额取得的分红补足实际欠交股本。这样，即由概念股转变为实际股，由空转转变为实转。

（3）品牌控股，即将一个大公司的品牌价值注入某一企业之中并达到控股的份额。这样，无形资产在运作中便产生了巨大经济效益。

参股控股是资本经营最基本的方式。一般而言，对于自身劣势项目分离出去，采取参股方式；对于自己的优势项目则是集中过来，采取控股方式。根据实际需要，母公司下可采取全资企业控股公司和参股企业多种形式；对于控股企业，可有绝对控股（85%

以上）、多数控股（51%～85%）和相对控股（49%以下）多种选择。

2. 股权拆细，是指把一个企业的资产拆分为股份的形式，以寻找购买股权的投资者，实际上是企业寻找资金合伙人的过程。对于现代企业而言，与其追求成本高昂的上市集资，还不如通过拆细股权，以股权换资金的方式，获得发展壮大所必需的血液。实际上，西方国家类似的做法也是常见的，即使像美国微软这样的公司，在刚开始的时候走的也是这条路，企业寻找资金合伙人，然后推出产品或技术，取得现实的利润回报，这在成为上市公司之前几乎是必然过程。

3. 借壳上市，是企业兼并收购中最精彩的篇章。“借壳”上市是指非上市公司通过证券市场购入已上市公司的若干比例的股票来取得上市地位，然后通过“反向收购”的方式注入自己有关业务及其资产，实现间接上市的目的。从本质上讲，这种方式就是非上市公司利用上市公司的“壳”先达到绝对控股地位，然后进行资产和业务重组，利用目标“壳”公司的法律上市地位，通过合法的公司变更手续，使非上市公司成为上市公司。

“借壳”上市不仅是控股的过程，也是两企业合并的过程。通常，收购公司与目标公司融合或相互吸引后，目标公司不再独立存在，收购企业可以以自己企业名称改变原有企业名称，并获得目标公司的财产权、所有权等权利。

4. 合资、合作，合资经营企业，是指企业法人依照法律的规定，共同投资、共同经营，并按投资比例分享利润、分担风险及亏损的企业。合资经营企业的组织形式为有限责任公司，具有法人资格，作为股东的合营各方以投资额为限对企业债务承担有限责任。合资经营企业的各方依照出资比例分享利润，分担亏损，回收投资。合资企业建立由董事会、经理组成的组织机构，实行规定的企业内部治理制度。

合作经营企业是指以营利性经营活动为目的，按照自愿原则组织起来，以采用股份制和股份合作制等形式在技术、资金、购买、销售等环节开展互助合作的组织。

案例分析

国美借壳上市

国美电器作为中国最大的电器和消费电子产品零售商，市场一直充满着关于它上市的各种猜测。2004 年 6 月 7 日中国鹏润（0493.HK）的一则公告让一切尘埃落定，国美最终选择了香港借壳，净资产值 2.41 亿元（人民币，以下同）的公司以 88 亿元的高价卖给了中国鹏润。以 6 月 9 日中国鹏润收盘价计算出的 210 亿元的市值刷新了中国大陆个人财富的新高度（还不包括他个人持有的国美电器 35%的股份和其他资产）。收购过程中在许多细节上环环相扣的精致安排是值得我们研究的。

（一）借壳上市三步走

黄光裕为了达成国美上市目的，早就悄悄地开始进行资产的整合和优化，用三步打造了一条通往“中国首富”的道路。

第一步，重组国美电器。2003 年初成立全资的国美电器，注册资金为 3 亿元。之后，黄光裕将北京国美位于北京的资产、负债及相关业务和天津、济南、广州、重庆等地共 18 家公司、共计 94 家门店全部股权装入国美电器，并由北京鹏润亿福网络技术有限公司（最终控制人为黄光裕）持有其 65%的股权，黄光裕直接持有剩余的 35%。这里最关键的就是北京国美注入的是 16 家门店的资产和负债。

第二步，改变国美电器的性质。先在英属维尔京群岛注册成立一家离岸公司 Ocean Town，通过在该地注册的国美控股 100%掌控 Ocean Town。2004 年 4 月 20 日，北京亿福将所持国美电器 65%的股权转让给 Ocean Town，使国美电器变成一家中外合资零售企业。这既符合在 2004 年 6 月 1 日前外资企业持有中国零售公司股份不超过 65%的限制，又为中国鹏润在香港收购国美扫除了境内外交易上的障碍。

第三步，中国鹏润收购 Ocean Town 后持国美电器 65%股权，实现国美电器借壳上市。Ocean Town 作价 88 亿元，上市公司以代价股份和可换股票据支付，并以 5 月 21 日收盘价每股 0.148 港元换算。

（二）黄光裕进退自如

约 88 亿元的收购代价使黄光裕面临着两大限制：一是中国鹏润没有足够现金；二是黄个人已持股达 66.9%，使用股权支付将使中国鹏润面临退市。最终利用可换股票据设计了三个层次的支付：

第一层，中国鹏润向黄光裕定向增发价值 2.435 亿港元的代价股份；

第二层，中国鹏润向黄光裕定向发行第一批价值 70.314 亿港元的可换股票据，相关换股权可在自票据发行日起三周年内的任何时点随时行使，满三年后强制行使；

第三层，中国鹏润向黄光裕定向发行第二批价值 10.269 亿港元的可换股票据，相关换股权仅于北京国美偿还所欠国美电器相关债务后方可行使。

在黄光裕拿到定向增发的股份后，公众持股达到 25.1%的危险界限边缘，大股东继续增持将使中国鹏润面临退市。而可换股票据支付既避免了退市风险，也为黄日后成功套现埋下伏笔：首先定向增发的代价股份不受任何禁售期限制，在收购完成后即可转让；其次在可转债换股完成之前，黄如果需要现金，可将可换股票据转让或质押而获得现金。

（三）成功破解联交所反收购新规

香港联交所于 3 月 31 日实施的新修订的《上市规则》关紧了借壳上市的大门。新规则的限制主要体现在增设“反收购行动”一项，将进行反收购的上市公司视做新申请人，必须按照 IPO 的程序审批。如借壳海尔中建（1169.HK）的海尔集团被联交所视为新公司上市，必须从头走完IPO的全部审批程序，这至少需要9个月时间。

《上市规则》对反收购的一种界定是：注入资产值达到壳公司资产的100%，且收购事项发生后，上市公司控制权发生变动。国美电器借壳没有被联交所界定为反收购，因为它并不符合《上市规则》对反收购的界定。

中国鹏润2003年年报显示，截至2004年3月31日，公司总资产约7.1亿港元，而注入的国美电器截至2004年3月31日的总资产约合29.6亿港元，远远超过100%的比例。但在收购国美电器之前，中国鹏润的控制权已在黄光裕手中，而收购后黄的持股量不减反增，不存在壳公司控制权变动的情况，因此并不符合反收购的这种界定。

反收购的另一种界定是：在上市公司控制权发生变化的24个月内，上市公司向取得控制权的人士收购的资产值达到壳公司资产的100%。黄光裕取得中国鹏润（原名京华自动化）控制权是在2002年2月，如今已超出24个月的时限。

（四）"国美电器"仍在黄光裕手中

需要注意的是北京国美是在中国大陆注册的"国美电器"商标的拥有者，北京国美并没有成为此次上市公司收购的目标，上市公司88亿元并没有获得"国美电器"商标的拥有权。为了给公众股东交代，黄光裕承诺授予国美电器年限不限并无须支付费用的商标许可权。但需要注意的细节是，这里并没有使用排他许可的字眼，也就是说黄光裕仍然保有在未来开出以"国美电器"命名的门店或卖场的权力。

当然为了消除公众股东的疑虑，黄又抛出了一个不竞争承诺的定心丸："黄先生将向本公司承诺，在目标集团的任何成员公司于收购协议日期已设立门店，以'国美电器'商标经营出售电器和消费电子产品的任何中国城市、直辖市、县或其他地点，不会直接或间接从事电器或消费电子产品的零售业务。"但是要注意两点：一是该竞争承诺是有条件的，"该承诺将于黄先生仍为本公司控股股东时一直有效"。二是该承诺并不适用于签订协议前没有开设国美电器的其他国家或地区。

显而易见，上市公司付出高昂代价，并没有真正地买到"国美电器"，最极端的假设是如果黄有一天不再是上市公司控制人，上市公司有可能面临着其他"国美电器"同业竞争的尴尬局面。黄通过这样的精致安排，不只把苦苦经营18年的国美卖出了高价，而且事实上仍然把"国美电器"牢牢地握在了自己的手里。

（资料来源：苟开红：《国美借壳，黄光裕进退自如》，《证券市场周刊》2004年7月4日）

二、资本收缩方式

企业在经营中，随着经营战略和条件的变化，会出现一些不适合企业长期战略、没有成长潜力或影响企业整体业务发展的子公司、部门或产品生产线。为了使资源配置更加合理，更好地规避风险，使企业更具有竞争力，企业可以采取资本收缩经营方式。

资本收缩方式主要有股份回购、资产剥离、企业分立、股权出售、企业清算等。资本收缩经营并非一定是企业经营失败的标志，经常与资本扩张方式相配合，通过资本扩张方式进入有发展前途的经营领域，同时从前景不佳的原有经营领域中撤退出来。面对激烈的市场竞争，企业有时采取资本收缩方式，在产业衰退初期就把经营不善的经营单位或业务，通过资本收缩方式进行战略撤退，最大限度地收回投资，降低企业风险，将过剩的资本转移到其他经营领域，使资本获得更有效的配置，提高企业资本利用效率和效益。

（一）股份收缩

1. 股份回购，是指出于特定目的，公司通过一定途径将已发行在外的股份重新购回的行为。与一般股份买卖不同，股份回购会导致公司总资产减少，损害债权人利益，因而，多数国家的公司法都对股份回购采取严厉态度，予以严格限制。

2. 股权出售，是指根据对企业贡献的大小，按一定价格系数将企业股权出售给有关人员。价格系数应当在综合考虑净资产评估价值、净资产收益率及未来收益等因素的基础上合理确定。股权出售是一种上市公司通过将自己的资产和持有的其他公司的股权出售变现的行为。

（二）企业收缩

1. 企业法人分立，是指一个企业法人分成两个或两个以上企业法人，在分立的过程中，资产也实现了变更，根据具体的约定分别分配到子企业中去。因分立而保留的企业应申请变更登记；因分立而新开办的企业应申请开业登记。企业分立，应当就企业分立的资产及债务负担告知相关人。原企业的债务，在企业分立后，根据分立时的具体情况由分立后的企业承担。

2. 资产剥离，是指将非经营性闲置资产、无效或低效的资产与已经达到预定目的的资产从公司资产中分离出来。从表面现象看，资产剥离是公司规模收缩，但其实质是收缩后更大幅度更高效率的扩张。资产剥离让公司选择适合自己经营的资本，剔除自己不善于管理的资本，可大大提高公司资本经营效率。资产剥离还可将现有的某些子公司、部门、产品生产线、固定资产等出售给其他公司，以取得现金或有价证券的回报。从具体实践看，这种方式具体包括减资、置换、出售等形式。按照意愿所属来划分，剥离可分为两种类型：

(1) 自愿剥离，是指当公司管理人员发现通过剥离对提高公司的竞争力和资本的市场价值产生有利影响时而进行的剥离。

(2) 非自愿或被迫剥离，是指政府主管部门或司法机构以违反反托拉斯法为由，迫使公司剥离其一部分资产或业务。例如，1984年，美国联邦贸易委员会（FTC）以反垄断为由，迫令A&T公司将其拥有的地方电话公司剥离，仅允许其保留设备制造和长途电话业务。经常发生的情况是，在兼并与收购活动中，政府可能认为并购后的公司将在某一市场上造成过度的垄断或控制，损害了公平竞争，从而要求公司剥离其一部分资产或业务。

3. 企业清算，是指企业按照章程规定解散或破产以及其他的原因宣布终止时，由清算机构根据有关规定对企业的财产、债权及质量进行清理、核算和处置。

三、资产重组

资产重组的方式主要有股份制改造、资产置换、债务重组、债转股、破产重组等。资产重组是指对一定企业重组范围内的资产进行分拆、整合或优化组合的活动，是优化资本结构、达到资源合理配置的资本经营方式，资产重组的实质是对企业资源的重新配置。企业在经营过程中，由于市场竞争日益激烈，各种经济因素变动导致企业经营收益不确定，风险也明显增加，很多企业的现金流入与高负债的资本结构所要求的法定现金流出要求严重不匹配，陷入严重的债务支付危机状态。尽管有些企业通过贷款、高负债进行高风险的资本扩张获得成功，但资产负债率过高引发的财务危机，有可能使企业因资产无法变现，不能及时清偿债务，导致失败甚至破产。为了控制企业财务风险，在资本经营过程中，企业必须根据市场环境的不断变化，经常运用资产重组方式，对企业的各种资源进行重新配置，优化资本结构，提高资源利用效率，保证企业持续发展。

（一）股份处理

1. 股份制改造，是指企业通过兼并重组，对公司股权结构进行改造，理顺公司股权结构。

企业走向市场，投身竞争，对于现代企业来讲已经不由其意愿所决定，而是成为涉及优胜劣汰的残酷现实。企业只有不断提高综合素质，适时进行体制创新，实行股份制改造，建立起符合市场经济要求的现代企业制度，这也是对企业领导和管理人员的知识结构更新和思想观念转变所提出的迫切要求。

2. 资产置换，是指上市公司将不符合公司发展目标的资产剥离出去，同时注入优质资产，从而达到提高上市公司资产质量的目的，为上市公司增添新的利润增长点。上市公司资产置换一般发生在上市公司与其控股公司之间。

资产置换在剥离不良资产的同时，又注入了优质资产，往往可以收到点石成金、立竿见影的效果，使得一些业绩不佳的上市公司在很短的时间业绩就得到了极大改善。但同时由于资产置换主要发生在上市公司和其控股公司之间，是一种关联交易，结果某些上市公司的资产置换并未触及上市公司的经营机制问题，使得亏损资产本身并未扭亏。

3. 管理层收购（ManagementBuy-out，MBO），又称“经营层融资收购”，国内一般译为管理层收购、管理者收购或管理层融资收购，即为管理层利用杠杆融资对目标企业进行收购，具体来说是指目标公司的管理者或经营层利用借贷所融资本或股权交易收购本公司的股份的行为，从而改变公司所有者结构、控制权结构和资产结构，进而达到重组本公司的目的，并获取预期收益的一种收购行为。

管理层收购是 20 世纪 70 年代在传统并购理论基础上发展起来的一种新型的并购方式，是企业重视人力资本提升管理价值的一种激励模式。通过收购，企业的经营者变成了企业的所有者，完成由单纯的企业管理者到企业主人的转变。管理层收购的实行，意味着对管理作为一种资源价值的承认。通常，上市公司管理层和员工共同出资成立职工持股会或上市公司管理层出资成立新的公司作为收购主体，一次性或多次通过其授让原股东持有的上市公司国有股份，从而直接或间接成为上市公司的控股股东。

（二）债务处理

1. 债务重组，是指债权人（企业）与债务人（企业）之间发生的涉及债务条件修改的所有事项，该定义不包括债务人不处于财务困难条件下的债务重组和债务人处于清算或改组时的债务重组。但从广义上说，所有涉及修改债务条件的事件（包括修改债务金额或时间）都应视为债务重组。而且在实际中有些债务重组产生的原因并不一定是债务人发生财务困难，况且什么叫财务困难，在会计实务中也不易界定。此外，债务重组不局限于对债务人处于财务困难债权人作出让步的债务重组，还包括债务人没有发生财务困难时或企业清算破产时的债务重组以及债权人作出让步的债务重组。

2. 债转股，是指企业的债务转成权益资本、投资者的债权转让（折价）给资产管理公司，资产管理公司变为企业的股权人。从投资者角度来说，债转股是投资者权利间的交易，是在两个投资者间进行的，是真正意义的债权转股权。但对债务企业而言，是责任的转换，是将对债权人的责任转向对股权人的责任。企业对债权人的责任是到期支付本息，这种责任构成企业定期的现金流出，形成企业较大的支出负担。无论何种原因举债，不论何种原因不能还债，都不能得到法律上的豁免，除非债务人被法律宣告破产，而且，即使破产，债务人也必须以其全部破产财产清偿债务，不足以清偿部分才可以获得法律豁免。

（三）破产处理

1. 破产重组，是指由于经营不善而实施破产的企业将破产后的资产实行重组，从而使得企业获得再发展的一种方法。破产重组的意义在于有望使破产企业复苏，减少债权人和股东的损失；对已达破产的企业来说，重组是其背水一战、争取生存的最后机会；对整个社会而言，重组能尽量减少社会财富的损失和因破产而转为失业人口的数量。

2. 破产拍卖，如果企业所有者确认经营已经完全陷入困境，无法摆脱亏损的局面，于是，基于止损或减少损失的考虑，对企业的部分资产或整体进行拍卖，以收回部分投资或资产收益。破产拍卖一般由法院委托拍卖行进行。

四、资本经营其他方式

资本经营除了上述方式以外，还有租赁经营和托管经营方式。租赁经营和托管经营都是通过存量资本的流动和重组来实现资本经营的。租赁经营和托管经营的实质是在企业所有权与经营权彻底分离的情况下，通过市场对各种生产要素进行优化配置，提高社会资源的利用效率，实现资本经营的目标。用企业租赁、托管方式取得其他企业的资产经营权，拓宽了企业的筹资方式，可避免一次性大规模投入的困扰和企业产权关系转让中出现的一系列矛盾，达到迅速扩大经营权的效果，是增强企业经济实力的有效手段。放弃资产经营权的企业既可以盘活存量资产，优化资本结构；又可以取得一定的收入，同时又不丧失资本的所有权。

（一）租赁经营

租赁经营是企业所有者将企业资产的所有权在一定时期内出租给承租方，承租方按合同规定定期交纳租金的一种经营方式。

1. 经营租赁，企业经营租赁的形式有多种不同的划分方法。按照承租主体的不同，《租赁条例》中划分为五种：①个人租赁，即一个人承租经营企业。②合伙租赁，即二至五人合伙承租经营企业。③全员租赁，即本企业全体员工承租经营企业。④企业租赁企业，即一个企业承租经营其他企业。⑤其他租赁经营形式。前四种，在“七五”期间是比较流行的典型形式。到“八五”后期，国家允许国有小型企业改革在产权制度上有所突破，上列租赁经营形式有时还作为一种过渡性的改革措施，与出售、兼并、联合、产权转让、股份合作制等改革形式结合起来，以调整经济结构，放开放活国有小型企业。有的地方还出现了外商投资企业及外籍公民承租中国企业的现象。

此外，按照出租对象是否分割，企业租赁经营还可划分为企业整体出租、部分出租、分割（分散）出租等形式。整体出租，是将企业的全部资产出租给承租方经营。企业资产既包括有形资产（固定资产、流动资产等），也包括无形资产。在实行租赁经营的初期，人们往往忽视了无形资产的价值。在中国，一切土地的所有权属于国家，企业整体出租时，土地不属于租赁的范围，土地使用权的转让要经过国家土地管理部门的批准。部分出租，即出租方视自身经营情况的需要，仅出租部分车间、设施、厂房、场地等资产，而保留一部分自己经营。分割出租，承租方将企业资产分割成若干相对独立的部分，分别租给多个承租者经营。较为常见的如商场的柜台出租，即属于这一类。

2. 融资租赁，是指由出租方融通资金为承租方提供所需设备的、具有融资、融物双重职能的经营活动。融资租赁从概念上可以被视为集融资与融物、贸易与技术更新于一体的新型融资方式。其操作程序是：有意以租赁方式购买某种设备的企业，在自行选定设备品种、规格、型号、交货条件后，向租赁公司提出办理租赁业务的申请，租赁公司经审查认为项目可行后，由租赁公司代为融资，并根据承租人要求向供应厂商购进其所需设备再交付承租人使用，承租人只需按期交付租金，而待租期结束，租赁标的物的所有权通常可自动转移到承租企业一方。

3. 杠杆租赁，又称为平衡租赁，是指一项采用“财务杠杆”方式组成的融资性节税租赁，出租人一般只需支付全部设备金额的 20%～40%，即可在经济上（也仅仅在经济上）拥有设备的所有权，享受如同对设备百分之百投资的同等税收待遇。设备成本中的大部分资金则通过以出租的设备为抵押，由银行、保险公司和证券公司等金融机构贷款解决，贷款人提供信贷时对出租人无追索权，其资金偿还的保障在于设备本身及租赁费，同时需出租人以设备第一抵押权、租赁合同及收取租金的受让权作为对该项贷款的担保。

（二）托管经营

托管经营是指出资者或其代表在所有权不变的条件下，以契约形式在一定时期内将企业的法人财产权部分或全部让渡给另一家法人或自然人经营。托管经营是将经营不善、管理混乱的企业委托给实力较强的优势企业经营管理的一种经营方式。由于托管这一方式能够在不改变或暂不改变原有产权归属的前提下，直接开展企业资产的重组和流动，从而有效地回避了企业破产、购并中的某些敏感性问题和操作难点，是现有条件下推进企业改革的有效模式之一。

托管经营的意义在于：①给一大批有眼光、有经营能力却拿不出巨资购买大块资产的企业家提供了广阔舞台。②只转让经营权，不转让所有权，这有利于“两权分离”，避免资产所有者对企业干预太多，更好地体现现代企业自主经营的原则。③在委托经营期间既可搞产品经营，也可搞资产经营。

五、无形资本经营

无形资本经营是指企业对所拥有的各种无形资本进行运筹和策划，用无形资本的价值实现企业的整体价值增值目的的资本经营方式。

（一）无形资本经营的形式

无形资本经营的方式主要有：

1. 通过无形资本实施资本扩张战略。资本经营能够快速将企业这艘船做大，船的航行则需要品牌这样的风帆牵引和推动。企业在采用兼并、收购、参股、合资、特许经营等方式实施资本扩张战略时，可将品牌等无形资本作为重要的投入资本，实施名牌发展战略，借助于目标企业的有形资产，以名牌为龙头，迅速扩大生产能力和市场占有率，既可以大大减少增量资本的投入，又可以充分利用对方企业的资本潜力。

2. 无形资本所有权或使用权的转让。通过对无形资本的所有权或使用权进行转让，盘活企业的无形资本，充分发挥无形资本的作用。

3. 保护和整合无形资本。在经济全球化和网络化市场的情况下，无形资本在企业资本经营中的作用变得越来越重要，成功地运营无形资本，能够有效地提高资本经营的效果。在资本经营过程中，企业必须对品牌资本进行价值评估，采取有效措施防止知识产权等无形资本受到侵权，避免品牌等无形资本的流失，整合本企业与关联方企业的相关品牌，延伸名牌系列产品和服务，提高品牌资本的知名度。

（二）知识资本经营

知识资本经营，是指在企业资本经营过程中，利用市场机制，转让和引进知识、智力，整合企业内部与外部的知识资本，借助于企业外部的知识资源创造出具有自身竞争优势的经营模式。知识资本经营的主要方式有：在资本经营过程中充分发挥知识资本的作用，建立产学研相结合的学习型组织，吸引国内外高素质技术和经营管理人才加盟，借用“外脑”使企业组织虚拟化，创造知识资本的自由流动机制，建立以顾客为中心的顾客资本经营体制等。知识资本经营围绕市场组织智力资本和企业其他资本，灵敏度高，适应性强，相对减弱了企业经营的风险性。

（三）品牌资本经营

企业在采用兼并、收购、参股、合资、特许经营等方式实施资本扩张战略时，可将品牌等无形资本作为重要的投入资本，实施名牌发展战略，借助于目标企业的有形资产，以名牌为龙头，迅速扩大生产能力和市场占有率，既可以大大减少增量资本的投入，又可以充分利用对方企业的资本潜力。

品牌资本是代表特定品牌象征的企业资本，是一种超越生产、商品本身和所有有形资产以外的价值。品牌资本尽管无形化，但它往往能带来和创造比有形资本还快的增值效应，这种品牌的资本化趋势是现代资本理念的新进展。

品牌资本经营的五种主要方式：品牌资本的交易；利用品牌资本筹资；利用良好的品牌取得合作伙伴在供应价格、资源占有、结算方式等方面的优惠政策；利用品牌资本引进外资；利用品牌资本，实现资本扩张。企业必须对品牌资本进行价值评估，采取有效措施防止知识产权等无形资本受到侵权，避免品牌等无形资本的流失，整合本企业与关联方企业的相关品牌，延伸名牌系列产品和服务，提高品牌资本的知名度。

从目前世界著名成功品牌的发展轨迹分析，未来企业的经营，着力点已经正在或悄悄地转移到无国界品牌资产的经营上。在一些发达国家，许多优秀企业的有形资产和无形资产的比例已达1∶2或1∶3。拥有名品牌的许多跨国企业的品牌价值已远远超过年销售总额。可口可乐、麦当劳、迪斯尼、雀巢等均是如此。

（四）人力资本经营

人力资本经营与能本管理相适应，是对传统劳动人事管理的全新革命和全面创新，它标志着从传统的人事管理向新型的人力管理、人力资本经营的变革。人力资源管理则将人看做是一种关键的资源来经营，努力发掘员工所具备的现实的和潜在的能力。人力资本经营把人视为一种稀缺的资源，是以人为中心，强调人和事的统一发展，特别注重开发人的潜在才能。

第六节　资本经营的战略与选择

当今世界经济格局已进入以大公司、大集团为中心的时代。中国已经明确以发展具有国际竞争力的大型企业集团作为今后企业改革与发展的重点，中国企业正面临以增强核心竞争力为基础的战略转型期。诺贝尔经济学奖获得者、美国经济学家史蒂格勒曾说过：纵观世界上著名的大企业、大公司，没有一家不是在某个时候以某种方式通过资本经营发展起来的，也没有哪一家是单纯依靠企业自身利润的积累发展起来的。

一、资本经营战略基本类型

（一）集中发展型战略

这种资本经营活动主要是针对企业的某一核心产业或产品开展资本经营活动。它是集中企业的资源，以较快的增长速度来增加现有产品或劳务的销售额、利润额或市场占有率。这种战略的优点是经营目标集中，容易实现生产专业化和规模经济，强化企业的核心竞争能力。

（二）同心多样化战略

同心多样化资本经营战略是增加同企业现有产品或劳务相类似的新产品或新劳务。同心多样化能够充分利用企业所具有的专门技能和技术经验、生产设备、销售渠道，挖掘其潜能。当一个企业所在的产业处于上升时期，这一战略的实施可以强化组织在某些知识和经验的领域中的地位。有关机构对约占美国资产 2/3 的 460 个公司的研究表明：导致企业较快增长率的原因是扩大了与原来有关的市场。

（三）纵向一体化战略

这是指在前后两个可能的发展方向上扩大企业现有经营业务的一种发展战略。向后一体化使企业能对它生产现有产品所需原材料的成本、质量和供应进行有效控制；向前一体化可使企业控制销售和销售渠道，增加产品的市场适应性，对于原材料生产企业进入产品制造领域，有助于实现产品的深加工，增加产品的附加价值，改善企业的经营状况，提高企业的经济效益。很多石油、石油化工企业就采用这种战略。

纵向资本扩张的企业处于生产经营不同阶段的企业或者不同行业部门之间，将关键性的投入产出关系纳入自身控制范围，通过对原料和销售渠道及对用户的控制来提高企业对市场的控制力。

（四）横向一体化战略

这种资本经营方式的特点是企业通过购买、联合或兼并与自己有竞争关系的企业的发展战略。横向一体化战略使企业在做大做强的同时，可以消除现存的或潜在的竞争对手。它与同心多样化有类似之处，二者新增的产品或劳务与企业现有的产品或劳务相关。

横向型资本扩张的交易双方属于同一产业或部门，产品相同或相似，为了实现规模经营而进行产权交易。横向型资本扩张不仅减少了竞争者的数量，增强了企业的市场支配能力，而且改善了行业的结构，解决了市场有限性与行业整体生产能力不断扩大的矛盾。青岛啤酒集团的扩张就是横向型资本扩张的典型例子。自 20 世纪 90 年代中期以来，青啤集团公司抓住国内啤酒行业竞争加剧，一批地方啤酒生产企业效益下滑，地方政府积极帮助企业寻找“大树”求生的有利时机，按照集团公司总体战略和规划布局，以开发潜在和区域市场为目标，实施了以兼并收购为主要方式的低成本扩张。21 世纪初期几年，青啤集团依靠自身的品牌资本优势，先后斥资 6.6 亿元，收购资产 12.3 亿元，兼并收购了省内外 14 家啤酒企业。不仅扩大了市场规模，提高了市场占有率，壮大了青啤的实力，而且带动了一批国企脱困。2003 年，青啤产销量达 260 万吨，跻身世界啤酒十强，利税总额也上升到全国行业首位，初步实现了做大做强的目标。

（五）复合多样化战略

这是指增加与企业现有产品或劳务不大相同的新产品或劳务。主要是通过对其他组织的合并及合资经营来实现经营目标。很多企业愿意选择复合多样化战略，通过向不同产业的渗透和向不同市场提供服务来分散企业的经营风险；使企业的业务向更优经济特征的行业转移，企业的经营更灵活。

复合多样化战略扩张适应了现代企业集团多元化经营战略的要求，跨越技术经济联系密切的部门之间的交易。它的优点在于分散风险，提高企业的经营环境适应能力。拥有 105 亿资产的美的集团一直是白色家电业的巨头，2003 年的销售额达 175 亿元。在 20 年的发展历程中，美的从来没有偏离过家电这一主线。专业化的路线使美的风扇做到了全国最大，使空调、压缩机、电饭锅等产品做到了全国前三名，巨大的规模造就了明显的规模优势。然而，随着家电行业竞争形势的日益严峻，进军其他行业、培养新的利润增长点成为美的集团的现实选择。与此同时，美的在资本、品牌、市场渠道、管理和人才优势等方面也积累了具备多元化经营、资本化运作的能力。审时度势之后，美的毅然作出了从相对单一的专业化经营转向相关多元化发展的战略决策。2003 年 8 月和 10 月美的先后收购了云南客车和湖南三湘客车，正式进入汽车业。此后不久，又收购了安徽天润集团，进军化工行业。美的以家电制造为基础平台，以美的既有的资源优势为依托，以内部重组和外部并购为手段，通过对现有产业的调整和新产业的扩张，实现多产业经营发展的格局，使美的最终发展成为多产品、跨行业、拥有不同领域核心竞争能力和资源优势的大型国际性综合制造企业。

（六）紧缩型战略

当企业的经营状况、资源条件不能适应外部环境的变化，难以为企业带来满意的收益，甚至威胁企业的生存和发展时，企业常常采取紧缩型战略。紧缩型战略可采取抽资、拍卖、清算等方式。

紧缩型战略是对公司总规模或主营业务范围而进行的重组，其根本目的是为了追求企业价值最大以及提高企业的运行效率。收缩性资本经营通常是放弃规模小且贡献小的业务，放弃与公司核心业务没有协同或很少协同的业务，宗旨是支持核心业务的发展。当一部分业务被收缩掉后，原来支持这部分业务的资源就相应转移到剩余的重点发展的业务，使母公司可以集中力量开发核心业务，有利于主流核心业务的发展。收缩性资本经营是扩张性资本经营的逆操作。

1999 年，申能股份有限公司以协议回购方式向国有法人股股东申能（集团）有限公司回购并注销 10 亿股国有法人股，占总股本的 37.98%，共计动用资金 25.1 亿元。国有法人股股东控股比例由原来的 80.25%下降到 68.16%，公司的法人治理结构和决策机制得到进一步完善。回购完成后，公司的业绩由 1998 年每股收益 0.306 元提高到 1999 年每股收益 0.508 元，而到 2000 年，每股收益达到了 0.933 元。这为申能股份的长远发展奠定了良好的基础，并进一步提升了其在上市公司中的绩优股地位。

（七）资本经营创新战略的探索

1. TCL 集团：整体上市模式，2004 年 1 月，TCL 集团的“阿波罗计划”正式得以实施。即 TCL 集团吸收合并其旗下上市公司 TCL 通讯，实现整体上市。原 TCL 通讯注销法人资格并退市，TCL 集团向 TCL 通讯全体流通股股东换股并同时发行 TCL 集团人民币普通股，TCL 通讯的全部资产、负债及权益并入 TCL 集团。整体上市为 TCL 集团筹资 25.13 亿元，这将给公司带来产业扩张的新契机，也为其带来一个新的资本经营平台。这是企业集团资本经营的一个里程碑。集团整体上市将给集团以更大的运作平台。企业要面对全球化竞争，要做大做强，这都需要资金，金融资本集资是最有效的方式，集团上市后无疑可以让集团更加有效地通过集资发展。而在行业整合、产业重组方面，让大集团完全靠现金收购来进行产业重组显然不大现实，整体上市可以让大集团通过股权收购实现更有效的扩张，这对蓝筹大集团来讲极具意义。

2. 德隆集团：行业整合模式，一个产业规模很大、很分散，怎么整合？德隆的选择是，把资本经营作为产业整合的手段。通过资本经营，收购同行业中最优秀的企业，然后通过这个最优秀的企业去整合和提升整个行业。

德隆把资本经营与产业整合相结合、二级市场与一级市场相结合。德隆曾经控股 5 家上市公司，他们的做法是，把证券市场作为企业整合的一个手段。德隆一般不孤立投资一个项目，其投资某个项目，是为了整合整个行业。例如为了整合新疆水泥行业，首先控股屯河 70%以上，然后把屯河的水泥生产能力卖给天山，用所卖得的钱买天山集团对上市公司的控股股权，从而控股天山，通过天山整合整个新疆的水泥业。而屯河做红色产业，在国外与亨氏合作，进入欧洲的番茄酱市场，变成亚洲最大番茄酱生产和出口企业；在国内控股汇源果汁公司，迅速打开国内饮料市场。德隆虽然已经失败，但其资本经营模式仍有研究运用价值。

3. 海尔集团：产融资本结合模式，当产业资本发展到一定阶段时，由于对资本需求的不断扩大，就会开始不断向金融资本渗透；而金融资本发展到一定阶段时，也必须要寻找产业资本支持，以此作为金融产业发展的物质基础。于是，产业资本与金融资本的融合就成为市场经济发展的必然趋势。

2002 年 9 月，海尔集团财务有限责任公司正式成立，这标志着海尔集团全面吹响了进军金融业的号角。同年 12 月，海尔集团与全球最大的保险公司之一美国纽约人寿保险公司携手，成立海尔纽约人寿保险有限公司。而在过去的一年时间里，海尔已先后控股青岛商业银行、鞍山信托、长江证券。如此，海尔在金融领域已经涵盖了银行、保险、证券、信托、财务公司等业务。海尔投资金融业是真正地开始搭建一个跨国公司的框架，由于金融业本身良好的资金流动性，产融结合将为海尔的资金链加入润滑油，加速其资金融通，为海尔冲击世界 500 强提供强劲的资金动力。

二、资本经营战略选取的原则

企业进行资本经营的战略方式多种多样，不同的战略类型适合于不同条件和情况，从多个可行的战略中反复权衡，最后选出最佳方案。在选取经营战略的过程应遵循以下原则：

（一）成本领先原则

这是使企业的经营活动保持同行业最低成本的财务战略。在战略实施时期，降低生产要素成本是企业经营活动及其管理的第一位工作，也是企业在该时期各项作业和发展规划的核心。成本领先战略是公司通用的财务战略。

（二）利润领先原则

衡量利润增长有利润额和利润率两种标准。利润额可衡量同一企业不同时期利润增长的情况，但不同企业之间不具有可比性。利润率没有利润额那样直观，但利润率既可衡量同一企业，也可评价不同企业之间不同时期利润增长情况。利润领先也有两种标准，即利润额最大化和利润适度增长。从战略角度看，长期保持利润最大化是很难实现的，利润领先是利润在长时期内保持适度增长。利润领先战略的基础是以产品经营和市场为导向。

（三）资产整合增值原则

资产整合增值战略以资产的保值、增值和整合为核心，企业各项经营活动都为实现资产整体规模的扩大和增值服务。资产整合增值原则是从投资角度出发来考虑的。资产增值的基础是资产保值，资产增值是资产整合的基础。在资产保值和增值基础上实现资产整合与企业成长。资产增值表现为资金利润率大于市场利率，超出的部分才是资产增值部分。增值原则与利润领先原则相比，不仅涉及价值创造和价值实现，而且涉及利润分配问题，要求层次更高，涉及的领域更广。

（四）资本经营风险规避原则

这是利用风险机制和资本经营规则，冒大的风险去实现高额资本效益的经营原则。高新技术企业的产品由实验室转入产业化生产有较大的风险，因此，高新技术企业的财务管理技术和理念起点较高，一般都注重资本经营风险原则。资本经营产生风险的另一种情形是纯资本产品开发经营或负债经营。企业将一切经营活动及其生产要素资本化，其基本规则或代价是还本付息和增值。在物质产品市场、人才市场和资本市场等各种生产要素市场上，资本市场最变幻莫测。

思考题

1. 怎样理解资本的内涵？资本的主要功能有哪些？
2. 什么是资本经营？资本经营有哪些特点？
3. 资本经营和商品经营的联系与区别表现在哪些方面？
4. 资本经营的方式有哪些？
5. 优势企业应采用什么样的资本经营战略？
6. 劣势企业应采用什么样的资本经营战略？

第二章　证券市场融资

学习目的与要求：通过本章学习，应对证券市场、股票分类、借壳上市的概念有一个基本的了解，并要求重点掌握股票和债券发行与上市的条件、借壳上市的流程与方法等内容。

第一节　证券及证券市场

企业的资本经营是伴随着金融市场的成熟而发展起来的。而证券市场则是金融市场发育成长的产物。证券市场是股票、债券、投资基金券等各种有价证券发行和交易的场所。广义的金融市场包括货币市场、资本市场等，货币市场是融通短期资金的市场，资本市场是融通长期资金的市场，资本市场又可以进一步分为中长期信贷市场和证券市场。证券市场通过证券信用的方式融通资金，通过证券的买卖活动引导资金流动，有效合理地配置社会资源，支持和推动经济发展，因而是资本市场的核心和基础，是金融市场的重要组成部分。

一、证券概念及分类

从法律意义上说，证券是指各类记载并代表一定权利的法律凭证的统称，用以证明持券人有权依其所持证券记载的内容而取得应有权益。从一般意义上来说，证券是指用以证明或设定权利所做成的书面凭证，它表明证券持有人或第三者有权取得该证券拥有的特定权益，或证明其曾经发生过的行为。证券按不同的形式可以分为不同的类型。

1. 按证券载体的形式分类。证券主要有货物证券、货币证券、资本证券和其他证券。货物证券是指持有者有权领取货物凭证，如提单等。货币证券是对货币有请求权的证明，如发票、本票、商业票据等。资本证券的标的物也是一定货币额，但侧重于本金带来的收益的请求权，如股票、债券等。其他证券，如土地所有权证、房产证、银行存折等。

2. 按证券发行主体的不同分类。证券可分为公司证券、金融证券、政府证券。公司证券是指公司、企业等经济法人为筹集投资资金或与筹集投资资金直接相关的行为而发行的证券。主要包括股票、公司债券、优先认股权证和认股证书等。金融证券是指银行、保险公司、信用社、投资公司等金融机构为筹集经营资金而发行的证券。主要包括金融机构股票、金融债券、定期存款单、可转让大额存款单和其他储蓄证券等。政府证券是指政府财政部门或其他代理机构为筹集资金，以政府名义发行的证券。主要包括国库券和公债券两大类。

3. 按证券是否具有适销性分类。证券可分为适销证券和不适销证券。适销证券是指证券持有人在需要现金或希望将持有的证券转化为现金时，能够迅速地在证券市场上出售的证券。如股票、公司债券、金融股票、金融债券、国库券、公债券、优先认股权、认股证书等。不适销证券是指证券持有人在需要现金时，不能或不能迅速在证券市场上出售的证券。如定期存款单等。

4. 按证券是否在证券交易所挂牌上市交易分类。证券可分为上市证券和非上市证券。上市证券又称挂牌证券，是指经证券主管机关批准，并向证券交易所注册登记，获得在交易所内公开买卖资格的证券。非上市证券也称非挂牌证券、场外证券，是指未申请上市或不符合在证券交易所挂牌交易条件的证券。

5. 按证券收益是否固定分类。证券可分为固定收益证券和变动收益证券。固定收益证券是指持券人可以在特定的时间内取得固定的收益并预先知道取得收益的数量和时间，固定利率债券和优先股股票即属此类证券。变动收益证券是指因客观条件的变化其收益也随之变化的证券。

6. 按证券发行的地域和国家分类。证券可分为国内证券和国际证券。国内证券是一国国内的金融机构、公司企业等经济组织或该国政府在国内资本市场上以本国货币为面值所发行的证券。国际证券是指由一国政府、金融机构、公司企业或国际经济机构在国际证券市场上以其他国家的货币为面值所发行的证券。

7. 按证券募集方式分类。证券可分为公募证券和私募证券。公募证券是指向不特定的社会公众投资者公开发行的证券，其审批较严格并采取公示制度。私募证券，是指向事先确定的少数投资者发行以募集资金的证券，其审查条件相对较松，投资者也较少，不采取公示制度。

8. 按证券的经济性质分类。证券可分为股票、债券和其他证券三大类。股票是指股份有限公司依照公司法的规定，为筹集公司资本而发行的表示其股东按其持有的股份享受权益和承担义务的可转让的书面凭证。债券是发行人依照法定程序发行的、约定在一定期限还本付息的有价证券。

二、证券的特征

1. 产权性。有价证券的产权性是指它记载着权利人的财产权内容，代表着一定的财产所有权，拥有证券就意味着享有财产的占有、使用、收益和处分的权利。

2. 期限性。债券一般都有明确的还本付息期限，但股票一般没有到期日，可以理解为一种永久性的证券，而且股息支付的日期也不固定。

3. 收益性。收益性是指持有证券本身可以获得一定数额的收益，这是投资者转让资金使用权的回报。

4. 流动性。证券的流动性又称变现性，是指证券持有人可按自己的需要，灵活地转让证券以换取现金。

5. 风险性。证券的风险性是指证券持有者面临着预期投资收益不能实现，甚至使本金也受到损失的可能。

三、证券市场的主体

证券市场的主体主要指证券发行人、证券投资者、证券市场中介机构、自律性组织。

1. 证券发行人是指为筹措资金而发行证券的政府及其机构、金融机构和公司企业。

2. 证券投资者是指进入证券市场进行证券交易的机构和个人，是证券市场的资金供给者。

3. 证券市场中介是连接证券投资者与筹资者的桥梁，是证券市场运行的核心。在证券市场起中介作用的实体是证券经营机构和证券服务机构，通常把两者合称为证券中介机构。

证券中介机构主要有证券经营机构、证券服务机构。证券经营机构又称证券商，它是指依法设立可经营证券业务的、具有法人资格的金融机构。证券经营机构根据业务内容划分，有证券承销商、证券经纪商和证券自营商三类。

证券承销商是依照规定有权包销或代销发行人发行的有价证券的证券经营机构，是证券一级市场上发行人与投资者之间的媒介，其作用是受发行人的委托，寻找潜在的投资公众，并通过广泛的公关活动，将潜在的投资人引导成为真正的投资者，从而使发行人募集到所需要的资金。

证券经纪商，是指接受客户委托，代客买卖证券并以此收取佣金的证券经营机构。其主要职能是：为投资者提供信息咨询、开立账户、接受委托代理买卖以及证券过户、保管、清算、交割等。

证券自营商，是指自行买卖证券，从中获取差价收益，并独立承担风险的证券经营机构。

证券服务机构是指依法设立的从事证券服务业务的法人机构。主要包括证券登记结算公司、证券投资咨询公司、资信评估机构、会计师事务所、资产评估机构、律师事务所等。

4. 自律性组织有证券行业协会和证券交易所，证券行业协会是证券业的自律性组织，是社会团体法人。证券业协会的权力机构为由全体会员组成的会员大会。根据《中华人民共和国证券法》（以下简称《证券法》）规定，证券公司应当加入证券业协会。证券行业协会应当履行协助证券监督管理机构组织会员执行有关法律，维护会员的合法权益，为会员提供信息服务，制定规则，组织培训和开展业务交流，调解纠纷，就证券业的发展开展研究，监督检查会员行为及证券监督管理机构赋予的其他职责。根据《证券法》，证券交易所是提供证券集中竞价交易场所的不以营利为目的的法人。其主要职责有：提供交易场所与设施；制定交易规则；监管在该交易所上市的证券以及会员交易行为的合规性、合法性，确保市场公平；公布行情等。

四、证券市场有三方面的基本功能

1. 筹资功能。证券市场以证券形式为需求者和供给者融通资金提供了一个良好的机制和场所，从而解决了资金供求的矛盾，实现了筹资和融资的功能。

2. 资本定价功能。证券价格的确定，实际上是证券所代表的资产的价格的确定。证券市场的有效运行，使得价格确定可以通过证券需求者和证券供给者的竞争形成，从而能较为充分地反映证券市场的供求状况。

3. 资本配置功能。证券市场的配置功能是指通过证券价格的影响，引导资金的流动，实现资源合理配置。

第二节 证券市场资本筹集

资本筹集是公司资本运作的起点和资本运用的前提。公司应当组织好资本的筹集活动，以最小的代价筹足公司所需要的资本，保持合理的资本结构。通过证券市场资本筹集包括发行普通股、优先股、认股权证、债券等方式筹资。

一、普通股筹资及上市

（一）股票及特征

股份有限公司的资本金称为股本，是通过发行股票方式筹集的。将股本划分成若干等份，即股份。股票的所有者是公司的股东。股份是抽象的，要通过具体的物化形式来表现，这就是股票。股票是股份有限公司发行的，表示其股东按其持有的股份享受权益和承担义务的可转让的凭证。股票作为一种所有权凭证，代表着对股票发行公司净资产的所有权，即股权。

股票作为一种投资工具具有以下特征：

1. 非返还性。投资者一旦购买了股票，就成为公司股东，无权要求公司返还本金。他只能在二级市场上将股票转让给他人以获得现金。

2. 可转让性。股票作为一种有价证券，在资本市场上可以自由转让、买卖和流通，也可以继承、赠送或作为抵押品，尤其是上市公司的股票具有很强的流动性。

3. 收益性。股票的收益是股息或股利。一般讲，普通股享受股利，优先股享受股息（一般说来，优先股股息是固定的），其收益高低取决于股份公司的经营状况。公司经营好，盈利大，其股息、股利就高；反之则低。若公司发生亏损或破产，股票投资者只能依法分得其相应残值，乃至连本金都无法收回。

4. 风险性。股票投资的风险性来自股票付酬的剩余性和清偿的附属性。公司如果经营不善，或市场上出现意外情况，使公司剩余利润减少，股票的收益便马上下降，一旦公司倒闭，该公司股票便可能一文不值。因此，股票的价值受公司的经营状况以及所有相关的政治、经济因素的影响最为直接，其价格波动也最为剧烈。由于股票的非返还性，因此，股东便成为企业风险的主要承担者。概言之，股票风险主要表现于股票价格的波动性、红利的不确定性、破产清算时股东处于剩余财产分配的最后顺序等几个方面。

5. 决策参与性。普通股票的持有者，作为公司的股东，有权参加公司的股东大会，选举公司董事会，在不同程度上参与公司的经营管理与决策。

（二）股票分类

1. 股票按股东权利和义务分为普通股和优先股。普通股股票是最基本的股票，通常情况下股份有限公司只发行普通股股票。普通股股票代表对公司剩余资产的所有权，普通股股东共同拥有公司，承担同公司所有权相联系的最终风险，但他们的责任只限于自己的投资额。普通股股票有一个显著特征，就是股利不固定。

优先股股票是公司发行的优先于普通股股东分取股利和公司剩余财产的股票。多数国家公司法规定，优先股可以在公司设立时发行，也可以在本公司增发新股时发行。但有些国家的法律则规定，优先股只能在特殊情况下，如公司增发新股或清理债务时才准发行。

2. 按票面有无记名分为记名股票和无记名股票。记名股票是在股票票面上记载股东的姓名或名称的股票，股东姓名或名称要记入公司的股东名册。记名股票一律用股东本名，其转让、继承要办理过户手续。无记名股票是在股票票面上不记载股东的姓名或名称的股票。中国法律规定，公司的发起人、国家授权投资的机构、法人发行的股票，应为记名股票，向社会公众发行的股票，可以为记名股票，也可以为无记名股票。

3. 按票面是否标明金额，可分为有面额股票和无面额股票。有面额股票是指票面上载明一定金额的股票。《公司法》规定，股票应当标明票面金额。无面额股票是票面上不载明金额，只注明该股票所代表的股份在其所发行的股份总额中所占的比例，故也称为“分权股份”或“比例股”。这种股票的价值随公司资产的增减而增减。无面额股票最早产生于美国，后传入其他国家。但在日本无面额股票极少见。

4. 按投资主体的不同，可分为国家股、法人股、个人股和外资股。

5. 按发行时间的先后，可分为始发股和新发股。始发股是公司设立时发行的股票。新发股是公司增资时发行的股票。无论是始发股还是新发股，其发行条件、发行目的、发行价格都不尽相同，但是股东的权利和义务却是一样的。

此外，目前中国的股票还有按发行对象和上市地区分类的。依照此标准股票又可分为A股、B股、H股和N股。

（三）普通股票持有者的权利

1. 享有公司剩余利润权。公司剩余利润的分配一般按普通股份总数均分，普通股东以其拥有的股份数有权获取相应的股利。其股利水平不受任何比率的限制，它随公司剩余利润的多寡而变动。

2. 投票表决权。公司普通股东是公司的投资人，按照法律规定，他们对公司事务享有最终控制权。这种权利体现为，有权出席或委托代理人出席股东大会，并对公司的重大事务行使投票表决权。

由于这样那样的原因，并不能参加一年一度的股东大会，而是委托少数股东代表为自己投票。这种委托通常是通过“代表委托证”进行的。代表委托证是指股东把自己的投票权转让给别人的书面凭证。因此，股东们争取对公司的控制权往往首先表现在争取多数代表委托证之上。

3. 优先认股权。普通股东是公司的所有者和风险的主要承担者，为保持他们在公司中拥有的股权的比例，公司在增发新股时，他们有权优先认购新发行的股票。当然，优先认股权不是无限的。认购新股时其购股价格通常较股票市场价格低。因此，认股权具有一定价格，称为“权值”。股东不想购买新股时，他可将优先认股权转让他人。

4. 检查监督权。普通股股票持有者是公司的所有者，承担公司的最终风险与其所持公司所有权相对称。为保证公司资本的安全和增值，法律赋予普通股股票持有者具有一定的检查监督权利。他们有权查阅公司章程、股东会议纪要和会计报告，监督公司的经营，并有权对公司的经营管理提出建议或质询。但是不可以随便查阅公司的会计记录和经营账册。

5. 剩余财产的清偿权。当公司清算时，在偿还所有债务和优先股股本后，尚有剩余财产，普通股股票持有者有权按其所持普通股股份比例分享剩余财产。

（四）普通股票的发行条件

股票发行人必须是具有股票发行资格的股份有限公司。按照《证券法》和《股票发行与交易管理暂行条例》等规定，股票发行分新设发行、改组发行、增资发行和定向募集发行四种形式。具体条件分述如下：

1. 新设发行，是指新设立股份有限公司申请公开发行股票。这种形式发行应符合的条件是：①生产经营符合国家产业政策。②发行的普通股仅限一种，同股同权。③发起人认购的股本数额不少于公司拟发行股本总额的35%。④在公司拟发行的股本总额中，发起人认购的部分不少于人民币3000万元，但是国家另有规定的除外。⑤向社会公众发行的部分不少于公司拟发行股本总额的25%。⑥发起人在近三年内没有重大违法行为。⑦发行人申请公开发行证券的，应当按照规定聘请证券公司担任保荐机构。⑧证监会规定的其他条件。

2. 改组发行，是指原有企业改组设立股份有限公司申请公司发行股票。这种形式发行应符合的条件是：①发行前一年末，净资产占总资产的比例不得低于30%，无形资产占净资产的比例不得高于20%，但是证监会另有规定的除外。②近三年连续盈利。

3. 增资发行，是指股份有限公司增资申请公开发行新股的股票。这种形式除应当符合上述的"①"和"②"所列条件外，还应当符合下列条件：①前一次公开发行股票所得资金的使用与其招股说明书所述的用途相符，并且资金使用效益良好。②距前一次公开发行股票的时间不少于12个月。③从前一次公开发行股票到本次申请期间没有重大违法行为。④证监会规定的其他条件。

4. 定向募集发行，是指定向募集公司申请公开发行股票。这种形式除应符合"①"和"②"所列条件外，还应当符合下列条件：①定向募集所得资金的使用与招股说明书所述的用途相符，并且资金使用效益良好。②距最近一次定向募集股份的时间不少于12个月。③从最近一次定向募集到本次公开发行期间没有重大违法行为。④内部职工股权证按照规定范围发放，并且交国家指定的证券机构集中托管。⑤证监会规定的其他条件。

（五）普通股票的上市条件

《证券法》第50条规定股票上市必须具备以下几个条件：

1. 股票经国务院证券监督管理机构核准已公开发行。

2. 公司股本总额不少于人民币3000万元。

3. 公开发行的股份达到公司股份总数的25%以上，公司股本总额超过人民币4亿元的，公开发行的比例为15%以上。

4. 公司最近3年内无重大违法行为，财务会计报告无虚假记载。

5. 国务院规定的其他条件。

（六）股票发行价格的确定方法

股票发行价格通常有等价、时价和中间价三种。等价，是指以股票面额为发行价格，即股票的发行价格与其面额等价，又称平价发行。时价，又称市价，是指以公司原发行同种股票的现行市场价格为基准来选择增发新股的发行价格。中间价，是指取股票市场价格与面额的中间值作为股票的发行价格。值得注意的是《公司法》规定，公司发行股票不准折价发行，即不准以低于股票面额的价格发行。

股票发行价格的确定方法主要有五种，现分别简要介绍如下：

1. 市盈率法，又称本益比（P/E），是指公司股票市场价格与公司盈利的比率。计算公式为：

$$市盈率=\frac{每股市价}{每股净收益}$$

（1）通过市盈率法确定股票发行价格的计算步骤。第一步，应根据注册会计师审核后的盈利预测计算出发行公司的每股净收益；第二步，可根据二级市场的平均市盈率、发行公司所处行业的情况（同类行业公司股票的市盈率）、发行公司的经营状况及其成长性等拟订发行市盈率；第三步，依发行市盈率与每股净收益之乘积决定发行价。

（2）按市盈率法确定发行价格的计算公式。

发行价＝每股净收益×发行市盈率

$$每股净收益=\frac{税后利润}{发行前总股本数}$$

（3）确定每股净收益（每股税后利润）的方法。

确定每股税后利润的方法有两种：

加权平均法。采用加权平均法确定每股税后利润较为合理。因股票发行的时间不同，资金实际到位的先后对企业效益影响较大，同时投资者在购股后才应享受应有的权益。加权平均法计算公式为：

$$股票发行价格=\frac{发行当年预测税后利润}{发行当年加权平均股本数}\times 市盈率$$

$$或=\frac{发行当年预测税后利润}{发行前总股本数+本次公开发行股本数\times\frac{12-发行月数}{12}}\times 市盈率$$

$$每股税后利润=\frac{发行当年预测税后利润}{发行前总股本数+本次公开发行股本数\times\frac{12-发行月数}{12}}$$

完全摊薄法。即用发行当年预测全部税后利润除以总股本，直接得出每股税后利润。

例：2002 年 6 月，光明公司拟增发 1000 万股普通股。根据二级市场平均市盈率及行业情况确定市盈率为 25 倍，发行当年预测税后利润 1500 万元，发行前总股本为 5000 万股。计算该股票发行价格。

1500/［5000＋1000×(12－6)÷12］×25＝6.25(元)

2. 净资产倍率法，又称资产净值法，是指通过资产评估和相关会计手段确定发行公司拟募股资产的每股净资产值，然后根据证券市场的状况将每股净资产值乘以一定的倍率，以此确定股票发行价格的方法。净资产倍率法在国外常用于房地产公司或资产现值要重于商业利益的公司的股票发行，但在国内一直未采用。以此种方式确定每股发行价格不仅应考虑公平市值，还须考虑市场所能接受的溢价倍数。以净资产倍率法确定发行股票价格的计算公式是：

发行价格＝每股净资产值×溢价倍数

3. 竞价确定法，即投资者在指定时间内通过证券交易场所交易网络，以不低于发行底价的价格并按限购比例或数量进行认购委托，申购期满后，由交易场所的交易系统将所有有效申购按照“价格优先、同价位申报时间优先”的原则，将投资者的认购委托由高价位向低价位排队，并由高价位到低价位累计有效认购数量，当累计数量恰好达到或超过本次发行数量的价格，即为本次发行的价格。

如果在发行底价上仍不能满足本次发行股票的数量，则底价为发行价。发行底价由发行公司和承销商根据发行公司的经营业绩、盈利预测、项目投资的规模、市盈率、发行市场与股票交易市场上同类股票的价格及影响发行价格其他因素共同研究协商确定。由于在此种方法下，机构大户易于操纵发行价格，因此，经试验后已停止使用了。

4. 现金流量折现法，即通过预测公司未来盈利能力，据此计算出公司净现值，并按一定的折现率折算，从而确定股票发行价格的方法。该方法要点：首先是用市场接受的会计手段预测公司每个项目若干年内每年的净现金流量，再按照市场公允的折现率，分别计算出每个项目未来的净现金流量的净现值。公司的净现值除以公司股份数，即为每股净现值。采用此法应注意两点：①由于未来收益存在不确定性，发行价格通常要对上述每股净现值折让20％～30％。②用现金流量折现法定价的公司，其市盈率往往远高于市场平均水平，但这类公司发行上市时套算出来的市盈率与一般公司发行的市盈率之间不具可比性。应用于国际主要股票市场对新上市公路、港口、桥梁、电厂等基建公司的估值发行定价一般采用现金流量折现法。这类公司的特点是前期投资大，初期回报不高，上市时的利润一般偏低，如果采用市盈率法发行定价则会低估其真实价值，而对公司未来收益（现金流量）的分析和预测能比较准确地反映公司的整体和长远价值。

5. 协商定价法，根据《证券法》的规定，股票的发行价格由发行人与承销的证券公司协商确定，并报中国证监会核准。发行公司应当参考公司经营业绩、净资产、发展潜力、发行数量、行业特点、股市状态，提供定价分析报告，说明确定发行价格的依据。

（七）股票的推销方式

1. 自销方式。是指由股份公司直接向投资者出售公司股票，而不经过证券经营机构承销。这种方式在一定程度上虽然可以节约股票的发行成本，但由于发行风险完全由发行公司承担，故这种方式在实际工作中并未得到普遍采用，一般只适用于发行风险较小、手续较为简单、数额不多的股票发行。通常，国际上知名度高，且有实力的大公司向老股东推销股票时多采用自销方式。

2. 承销方式。是指股份公司将股票销售业务委托证券承销机构代理发行。发行人应当与证券经营机构签署承销协议。承销协议应当载明下列事项：当事人的名称、住所及法定代表人的姓名；承销方式；承销股票的种类、数量、金额及发行价格；承销期及起止日期；承销付款的日期及方式；承销费用的计算、支付方式和日期；违约责任；其他需要约定的事项。证券经营机构收取承销费用的原则，由证监会确定。这种方式主要有包销和代销两种具体形式。

(1) 包销。由证券经营机构一次性将发行公司的全部股票承购下来，然后将所购股票转销给社会上的投资者。若在规定的期限内，证券经营机构未能将全部股票销售出去，则剩余部分由包销的证券机构自己认购。这种方式对发行公司而言可以顺利、及时地将股票销售出去，获取所需资本，免予承担发行失败风险，但须以略低的价格将股票销售给承销商，这是采用此种方式的不足之处。

(2) 代销。由证券经营机构代理股票发售业务。在规定期限内，如果证券经营机构未能将代销股票全部出售，则代理方不承担认购剩余股票的义务，只需将剩余股票退还给发行公司，由发行公司承担发行风险。

(八) 普通股筹资的优缺点

从发行公司的角度来分析，普通股股票筹资既有优点也有缺点。

1. 普通股筹资的优点。

(1) 没有固定的费用负担。普通股不像债券要定期付息，公司盈利可支付或少支付，甚至不支付股利，而无盈利则理所当然地不支付股利。

(2) 没有固定的到期日，不用偿还。因为普通股是一项永久性资本，无返还资本的约定。

(3) 筹资风险小，筹资限制较小。由于公司资本没有返还期限，故没有偿还压力，当然不存在还本付息的风险。筹资时不像债券有这样那样的限制条件。

(4) 能增加公司的信誉。公司资本实力是公司筹措债务的信用基础。公司有了较多的股东权益，就能提高公司的信用价值，并为今后公司筹措债务资本提供强有力的物质保证。

2. 普通股筹资的缺点。

这表现在三个方面：

(1) 资本成本较高。筹集债务资本，按照惯例其利息可在所得税前列支，节省所得税，降低资本成本。而筹集普通股资本，其股利不可减免所得税，再加上普通股投资风险较大，因此，普通股资本成本较债务成本高。一般来说，资本成本最高的是普通股，其次是优先股，再次是公司债券，最低的是长期借款。

(2) 普通股筹资虽无财务风险，但也享受不到财务杠杆带来的利益。不能像负债资本那样能加速提高现有权益资本盈利率。

(3) 容易分散控制权，导致股价下跌。公司发行新股票，可以被投资者视为消极的信号。一方面，增加普通股发行量，势必增加新股东，这将稀释原有股东对公司的控制权。另一方面，新股东参加分享公司累积盈余，必将导致普通股的每股净收益降低，有可能引起普通股市价的下跌。

二、优先股筹资

不同的国家对优先股的规定是不尽相同的，多数国家的公司法表明，优先股既可在公司设立时发行，又可在公司增资发行新股时发行。也有些国家的法律规定，优先股只能在特定情况下，如公司增发新股或清偿债务时方可发行。基于公司发行优先股，在操作方面与发行普通股无较大差别。以下就优先股的特殊之处进行介绍。

（一）优先股的特征

与普通股相比优先股具有以下几个方面的特征：

1. 优先分配固定的股利。优先股股东通常优先于普通股股东分配股利，且其股利一般是固定的，通常用一个定额或相当于股票面额的一定比率表示，较少受公司经营状况和盈利水平的影响。所以，优先股类似于固定利息的债券。但公司对优先股固定股利的支付并不构成公司的法定义务。如果公司财务状况不佳，则可暂时不支付优先股股利，即便如此，优先股股东也不能像公司债权人那样迫使公司破产。因此，优先股股利的支付既固定又有一定的灵活性。

2. 优先分配公司剩余利润和剩余财产。在公司未发放优先股股利之前，不得发放普通股股利；当公司因经营不善而解散或破产清算时，在偿还全部债务和付清清理费用之后，如有剩余资产，优先股股东有权按股票面额先于普通股股东得到清偿。总之，优先股股东具有剩余利润的优先分配权和剩余财产的优先清偿权。

3. 优先股股东一般无表决权。在公司股东大会上，优先股股东一般没有表决权，通常也无权过问公司的经营管理。但是，当公司研究与优先股有关的权益问题时，如讨论把一般优先股改为可转换优先股时，或推迟优先股股利的支付时，优先股股东有权参加股东大会并享有表决权。因此，优先股股东不大可能控制整个公司。

4. 优先股可由公司赎回。发行优先股的公司，按照公司章程的有关规定、发行时的约定及根据公司的需要，可以采用一定的方式将所发行的优先股收回，调整公司的资本结构。

（二）优先股的种类

根据优先股股票所包含的优先权利不同，优先股股票又可分为不同的类别。

1. 按股利能否累积为标准，可分为累积优先股和非累积优先股。

(1) 累积优先股，是指公司过去年度未支付股利可以累积计算由以后年度的利润补足付清。累积优先股的特点在于，股利率固定，并可累积计算。因此，累积优先股可以保证股东有稳定的股利收入。

（2）非累积优先股，是指公司过去年度未支付的股利不可以累积计算，不可以由以后年度的利润来补足付清。其特点在于股利率固定，但只限于在本经营年度利润之内分取。

2. 按能否参与剩余利润分配为标准，可分为参与优先股和非参与优先股。

（1）参与优先股，是指不仅按规定分得当年的定额股利还有权与普通股一同参与利润分配的优先股股票。也就是说，当公司的盈余在按规定分配给优先股和普通股后，如果仍有结余可供分配股利时，优先股能够与普通股一道参与分配额外股利。

（2）非参与优先股，是指只能获得事先规定股利的股票。其特点是，优先股股东只有权分取定额股利，不能参加剩余利润的分配。

3. 按是否可转换为普通股股票，可分为可转换优先股与不可转换优先股。

（1）可转换优先股，是指优先股股票的持有人可按规定的条件和比例将其转换为公司的普通股或公司债券。近年来在国外日益流行。这种优先股能增加筹资和投资双方的灵活性。

（2）不可转换优先股，是指凡不具有转换普通股或公司债券权利的优先股，则属于不可转换优先股。

4. 按是否有赎回优先股的权利为标准，可分为可赎回优先股和不可赎回优先股。

（1）可赎回优先股，是指股份有限公司出于减轻股利负担或调整资本结构的目的，可按规定以一定价格购回的优先股。

（2）不可赎回优先股，是指在有关合同条款中，没有赋予公司以某一价格或方式收回优先股权利的股票。公司如果要收回此类优先股，只能在证券市场上按市价收购，或者以其他证券调换优先股。

（三）发行优先股的动机

筹资是股份公司发行优先股的基本目的，但由于优先股具有其特征，因此发行公司往往还有其他的动机。表现在以下四个方面：

1. 防止公司股权分散化。优先股股东一般无表决权，发行优先股就可以避免公司股权分散，保障公司老股东的原有控制权。

2. 调剂现金余缺。公司在需要现金资本时可发行优先股，在现金充裕时可赎回优先股部分或全部，从而调剂现金余缺。

3. 改善公司的资本结构。公司在安排借入资本与自有资本的比例关系时，可较为便利地利用优先股的发行、转换、赎回等手段进行资本结构和自有资本内部结构的调整。

4. 维持举债能力。公司发行优先股，有利于巩固自有资本的基础，维持乃至增强公司的举债能力。

（四）优先股筹资的优缺点

1. 优先股筹资优点。

（1）优先股一般没有固定的到期日，不用偿还本金。发行优先股筹集资金，实际上近乎得到一笔无限期的长期贷款，公司不承担还本义务，也无须再做筹资计划。

（2）优先股筹资有利于增加公司财务的弹性。对可赎回优先股，公司可在需要时按一定价格赎回，这就使得公司利用这部分资金更有弹性。当财务状况较弱时发行优先股，而财务状况转强时赎回，这有利于结合资金需求加以调剂，同时也便于掌握公司的资本结构。

（3）股利的支付既固定又有一定的灵活性。对固定股息的支付并不构成公司法定义务，因此，支付股息可以根据公司的盈利情况适当地加以调整，不会像偿还债务的本息那样到期非履行不可。在付不出优先股股息时，可以拖欠，不至于进一步加剧公司资本周转的困难。

（4）保持普通股股东对公司的控制权，其筹资能够顺利进行。由于优先股股东没有表决权，因此，公司原有股东的控制权不会旁落。所以发行优先股不会引起普通股股东的反对，从而采用此种方式筹资可以顺利进行。当使用债务融资风险很大，利率很高，而发行普通股又会产生控制权被稀释的可能性时，采用优先股筹资不失为一种最理想的筹资方式。

（5）优先股的股息率一般为固定比率，从而优先股筹资有财务杠杆作用。当公司运用优先股筹资后，公司增长的利润大于支付给优先股股东的约定股息，则差额为普通股股东分享，因此，优先股筹资有助于提高普通股股东的每股收益。关于财务杠杆作用请参见第七章的内容。

（6）优先股股东作为公司的所有者，不能强迫公司破产。从法律上讲，优先股股本属于权益资金，发行优先股还能加强公司权益资本的基础，提高公司的信誉，增强公司的借款举债能力。

2. 优先股筹资缺点。

（1）资本成本高。优先股的成本虽低于普通股，但一般高于债券。

（2）优先股筹资后对公司的制约因素较多。如公司不能连续三年拖欠股息、公司有盈利必须先分给优先股股东，公司举债额度较大时要征求优先股股东的意见等。

（3）股利支付的优先性和固定性，影响普通股股东收益的稳定性，极可能形成公司较重的财务负担。由于优先股在股利分配、资产清算等方面拥有优先权，使得普通股股东在公司经营不稳定时收益受到影响。通常情况下优先股又要求支付固定股利，而股利又不能税前扣除，当公司盈利下降时，优先股股利就可能成为公司一项沉重的财务负担，尽管优先股股利可以延期支付，但这样会影响公司的形象。

三、认股权证筹资

（一）认股权证特征

认股权证是由股份公司发行的，能按特定的价格，在特定的时间内购买一定数量该公司股票的选择权凭证。它赋予持有者在一定期间以事先约定的价格优先购买发行公司一定数量普通股票的权利。它的发行可以随附优先股或债券，也可以与优先股或债券相分离。公司发行认股权证的主要目的是吸引广大投资者和某些投资机构购买公司发行的债券或优先股票。

认股权证的特征：

1. 对发行公司而言，发行认股权证是一种特殊的筹资手段。发行认股权证的主要目的，通常是为了吸引广大投资者和某些投资机构购买公司发行的新债券或优先股股票，它是促销的一种手段。

2. 认股权证本身含有期权条款，其持有人在认股之前，对发行公司既不拥有债权也不拥有股权，而只是拥有股票认购权。

3. 认股权证具有价值和市场价格。用认股权证购买普通股票，其价格一般低于市价。这样认股权证就有了价值。

发行公司可以通过发行认股权证筹得现金，还可以用于公司成立时对承销商的一种补偿。

4. 认股权证与优先认股权的不同之处，优先认股权是股份公司增发新股时，赋予普通股东优于其他投资者，在一定期限内以低于市价的统一规定认购价格购买新股的权利。

（二）认股权证的种类

在西方公司筹资实务中，认股权证形式多样，具有不同种类。

1. 按允许购买的期限分，可分为长期认股权证与短期认股权证。短期认股权证的认股期限一般在 90 天以内。长期认股权证认股期限通常超过 90 天以上，更有长达数年或永久。

2. 按认股权证的发行方式分，可分为单独发行认股权证与附带发行认股权证。依附于债券、优先股、普通股或短期票据发行的认股权证，为附带发行认股权证。单独发行认股权证是指不依附于公司债券、优先股、普通股或短期票据而单独发行的认股权证。认股权证的发行，最常用的方式是认股权证在发行债券或优先股之后发行。这是将认股权证随同债券或优先股一同寄往认购者。在无纸化交易制度下，认股权证将随同债券或优先股一并由中央登记结算公司划入投资者账户。

3. 按认股权证认购数量的约定方式分，可分为备兑认股权证与配股权证。备兑认股权证是每份备兑证按一定比例含有几家公司的若干股股票。配股权证是确认老股东配股权的证书，它按照股东持股比例定向派发，赋予其以优惠价格认购公司一定份数的新股。

（三）认股权证的价值

1. 理论价值。认股权证在其有效期限内具有价值。认股权证有理论价值与实际价值之分。其理论价值可用下式计算：

V＝（P－E）N

式中，V 为认股权证理论价值；P 为普通股股票市场价格；E 为认购价格或执行价格；N 为一张认股权证可买到的股票数。

例：瑞奇股份有限公司发行认股权证筹资，规定每张认股权证可按 20 元认购 1 股普通股票。公司普通股票每股市价是 23 元。认股权证理论价值是多少？

公司认股权理论价值是：

V＝(P－E)N＝(23－20)×1＝3(元)

如果普通股市价低于其执行价格，认股权证的理论价值为一负数，但在此时，认股权证的持有者不会行使其认股权。所以，当出现这种情况时，设定认股权证的理论价值为零。影响认股权证理论价值的主要因素有：①换股比率。认股权证所能认购的普通股股数越多，其理论价值就越大；反之，则越小。②普通股市价。市价越高，认股权证的理论价值越大。③执行价格。执行价格越低，认股权证的持有者为换股而支付的代价就越小，普通股市价高于执行价格的机会就越大，认股权证的理论价值就越大。④剩余有效期间。认股权证的剩余有效期间越长，市价高于执行价格的可能性就越大，认股权证的理论价值就越大。

2. 实际价值。认股权证的实际价值是认股权证在证券市场上的市场价格或售价。一般情况下，实际价值通常高于理论价值。认股权证的实际价值是受市场供求关系的影响，由于套购活动和存在套购利润，认股权证的实际价值最低限为理论价值。认股权证的实际价值大于理论价值的部分称为超理论价值的溢价。由于认股权证的投资具有较大的投机性，给予投资者以高度的获利杠杆作用，所以形成了认股权证的超理论价值的溢价。

（四）认股权证的作用

1. 为公司筹集额外现金。认股权证不论单独发行还是附带发行，都能为公司额外筹取一笔现金，从而增强公司的资本实力。

2. 促进其他筹资方式的运用。单独发行认股权证有利将来发售股票。附带发行认股权证可促进相关证券筹资的效率。如果认股权证依附债券或优先股等发行，可增加投资于公司证券的吸引力和诱惑力，从而促进债券和优先股等的发售。

四、债券筹资

（一）债券的特征

债券是债务人为筹集借入资本而发行的，约定在一定期限内向债权人还本付息的有价证券。在我国非公司制企业发行的债券称为企业债券，股份有限公司和有限责任公司发行的债券称为公司债券。

与股票相比，债券具有四个基本特征：

1. 债券表现为一种债权债务关系。因此，债券筹资必须还本付息。

2. 债券具有分配优先权。债券持有人有按期收取利息的权利，其收取利息权排在优先股前，在发行公司破产清算时，债券持有人的求偿权也优于股东。这就使债券投资的风险小于股票，当然其收益一般也较股票低。

3. 债券持有人只是公司的债权人而不是所有者，因而无权参与公司的决策活动。

4. 可转换债券按规定可转换为股票。从而增加了投资双方选择的多样性和灵活性。

（二）债券的种类

公司普通债券可按不同的标准分为很多种类。

1. 债券按是否记名，分为记名债券和无记名债券。记名债券是指在券面上记有持券人的姓名或名称的债券。不记名债券是指在券面上不记载持券人姓名或名称的债券。

2. 债券按是否具有抵押品，分为抵押债券和信用债券。发行时提供抵押品的债券为抵押债券，又称担保债券。按照抵押品的不同，可进一步分为不动产抵押债券、动产抵押债券和信托抵押债券。其中信托抵押债券是以持有的其他企业发行的有价证券作抵押品而发行的债券。信用债券也叫无担保债券，是没有具体财产担保而仅凭发行公司的信誉发行的债券。

3. 债券按利率是否固定，可分为固定利率债券与浮动利率债券。固定利率债券是指发行债券的券面上载有确定利率的债券。浮动利率债券是指发行时不确定债券利率，在债券有效期内，根据有关利率的变动为参照物而进行利率浮动的债券。有关利率的参照物可以是银行存款利率，也可以是国库券利率等。

4. 债券按是否有权参与公司利润分配，分为参与公司债券与非参与公司债券。参与公司债券是指持有人除可获得预先规定的利息外，还享有一定程度参与发行公司利润分配权利的债券。当然参与分配的方式和比例必须事先规定，实际中这种债券一般较少。非参与公司债券是持有人除可获得预先规定的利息外，无权享受发行公司利润分配的债券。

5. 债券按偿还方式，分为一次到期债券与分次到期债券。一次到期债券是指发行公司于债券到期日一次集中清偿所发行的全部债券本金的债券。分次到期债券有两种情形：①设计分批到期偿还。②对同一债券的本金分次偿付，于债券到期日还清本金。

6. 债券按是否转换为公司股票，分为可转换公司债券和不可转换公司债券。可转换公司债券是指债券持有人可以根据规定的价格转换为发行公司股票（通常指普通股票）的债券。不可转换公司债券是指不能转换为发行公司股票（通常指普通股票）的债券。

7. 债券按是否上市交易，可分为上市债券与非上市债券。上市债券是指经有关机构审批，可以在证券交易所买卖的债券。公司申请其发行的公司债券上市交易，由证券交易所依照法定条件和法定程序核准。不能在证券交易所买卖的债券是非上市债券。

（三）债券发行价格的确定

1. 决定债券发行价格的因素。债券发行价格的高低决定于以下四个因素。

（1）票面利率。票面利率是指债券的名义利率。一般而言，债券的票面利率越高，发行价格就越高；反之，就越低。

（2）债券面额。这是最基本的因素。通常，债券面额越大，发行价格越高。如果不考虑利息因素，债券面额即为债券的到期价值，也即债券的未来价值，但这不是债券的现在价值，债券的现在价值就是债券的发行价格。

（3）债券期限。债券的期限越长，债权人的风险越大，要求的利息报酬就越高，债券发行价格就可能较低；反之，可能较高。

（4）市场利率。债券发行时的市场利率是衡量债券票面利率高低的参照系，两者往往不一致，它们共同影响债券的发行价格。一般来说，债券的市场利率越高，债券的发行价格越低；反之，就越高。债券发行价格是以上四因素共同作用的结果。

2. 确定债券发行价格的方法。

（1）债券发行价格的模型：

$$\text{债券发行价格} = \frac{\text{债券面额}}{(1+\text{市场利率})^n} + \sum_{t=1}^{n} \frac{\text{债券年息}}{(1+\text{市场利率})^t}$$

上列模型确定债券发行价格由两部分构成：①债券到期还本面额按市场利率折现的现值。②债券各期利息（年金形式）的现值。

（2）举例：某公司发行面额为500元，票面利率10%，期限10年的债券，每年末付息一次。其发行价格为多少？其发行价格可分下述三种情况来分析计算。

等价发行。当市场利率为10%时，此时与票面利率一致。债券的发行价格计算公式为：

$$\frac{500}{(1+10\%)^{10}} + \sum_{t=1}^{10} \frac{50}{(1+10\%)^t} = 500(\text{元})$$

溢价发行。当市场利率为8%时，此时较票面利率10%低。债券发行价格可计算如下：

$$\frac{500}{(1+8\%)^{10}}+\sum_{t=1}^{10}\frac{50}{(1+8\%)^{t}}=567(\text{元})$$

折价发行。当市场利率为12%时，此时比票面利率10%高。债券发行价格可计算如下：

$$\frac{500}{(1+12\%)^{10}}+\sum_{t=1}^{10}\frac{50}{(1+12\%)^{t}}=443(\text{元})$$

（四）债券筹资的优缺点

1. 债券筹资的优点。①债券成本较低。②可利用财务杠杆。③保障股东控制权。④便于调整资本结构。

2. 债券筹资的缺点。①财务风险较高。②限制条件较多。③筹资数量有限。

五、境内企业上市方式及模式的选择

根据中国法律的有关规定，境内企业上市一般可采用五种方式，即A股上市、B股上市、H股（N股、S股）上市、红筹股上市、持有境内权益的境外公司上市。现将上述各种上市方式作出简要说明：

（一）A股上市（含中小企业板）

A股上市是指中国境内注册设立的股份公司，在中国境内向中国境内投资者发行以人民币资金认购、并在上海或深圳交易所上市交易的股票上市方式。它适用所有境内企业（包括内资企业与外商投资企业）。

目前，A股上市具有如下一些特点：

1. 市盈率。截至目前，A股市场的市盈率高企，A股上市公司相对来说首次发行时可在A股市场融得更多资金。不过证监会近年来已将首发融资额限定在企业净资产的2倍以内或不超过市盈率的20倍，以低者为限。

2. 上市程序。A股上市公司为在中国境内注册的股份有限公司，因此，境内企业需经多家政府机构审批后可重组成为股份有限公司；由于股份公司在A股上市涉及境内广大小股东的权益，因此，中国政府部门对A股上市的审查程序十分严格，所需核准时间也较长（包括一年辅导期）；由于证监会对A股市场监管的加强，新法规层出不穷，导致政策前后不连贯，企业与证监会的沟通不够透明；最后，由于中国目前已提出上市申请的企业为数众多，因此上市具体日期难以预测。

3. 股份流通方面。由于A股上市公司为依据《公司法》注册的股份有限公司，根据中国法律的相关规定，A股上市公司的发起人股三年内不得转让，三年后只能协议转让，但不能上市流通。

4. 上市后公司运作方面。由于A股上市公司为境内公司，其增发、回购股份、发行债券以及发行可转换债需要符合中国法律的规定，受到《公司法》有关增发、回购股份等规定的限制。因此，这些有可能影响公司上市后进一步的融资计划。

由于受《公司法》对股份公司增发股份等方面的限制，以及中国法律对奖励机制的规定尚未健全，A 股上市公司以向高级管理人员及职工配发股份以及认股权的形式实施奖励、激励计划将存在法律障碍，从而影响上市公司有效实施其员工奖励计划。

由于《公司法》规定，发起人股三年内不得转让，在此期限内 A 股上市公司大股东不得以所持有的上市公司股票进行转让或以抵押、担保等方式进行融资。

（二）B 股上市

B 股上市，是指境内注册设立的股份公司，在中国境内向境外投资者发行以人民币标明面额，以美元或港币购买、并在上海或深圳交易所上市交易的股票上市方式。它适用所有境内企业（包括内资企业与外商投资企业），但中国证监会目前暂停受理所有公司的 B 股上市申请。

（三）H 股（N 股、S 股）上市

H 股上市，是指中国境内注册设立的股份公司，在香港联交所（纽约证券交易所、新加坡交易所）发行以相关外币（如港币、美元、新币等）认购的股票并交易的上市方式。它适用所有境内企业（包括内资企业与外商投资企业）。

H 股上市具有如下特点：

1. 市盈率。H 股市场的市盈率为国际平均水平，较 A 股市场为低。上市公司首次发行时的融资能力目前较 A 股上市公司低。

2. 上市程序。由于 H 股上市公司为在中国境内注册的股份有限公司，因此企业则需先向省级政府部门申请变更为股份公司后，再申请上市，相关设立股份有限公司及上市需多家政府部门审批，所需时间较长，上市程序较为复杂。

3. 股份流通。由于 H 股上市公司为依据《公司法》注册的股份有限公司，根据中国法律的相关规定，H 股上市公司的发起人股三年内不得转让，三年后只能协议转让，但不能上市流通。

4. 上市后公司运作。由于 H 股上市公司为境内公司，其增发、回购股份、发行债券以及发行可转换债在满足境外法律要求的同时，也需要符合中国法律的规定，受到《公司法》有关增发回购股份等规定的限制。因此，这些有可能影响上市公司进一步的融资计划。

由于受《公司法》对股份公司增发股份等方面的限制，以及中国法律对奖励机制的规定尚未健全，H 股上市公司以向高级管理人员及职工配发股份以及认股权的形式实施奖励、激励计划将存在法律障碍，从而影响上市公司有效实施其员工奖励计划。

由于《公司法》规定，发起人股三年内不得转让，在此期限内 H 股上市公司大股东不得以所持有的上市公司股票进行转让或以抵押、担保等方式进行融资。

（四）内地企业在香港上市

1. 内地企业在香港股市的规模。截至2005年7月底，在香港主板和创业板上市的内地企业共有242家，约占总数的24%。如果不算民营企业，把红筹股与H股上市企业加起来广东一共23家，在内地企业中占10%的比重，尚有更大的市场潜力。

若以集资活动来比较，内地企业在香港市场也扮演着非常重要的角色。在2005年首7个月，企业通过在香港新上市所筹集的资金有82亿港元，其中内地企业占69亿港元，占总筹集金额的84%。至于在二级市场，内地企业的每天平均成交量也占整体成交量的37%。自1993年第一只H股在香港上市到2005年7月底止，内地企业通过香港证券市场成功筹集了约7800亿港元资金。目前，香港交易所已经把吸引内地企业来港上市融资列为重点发展策略。

而内地企业来港上市后令香港证券市场可供投资者选择的企业股份类别大大拓宽，新增的类别包括石油、炼油、采煤、炼钢、机场、公路、制药及其他新生工业等。这些新增企业已成功吸引大量的国际资金流进香港的证券市场，壮大了香港证券市场的规模。

内地企业在香港市场的情况：

香港主板和创业板上市企业	1011家
其中内地企业	242家
约占总数的比例	24%
香港证券市场总市值	42400亿港元
其中内地企业市值	11700亿港元
约占总市值的比例	28%

2. 香港上市的成本构成。上市成本是发行人选择上市地点必须考虑的问题之一。新上市的企业在香港上市的成本主要包括专业费用、推广费用、首次上市费等类别。首次上市的融资费用占12.5%左右，以8000万港元的融资额来算，融资的费用就要用到1000万港元。

如果进行横向比较，境外市场的融资费用往往比内地市场要高出不少。比如，民营企业在内地主板上市，融资成本一般约占融资额的5%～7%，这一比例在美国纳斯达克是10%以上，而在香港则高达10%～15%。对此，香港交易所中国发展及上市推广高级总监彭如川指出，虽然香港的首次上市的融资费用占的比重较多，但上市后要不断运作才能壮大资本规模，而上市后融资的费用仅占5.75%，这说明在香港上市的融资费用比重并不比内地主板高出多少。香港上市成本参见图2—1。

3. 内地企业在香港上市的流程（见图2—2）。

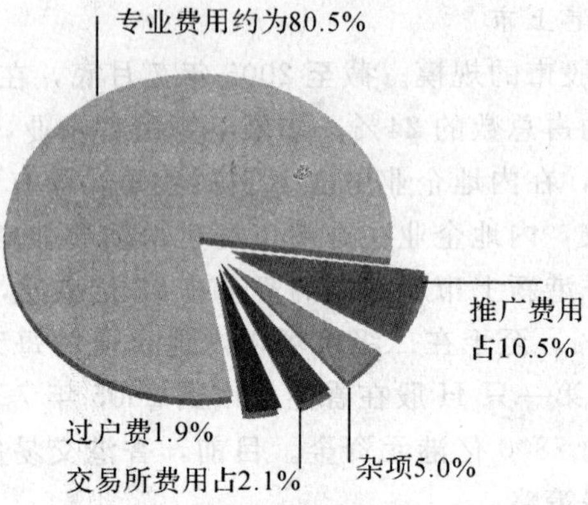

图 2—1　香港上市成本

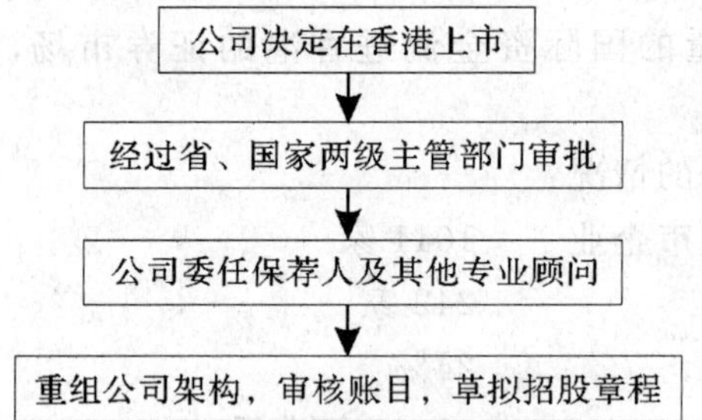

图 2—2　主板及创业板上市流程图

第三节　买壳上市与借壳上市

一、买壳上市与借壳上市的定义

上市给企业带来的好处是不言而喻的，最突出的好处就是能给企业带来廉价的资本。目前中国采取溢价发行的方式，面值仅1元的股票，往往以高出面值几倍的价格发行，其所占的股权却相当于1元所占的股权，企业一旦取得上市资格，只要经营业绩较好，3年平均净资产收益率一直保持在10%（最低6%）以上，就可以在股市中配股，补充其发展中所需要的资金。而且企业无论是发行新股还是配股，都不必像借款那样，定期偿付本息。另外，中国为了鼓励上市公司的发展，对上市公司的所得税大部分都定在15%或更低，仅这一点就大大提高了上市公司的竞争力。上市的诱人之处实在很多，但在中国，上市机会是一种稀缺资源，并不是所有的企业都有上市的机会。因此，借壳买壳上市成了目前情况下上市融资的一剂偏方。

（一）买壳上市与借壳上市的概念

壳，即上市交易的资格亦即在公开的证券市场可持续融资的功能。

在国内证券市场上，一般俗称的"壳"大多是指业绩差的上市公司，甚至更狭义就是指ST企业（一年亏损）和PT企业（连续三年亏损），这些企业的经营状况达不到证监会规定的配股和增发新股的要求：连续三年加权平均净资产收益率不能低于10%，最低不能低于6%。

买壳上市，是指一些非上市公司通过收购一些业绩较差、筹资能力弱化的上市公司，剥离被购公司资产，注入自己的资产，从而实现间接上市的目的。国内证券市场上已发生过多起买壳上市的事件。

借壳上市，是指上市公司的母公司（集团公司）通过将主要资产注入到上市的子公司中，来实现母公司的上市，借壳上市的典型案例之一是强生集团的"母"借"子"壳。强生集团由上海出租汽车公司改制而成，拥有较大的优质资产和投资项目。强生集团充分利用控股的上市子公司——浦东强生的"壳"资源，先后通过三次配股集资，先后将集团下属的第二和第五分公司注入浦东强生之中，从而完成了集团借壳上市的目的。目前，国内的借壳上市一般都选择协议转让特别是国有股的协议转让，一是收购价格和成本低，转让基准是每股净资产和净资产收益率；二是国家和地方政府鼓励国有股逐渐退出；三是有暗箱操作的可能和空间。

（二）买壳上市与借壳上市的联系与区别

买壳上市和借壳上市的共同之处在于，它们都是一种对上市公司"壳"资源进行重新配置的活动，都是为了实现间接上市，它们的不同点在于，买壳上市的企业首先需要获得对一家上市公司的控制权，而借壳上市的企业已经拥有了对上市公司的控制权，从具体操作的角度看，当非上市公司准备进行买壳或借壳上市时，首先碰到的问题便是如何挑选理想的“壳”公司，一般来说，“壳”公司具有这样一些特征，即所处行业大多为夕阳行业，其主营业务增长缓慢，盈利微薄甚至亏损；此外，公司的股权结构较为单一，以利于对其进行收购控股。

在实施手段上，借壳上市的一般做法是：第一步，集团公司先剥离一块优质资产上市；第二步，通过上市公司大比例的配股筹集资金，将集团公司的重点项目注入到上市公司中去；第三步，再通过配股将集团公司的非重点项目上市。与借壳上市略有不同，买壳上市可分为“买壳——借壳”两步走，即先收购控股一家上市公司，然后利用这家上市公司，将买壳者的其他资产通过配股、收购等机会注入进去。

买壳上市和借壳上市一般都涉及大宗的关联交易。为了保护中小投资者的利益，这些关联交易的信息皆需要根据有关的监管要求，充分、准确、及时地予以公开披露。

（三）借壳上市的收益与风险

买壳上市有直接上市无法比拟的好处与效果。最突出的优点就是壳公司由于进行了资产置换，其盈利能力大大提高，在股市上的价值可能迅速增长，因此企业所购买的股权价值也可能成倍增长，企业因此所得到的收益可能非常巨大。例如，借壳上市使具有一定实力的非上市公司从多方获得金融支持，为优势企业开拓了一条进入资本市场的有效通道，同时也是拓展海外市场的重要方式。

1. 融资渠道：达到一定的财务指标后，有增发、配股、发行债券的机会。如果资本运作得当，获得二次融资的速度与成本低于首发上市。这也是许多企业热衷于借壳上市的主要因素。

2. 品牌效应：并购重组的戏剧性和改朝换代的变革远比正常的上市运作更能吸引投资者和消费者的关注。

3. 公司价值提升：高本益（市盈率）比的发行和二级市场的交易。目前，中国资本市场仍是需求远远小于供给，缺乏投资工具，股市的市盈率均高于国际市场，借壳上市可获得特殊的资本溢价。

4. 加速地方化：并购重组剥离不良资产后，上市公司维系多年的客户关系、金融关系、营销体系、管理层等软性资产会立即承接到并购者的经营管理链上。

5. 避免历史业绩的公开：并购者利用并购上市公司而成功避开首发上市面临的严格披露历史业绩并进行财务法律等方面调查的程序，这对于许多利用优惠政策或特殊方式获得第一桶金的企业最为有利，如厦门远华走私案，在几家上市公司拥有股权投资。

当然，借壳上市是一项极其复杂的系统工程，险象横生、陷阱重重，除了或有负债、合同纠纷、股权质押、原大股东挪用上市公司资金等财务问题和法律问题外，最致命的恰恰就是上面所说的有暗箱操作可能的与原国有股大股东和主管部门特别是当地政府以及原企业的高管人员的沟通和合作。他们的既得利益、本位主义和地方保护主义是阻碍收购和企业按市场规则发展、涅槃再生的“铜墙铁壁”。因为不按法律和规则办事是最危险、最可怕的。当然站在他们的角度也有他们的道理和顾虑，如下岗与稳定的问题，税收和抽逃资金的问题，责任和政绩的问题，职位和饭碗的问题等。

二、借壳上市的方式与处理

（一）借壳的主要方式

1. 场外收购或称非流通股协议转让是中国买壳上市行为的主要方式。在中国现实收购案中，场外收购方式发生频率最高的三种方式为国有股转让、法人股转让和收购控股股东。其中，国资局、政府部门控股的企业中的买壳上市行为尤为频繁。另外，证券公司和投资公司涉足买壳上市的现象日益增多。如重庆国投控股重庆路桥（600106）、海通证券转让贵华旅业（600791）、北京首创控股宁波中百（600857）、包头信托转让ST网点（600880）、富邦投资收购云南保山（600883）等。

2. 二级市场收购。这是指并购公司通过二级市场收购上市公司的股权，从而获得上市公司控股权的并购行为。中国第一起二级市场并购案例就是家喻户晓的“宝延”风波。1993年9月深宝安通过其上海的子公司和两家关联企业大量收购延中实业的股票，从而拉开了中国二级市场收购的序幕。

（二）交易中的价款支付方式

1. 现金支付方式。

2. 资产置换支付：如托普收购川长征、康凤重组。

3. 债权支付方式。

4. 混合支付方式。

5. 零成本收购：该种方式主要是通过国有股无偿划拨的形式实现的。

6. 股权支付方式：例如，清华同方（600100）吸收合并鲁颖电子；正虹饲料（0702）吸收合并湘城实业。

在这几种支付方式中，以现金支付、资产置换和混合支付占了绝对多数，股权支付由于换股比例不易确定，因此较少为企业所采用。

（三）借壳上市的操作步骤

从整体流程来看，借壳上市包括以下几个环节：选择理想的壳公司；选择财务顾问；筹集资金；选择借壳上市的收购方式；对目标公司的财务、人事安排、业务经营等进行调查等。但一个典型的借壳上市一般要经过两个步骤。

第一步，股权转让，即买壳。通过在股市中寻找那些经营发生困难的公司，购买其一部分股权，从而达到控制企业决策的目的。购买上市公司的股权，一般分为两种：一般是购买未上市流通的国有股或法人股，这种方式购买成本一般较低，但是存在许多障碍。一方面是原持有人是否同意，另一方面是这类转让要经过政府部门的批准。另一种方式是在股票市场上直接购买上市公司的股票，这种方式适合于那些流通股占总股本比例较高的公司。但是这种方法一般成本较高。因为一旦开始在二级市场上收购上市公司的股票，必然引起公司股票价格的上涨，造成收购成本的上涨。

第二步，资产置换，即换壳。将壳公司原有的不良资产卖出，将优质资产注入到壳公司，使壳公司的业绩发生根本的转变，从而使壳公司达到配股资格的要求。如果公司的业绩保持较高水平，公司就能以很高的配股价格在股票市场上募集资金。

（四）壳公司的选择标准

综合考虑往年案例，我们可以发现壳公司的一些基本特点：

1. 股本较小。以沪市为例，1997 年和 1998 年共 103 家公司换壳，其中总股本小于 1 亿的有 39 家，流通股小于 3000 万股的有 38 家，所占比例均为 38%，总股本大于 1 亿的壳公司中，绝大多数的股本小于 3 亿。显然，小盘股对买壳和重组者来说，具有介入成本低、重组后股本扩张能力强等优势，特别是流通盘小，易于二级市场炒作，因此获利机会很大。

2. 行业不景气，净资产收益率低。像纺织类（嘉丰、联合、广华、南化）、商业类（环宁、绍百、贵华、石劝业等）和主业不明的衰退类（联农、农垦、钢运、浙风）。

3. 股权相对集中。在中国，由于二级市场收购成本较高，而且目标公司较少，因此买壳上市大都采取股权协议转让方式，股权相对集中易于股权协议转让，容易被非上市公司相中，从而为二级市场的炒作创造条件。

4. 壳公司有配股资格。根据中国证监会的规定，上市公司只有在连续 3 年平均净资产收益率在 10%以上（最低为 6%）时，才可申请配股。因此在选择壳公司的时候，一定要考查公司前几年的净资产收益率。如果该公司最近一两年没有达到这一标准，那么该公司的价值就会大打折扣。

（五）债务剥离的处理①

对于借壳上市的企业而言，都希望自己所借的壳是一个十分“干净”而透明的壳，然而，实际上往往恰恰相反这些壳都不够“干净”，资产质量差，负债多。为了使这些壳尽量的干净，债务剥离及其处理就是一项核心的工作。基于目前中国国情，债务剥离的方式和途径大致有如下几种：

1. 将债务转移给大股东。将债务转移给原大股东，是常见的债务剥离方式。具体又可以采用如下两种方式：

---

① 李备战：《买壳上市中债务剥离的法律途径与风险债务防范》，http：//www.sentao.com.cn/BuyInfor/main.asp? id=55。

（1）“资产＋负债”一并转移。大股东将上市公司的资产连同负债一并接纳过来，然后由重组方注入新的资产。这种方式较为常见，因为收购方一般并不看重上市公司的资产和业务，而原大股东则对上市公司的资产和业务等驾轻就熟，可以继续原来的经营。

（2）仅将负债转移。如海南航空（600221）曾于2001年将102850.69万元负债转移给海航集团有限公司，由其从协议生效之日起承担对中国工商银行上述负债的本息，同时抵减其对公司相同数额的债务。即以转让对海航集团有限公司应收账款的方式冲抵公司欠中国工商银行洋浦分行的贷款，降低公司负债水平，达到债务重组的目的。以上102850.29万元负债包括：美兰基地贷款本金17268.2万元；车船购置贷款本金74602.49万元；弱电及信息系统贷款本金10980万元。海航集团有限公司为公司股东，其法定代表人同时为公司法定代表人。

又如，2001年4月，ST白鸽与债权人和白鸽集团有限公司达成和解协议：同意将担保债务转由白鸽集团有限公司承担，履行期间为2001年5月20日至2002年11月30日；白鸽集团经郑州市国有资产管理局同意将持有ST白鸽的国家股3900万股作为上述债务履行的保证。

与上述“资产＋负债”的方式不同，如重组方不需将目标公司的原有经营性资产剥离出去，而原大股东又有能力承接负债，则采取只将债务转移给大股东的方式亦是可行的，特别是在大股东占用上市公司资金或其他资产而对上市公司负债的情况下更是理想的债务剥离模式，即“大股东—上市公司—债权人”三方之间的债权债务关系通过债务转移的手段，转换为“大股东——债权人”双方之间的关系。这种方式其实就是传统的解决“三角债”的方法。

尽管此种方法简便易行，且可以有效解决大股东欠款问题，但实践中的先例却较为少见。这大概与大股东解决欠款问题的诚意及其偿债的能力难以得到银行等债权人的认可有关。

2. 将债务转移给子公司。将债务转移给子公司（一般为控股子公司）也是债务剥离的一种常见形式，但与转移给大股东不同，此种方式从会计合并报表的角度，其债务并未被置出。但此方式在法律上有如下两方面的意义：①对外承担负债的责任主体变更为子公司，上市公司只承担股东的有限责任，而无须再直接对该等债务承担清偿责任。如子公司不能清偿到期债务而被宣告破产，上市公司对该子公司的长期投资价值作相应调整，但对上市公司本身的主体资格和资产状况并无实质影响。②此种剥离方式一般会有后续的重组计划跟进，即将子公司再剥离出上市公司，从而彻底切断上市公司与该等债务的关系。

将债务转移给子公司的具体做法也是多种多样。有的以子公司先承接债务，再将资产转让给子公司，转让对价由承接债务折抵；有的以资产和负债（资产稍多于负债）出资设立子公司，当然也有的仅单纯地将债务转移给子公司。有的将债务转移给一家子公司，有的则转移给多家子公司。

3. 将债务转移给重组方。如 2002 年 10 月，ST 成百曾公告，收购方岷江房地产公司在对其的重组中，对其债务进行剥离，将银行债务 8745 万元连同相应利息和非银行债务 1468.27 万元转由岷江公司承担；还剥离了 2787 万元的担保，亦由岷江公司承担。虽然债务重组不能计入利润，但可以提高公司净资产。此次 ST 成百剥离的债务总计 10213 万元，如果全部计入报表的话，计 1.44 元/股，而截止到 6 月底，ST 成百净资产为 0.096 元/股。因此债务重组后，公司净资产得以超过了 1 元/股的面值，为 ST 成百成功摘帽奠定了基础。岷江公司是成都市财政局的全资子公司，具有相当浓厚的当地政府背景。

重组方直接出面承接债务的并不多见，因为承接债务毕竟不是其收购上市公司的目的。但如配合以其他重组内容或条件，重组方经权衡得失，也不排除直接承接债务的可能。特别是在地方政府或同一最终控制人主导下的重组中，此种方式则是较为易行的途径。

4. 债务免除。债务免除是指债权人抛弃债权，从而消灭合同关系及其他债权关系的单方行为。包括全部债务的免除或对部分债务的免除（即通俗所称“债务打折”）。《中华人民共和国合同法》第 105 条规定：“债权人免除债务人部分或全部债务的，合同的权利义务部分或全部终止。”

2004 年佛山中基投资公司收购 *ST 大洋时，2004 年 11 月 17 日 *ST 大洋 B 公告，截至 2004 年 11 月 16 日已经与法国兴业银行等 16 家债权人签订了债务清偿与豁免协议，约定 *ST 大洋 B 偿还债权人债务本金的 20%后债权人免除 *ST 大洋 B 全部剩余债务的偿还责任。目前尚有中国农业银行总行未最后批准 *ST 大洋 B 的债务重组方案。已签的债务重组协议均约定：只有 17 家债权人全部签署了债务清偿与豁免协议后该协议才生效。

5. 破产和解。截至目前，通过破产的途径进行债务剥离已发生的案例有郑百文（600898，现更名为三联商社）、ST 宁窖（600159）和 ST 轻骑（600698，本所律师作为 ST 轻骑系列重组的专项法律顾问参与了该案的破产过程）。最近（2005 年 5 月 10 日）又有吉林纸业（000718）公告被申请破产。根据 2003 年 12 月 30 日 ST 轻骑公告：由于债权人申请公司破产偿债（相关公告见 2003 年 9 月 27 日《上海证券报》、香港《文汇报》），济南市中级人民法院（以下简称“法院”）2003 年 10 月 8 日成立了企业监管组负责公司债权登记等工作。2003 年 12 月 29 日上午 9：00 济南轻骑债权人会议在法院指定地点召开。经过投票表决，共有 279 家债权人同意和解协议，占参会债权人的 88.57%，代表申报债权额 18.42 亿元，占申报债权总额的 83%，符合法定比例。根据和解协议，ST 轻骑 3 个月内清偿申报债权本金 40%部分，其余 60%部分由关联公司轻骑集团负责清偿，各债权人放弃对轻骑股份及所有相关债务人除债权本金外的其他债权。

在债权人众多，难以一一达成协议的情况下，通过破产和解的方式达到债务剥离的目的应该是比较理想的，因为根据相关法律和司法解释的规定，“债权人会议的决议，对于全体债权人均有约束力”。而债权人会议通过和解协议草案的决议，由出席会议的有表决权的债权人的过半数通过，并且其所代表的债权额占无财产担保债权总额的2/3以上即可。此种方式事前必须进行充分的论证，并需要法院的配合，因为一旦处理不好，有可能使公司真的破产。

破产和解仅是为达成债务重组提供一个简便的渠道，作为债务重组的结果取决于破产和解协议。破产和解协议的内容可以根据具体情况，采取前述方式中的一种或多种达到债务剥离的效果。ST 轻骑采取的是将债务自已清偿40%，其余60%转移至其大股东轻骑集团的方式。

以上五种是债务剥离的几种常见方式。实践中可以因事制宜对几种方式同时使用，如浙江华立集团在收购海南恒泰（后更名为浙江华立）时，海南恒泰与10家金融机构债权人及其他中小债权人、海南恒泰集团有限公司（以下简称“恒泰集团”）和杨凌（海南）高科技热带农业有限公司（以下简称“杨凌高科”）就公司总计58351.73万元债务中的41053.91万元债务分别签署《债务重组协议》，约定公司该部分债务中，恒泰集团承接2613.81万元，杨凌高科承接38440.10万元，同时本公司对该部分债务不承担任何连带责任。根据恒泰集团出具给本公司的“债权转移通知书”，恒泰集团因承接公司债务而形成的对本公司的债权计2613.81万元已全部转让给杨凌高科，故公司最终对杨凌高科负债41053.91万元。剩余17297.82万元债务继续由公司承担，并按有关约定在三年内逐步偿还。

三、中国企业在美国借壳上市

（一）美国借壳上市的特点

借壳上市是美国自1934年开始实行的一种简捷的合法上市方法，与其他海外市场相比，在美国借壳上市对国内企业所具有的吸引力如下所述：

1. 时间短：完成借壳上市的全过程，包括从正式签署协议到在美国国家级市场挂牌交易，只需3～6个月，无需漫长的等待与层层审批。

2. 门槛低：中国的民营企业只要是股权结构清晰，主营业务突出，年销售收入1亿元人民币以上，净利润1500万元人民币以上，同时业绩要保持15%的增长率即可。财务报告只追溯两年，民营企业在美国借壳上市，只要求向美国证监会和广大投资者提供前两年的财务报告。

3. 费用低：全部上市费用将控制在100万美元以下（根据融资规模作适当调整），

香港主板的借壳费用一般为5000万港元，国内A股的借壳费用则更高。

4. 绝对控股：采用借壳上市的方法，控股股东比例可达到80%，经过华尔街投资银行家的策划，将使您在保持绝对控股地位的同时最大限度地融资，并且在融资过程中企业享有绝对的自主权，可以自由选择旗下业务到美国融资。

5. 市值高：除中国的A股市场外，美国市场迄今仍是全世界市盈率最高的市场：标准普尔的平均市盈率是24～26倍，纳斯达克高科技股的平均市盈率为30～40倍；而香港、新加坡的平均市盈率仅仅是8～10倍。因此，在美国能以更高的市盈率筹资。股票全流通。企业在美国上市后，公司的发起人股和高管人员的期权都是可以全部流通的。成为美国上市公司后，公司价值以市值为准，中国制造业企业在美国的市值是香港、新加坡的3倍。以陕西某上市民营企业为例，该企业年销售额8000万元人民币左右，净资产6000万元人民币，净利润1500万元人民币，现市值已超过9000万美元。

6. 风险低：企业达到上市的要求，业绩有保障，相对于IPO成功率非常高。

此外，通过借壳上市，国内企业可享受美国公司的国民待遇，有效规避反倾销壁垒，且可获得一个国际性的资本运作舞台；而且成为美国上市公司后，民企市值可以增长3～5倍，并且可以不动用现金，只用股权在美国进行兼并收购。

（二）美国借壳上市对企业的要求

1. 股东结构：不要求为股份公司，公司股东结构明晰即可。

2. 经营历史：没有特殊要求，但要有一定销售额和利润；财务报告追溯期为2年。

3. 公司性质：民营及“三资”企业。

4. 行业要求：企业所在行业是《外商投资产业指导目录》中允许外商进入的行业。

5. 资产规模：净资产超过3000万元人民币。

6. 销售收入：年收入在1亿元人民币以上。

7. 销售利润及增长率：在利润方面，传统型企业要求上年度净利润大于1500万元人民币，增长率不低于10%，最好大于20%，有确实的未来扩展计划，如行业整合、新产品或新市场开拓等；高科技企业的增长率大于30%，年利润在1500万元人民币以上。

8. 发展预期：若以上三个指标现在没有达到，但预期可以完成，且公司产品前景预测良好。

（三）在美国借壳上市的两种方法

1. 直接收购已在NASDAQ交易的公司。优点是直接见效，缺点是成本高（股价在1美元1股，总发行量为2000万股时，51%的收购价也在1000万美元以上）。

2. 先收购柜台交易的公司（股价在5美分1股，总发行量为1000万股时，90%的收购价在40万～45万美元左右）。由于新公司的业务和业绩，合并后的公司股票肯定应该上扬。待新公司股票达到NASDAQ挂牌标准后，再升级到NASDAQ小型资本市场或全国市场挂牌交易，此为最省钱、省时，风险最小的借壳上市途径。其中：非交易非申报型公司（non-trading/non-reporting company）收购价为 3.5 万～8 万美元；申报但非交易型公司（reporting but non-trading company）收购价为 10 万～15 万美元；既申报又交易型公司（trading and reporting company/Listed company）收购价为 25 万～50 万美元。

3. 从 OTCBB 买壳到壳公司在 NASDAQ 交易的时间。NASDAQ 全国市场（NASDAQ National Market）：最低初始报价为 5 美元 1 股。壳公司的股票在柜台交易市场达到 5 美元 1 股后连续保持 90 天即可进入该市场交易。

NASDAQ 小型资本市场（NASDAQ SIIIaH Capital Market）：最低初始报价为 4 美元 1 股。壳公司的股票在柜台交易市场达到 4 美元 1 股后连续保持 90 天即可进入该市场交易。

（四）借壳上市后的融资途径

借壳上市后，中国企业成为美国上市公司的绝对大股东，可以用以下三种方法融资：

1. 私募（Private Placement）：在美国私募市场以折价方式出让公司的小部分股票，融资量在 100 万～500 万美元之间。

2. 增发新股（Secondary Public Offering）：公司股票登上 NASDAQ 交易市场后，公司可以增发新股，融资量在 1000 万～3000 万美元之间。公司可以多次增发新股。

3. 出售大股东手中的股票。

（五）美国借壳上市工作流程

美国借壳上市工作流程见表 2—1。

表 2—1

时　间	工作内容
前期	国际通用的“项目建议书”和/或“商业计划书”的起草（英文）
开始计时	企业通过投资银行初步审核
0	董事会决定反向收购上市
1～3 天	签署反向收购意向协议或财务顾问合同，确立上市工作小组
1～15 天	确定代理公司的审计公司，签署服务协议
3～50 天	企业重组
3～60 天	审计公司完成审计 聘请境内、境外律师，律师完成尽职调查
30～60 天	起草反向收购协议
61 天	执行收购合同

续表

时 间	工作内容
61～71 天	向 SEC 提交上市公司重大变更表（8K 表）
72～120 天	准备公司财务报告，并向 SEC 递交
130 天	获得新的交易代码
135 天	向美国证监会（SEC）提交公司重大变动表
100～150 天	申请在 NASDAQ 挂牌

（六）美国证券行业相关管理机构

美国证券行业中主要有三个管理机构，分别管理公司的股票在一级市场和二级市场中的发行和交易。

1. 美国证券交易委员会（证交会）。证交会负责管理公司上市招股、券商及资产在 500 万美元以上、股东 500 人以上公司股票交易活动。根据《证券交易法（1934）》，资产过 500 万美元以上的公司须向证交会提交“十号文件”（Form－10）和“15C2－11”信息披露文件。同样，凡在 NASDAQ 申请上市的公司亦均要填报“十号文件”，如果申请在 OTCBB 或 Pink Sheet 上市，“15C2－11”文件亦须提供。

2. 州属证券署。每个州属证券署监督在本州上市或挂牌交易的公司遵守本州的证券法规（EP“蓝天法”Blue Sky Laws），除特殊情况外，公司一般都要到上市和交易所在州进行登记。

3. 全国证券经销商协会（NASD）。本协会是在证交会管理下对证券商进行管理的一个机构，如果公司申请在 NASDAQ 上市就必须向该协会申请。纳斯达克一般要求公司达到净资产 200 万美元或总资产 400 万美元以上，有 300 个以上股东才批准挂牌。OTCBB 是纳斯达克系统中的一部分，它对上市公司的要求低，但对公司信息披露有严格要求。

案例分析

《成都商报》借壳“四川电器”

1999 年 6 月中旬起，上海证券交易所四川电器的股价异常上扬，一个月之内由 18 元涨至 30 元，飙升 67%。其原因在于成都博瑞投资有限公司购买了四川电器 27.65% 的股份，成为第一大股东。而成都博瑞投资是《成都商报》以 70% 多的股份绝对控股的子公司。因此，《成都商报》间接控股上市公司四川电器，创造了我国首家报纸间接上市的先例，一时轰动新闻界与证券界，造就了媒体在资本市场的一个新“神话”，四川电器也因此被誉为中国“报业第一股”。

四川电器1995年11月在上海证券交易所上市，主营高低压电器开关，效益平平。1999年6月，由《成都商报》绝对控股的子公司成都博瑞投资有限责任公司（成立于1997年，注册资本1.23亿元，目前总资产6亿多元，至2000年4月已经投资控股了10个子公司，经营范围包括广告、发行、房地产、印刷、网络等多个领域）。受让成都市国有资产管理局持有的上市公司四川电器2000万股国有股，一举成为四川电器的第一大股东。随后，四川电器又将价值1200万元的地产和房产有偿转让给《成都商报》。在公司改组后的新董事会9名成员中，有5名是博瑞人，《成都商报》副社长、博瑞总经理孙旭军出任董事长。

2000年3月，四川电器正式更名为成都博瑞传播股份有限公司，股票简称也改为“博瑞传播”。公司逐步介入传播业，涉足广告、印务、出版发行、信息网络、电子商务等领域。2000年8月，博瑞传播以51%的股权与《四川广播电视报》合作组建四川博瑞广播电视传播有限公司，共同经营《四川广播电视报》的广告、发行及相关经营性业务。同期，第一大股东博瑞投资在受让深圳天俊投资发展公司234万股法人股后，共持有博瑞传播总股本的2.5%。2000年9月，博瑞传播通过增资扩股，成为成都博瑞印务有限公司和成都博瑞广告有限公司的第一大股东，分别拥有这两家公司50%和41%的股权。成都博瑞印务有限公司是《成都商报》的独家承印商，拥有稳定的印务市场；成都博瑞广告有限公司是四川地区经营规模最大的专业化综合性广告公司之一。而《成都商报》用1个多亿元的资产控制了博瑞投资公司6亿多元的资产，使得报社有更多的资金用于基础设施建设，用于采编设备的更新、采编人才的引进，真正实现采编部门与经营部门、采编人员与经营人员“两分开”，也提高了办报质量，达到日发行量56万份左右，1999年广告收入1.7亿元。总之，《成都商报》通过子公司博瑞投资间接控股上市公司四川电器，创造了我国首家报纸间接上市的先例，造就了媒体在资本市场的新“神话”。

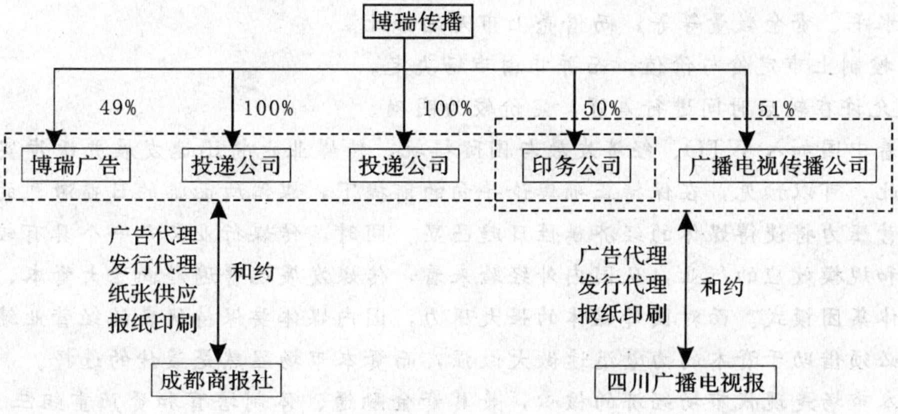

资料来源：赵小兵：《中国媒体投资报告（2001）》。

《成都商报》的借壳上市其实质是一种资产重组方式。通过这种资产重组方式的运作，商报将其大量优质资产以较低的价格注入了上市公司。以广告代理为例，博瑞传播在受让博瑞广告股权时，博瑞广告公司当时净资产为3590.74万元（2000年8月31日），评估后价值为14217.4万元，增值率为295.95%。这保证了上市公司能有较好的实际盈利能力。此外，《成都商报》还将印刷、发行投递等有丰厚利润的业务注入了上市公司。

2001年末，博瑞传播进行了一次更为彻底的资产重组，将四川电器的82.15%股权置换出上市公司，同时注入博瑞印务100%股权和博瑞广告39%的股权。在对收购博瑞印务时，考虑到博瑞印务有较好的盈利能力，对其进行了4589.9万元的溢价，并作为商誉处理在今后10年内摊销。在收购博瑞广告公司39%的股权时，对其有3668.5万元的溢价，作为股权投资差额在10年内摊销。如前面所述，博瑞印务和博瑞广告的净利润水平都很高，且四川电器目前一年亏损近1000多万元，因此尽管收购这两家公司存在一定的溢价，但总体上有利于上市公司业绩的提升。

通过对《成都商报》个案的分析，可以明显看出：借壳上市，通过股权协议收购、划拨或资本运营等方式，直接或间接控股一家上市公司，利用上市公司的“壳资源”达到上市的目的，其功效可与发行新股相媲美，运作成功的话，可以达到低成本收购的目的。具体来说，借壳上市方式相对直接上市而言，具有四大优点：

1. 借壳上市可以缩短上市的时间成本，减少交易成本，交易迅速、确定，快速实现上市。众所周知，中国证监部门对申请上市的企业会进行一系列的审核，这一过程需要耗尽大量时间成本，采用“借壳”来实现上市可无需经过证监部门的审查，只需与壳方进行必要的交涉，这样便可使企业尽快实现上市。

2. 借壳上市的企业无须向社会公开自己企业的各项指标，在一定程度上可以增强企业的隐蔽性。通过主板直接上市的企业需要在上市前向社会公布自己的各项指标，包括盈利水平、资金数量等等，而借壳上市无须如此。

3. 控制上市定价与价值，而并非由市场决定。

4. 允许在较后时间进行筹资，定价较为明确。

随着中国加入WTO、经济发展与国际接轨，传媒业也将迅速发展并逐步实现市场化。因此，可以预见，在保持正确舆论导向的前提下，媒体所面临的日益激烈的竞争压力与经营压力将使得媒体的经济属性日趋凸显。同时，传媒行业又是一个具有较高的资本门槛和规模效应的行业，从国内外经验来看，传媒发展已普遍趋向于大资本、大融合的跨媒体集团模式。面对国外媒体的强大压力，国内媒体要保持优良的经营业绩和竞争力，就必须借助于资本的力量迅速做大做强，而资本市场显然是最佳的选择。

资本市场是现代市场经济的核心，兼具资金融通、体制培育和资产重组三大功能，而资金缺乏、体制落后和资源配置不合理正是中国传媒业面临的问题。借助资本市场，通过资本经营，可以使我国传媒业尽快实现市场化和规模经营，同时可使我国传媒企业的运作摆脱旧体制，完善自身治理结构，并借鉴国际模式不断探索经营管理体制的创新。放眼国外媒体巨头，无一不是借助于强大的资本市场，通过现金收购、股票收购等形式实施对目标公司的一系列购并，最终形成现有的庞大集团。从国内来看，“博瑞传播”作为借壳上市的国内“报业第一股”，上市两年来已累计从资本市场筹资近6亿元，而如果仅依靠自身的积累来筹集这些资金，按公司目前的盈利水平将至少需要6～8年时间。可见，在国内传媒业发生深刻变化、竞争日益激烈的背景下，争取上市，将是媒体运营的重要发展方向。

（资料来源：王平：《成都商报，借壳做大》，《今传媒》2005年10月20日）

思考题

1. 什么是证券市场？与商品市场和信贷市场相比较，它有哪些特征？
2. 金融市场的功能表现在哪些方面？
3. 上市公司与一般公司有哪些区别？
4. 普通股筹资、优先股筹资、债券筹资在筹集资金方面有什么不同？
5. 什么是上市公司的暂停上市、恢复上市和终止上市？
6. 什么是借壳上市？它有什么好处？
7. 简述中国企业到美国借壳上市的业务流程及基本途径。

第三章　并购

学习目的与要求：通过本章学习，重点掌握并购的含义及分类，并购动机理论和并购的效应理论，以及针对上市公司的并购运作过程和并购后的各项资源整合发展，熟悉并购的运作流程。在此基础上，要求明解了解并购与反收购的各种运作方式，并学会根据并购决策程序进行模拟操作。

第一节　并购的含义及分类

企业的并购，是现代企业制度和资本市场发展的必然产物，是产权交易行为中的一种高级和极端的形式。经过一个多世纪以来的演变和发展，不少企业通过收购与并购手段而使企业日趋大型化、集团化、多元化和国际化。企业并购对现代产业结构的形成和资源的优化配置等方面，均起着重要的作用。

资产经营的核心是并购（兼并与收购）。并购是一种通过转移公司所有权或控制权的方式实现企业扩张和发展的经营手段，最能清晰明了地说明所有资本经营，包括产权交易、资产重组、联合、合并等形式的实质。无论是我们广泛听到的并购、收购、产权交易、资产重组还是所谓的资本经营，在实质上，都涉及一个企业取得另一个企业的财产、经营权或股份，并使一个企业直接或间接对另一个企业发生支配性的影响。

一、并购的含义

企业间的并购，早已有之。可以说，工商活动开始之日，也就是并购孕育和产生之时。不过最初的并购并非现在意义上的并购罢了，它经过一段较为漫长的历史发展过程，其最初的形式是联合。就现代而言，市场经济条件下的企业并购更是现代企业集团扩张的必由之路。

并购，即兼并与收购的总称，是一种通过转移公司所有权或控制权的方式实现企业资本扩张和业务发展的经营手段，是企业资本经营的重要方式。并购的实质是一个企业取得另一个企业的财产、经营权或股份，并使一个企业直接或间接对另一个企业发生支配性的影响。并购是企业利用自身的各种有利条件，比如品牌、市场、资金、管理、文化等优势，让存量资产变成增量资产，使呆滞的资本运动起来，实现资本的增值。

并购的具体形式包括企业的合并、托管、兼并、收购、产权重组、产权交易、企业联合、企业拍卖、企业出售等具体方式。

二、并购的分类

按照不同的划分标准，并购有如下不同的类型：

（一）按被并购对象所在行业分（即看双方产品的联系）

1. 横向并购，又称水平并购，是指为了提高规模效益和市场占有率，生产或经营同类或相似产品的企业之间发生的并购行为。

横向并购的结果是资本在同一生产、销售领域或部门集中，优势企业吞并劣势企业组成横向托拉斯，扩大生产规模以达到新技术条件下的最佳规模。其目的在于消除竞争、扩大市场份额、增加并购企业的垄断实力或形成规模效应，并消除重复设施，提供系列产品，有效地实现节约。横向并购是企业并购中最常见的方式，但由于其（尤其是大型企业的并购）容易破坏竞争形成行业高度垄断的局面，许多国家都密切关注并严格限制此类并购的发生。如反托拉斯法就是一个限制横向并购的法案。

2. 纵向并购，又称垂直并购，是指为了业务的前向或后向的扩展而在生产或经营的各个相互衔接和密切联系的公司之间发生的并购行为。前向并购是向其最终用户的并购，如一家纺织公司与使用其产品的印染公司的结合。后向并购是向其原料供应商的并购，如一家钢铁公司与铁矿公司的结合。纵向并购的目的在于控制某行业、某部门生产与销售的全过程，加速生产流程，缩短生产周期，减少交易费用，获得一体化的综合效益。

3. 混合并购，是指在生产技术和工艺上没有直接的关联关系，产品也不完全相同的企业间的并购行为。其又可以分为三种形态：产品扩张型并购相关产品市场上企业间的并购；市场扩张型并购是一个企业为扩大竞争地盘而对它尚未渗透的地区生产同类产品的企业进行并购；而纯粹的混合并购是那些生产和经营彼此之间毫无联系的产品或服务的若干企业的并购。

（二）按并购双方意愿分

1. 协商型，又称善意型，即通过协商并达成协议的手段取得并购意思的一致。一般由并购公司确定目标公司，然后设法使双方高层管理者进行接触，商讨并购事宜，诸如购买条件，价格、支付方式和收购后企业地位及目标公司人员的安排等问题。通过讨价还价，在双方都可以接受的条件下，签订并购协议。最后经双方董事会批准，股东大会 2/3 以上赞成票通过，由于双方在自愿、合作、公开的前提下进行，故善意并购成功率较高。

2. 强迫型，又可分为敌意型和恶意型，即一方通过非协商性的手段强行收购另一方。通常指一家公司以高于交易所股票的交易价格，向股东收购目标公司的股票。一般收购价格比市价高出20%～40%，以此吸引股东不顾经营者的反对而出售股票。因此，对于收购方而言，收购需要大量的资金支持，在比较大规模的并购活动中银行或证券商往往出面提供短期融资。同时，被收购公司在得知收购公司的收购意图之后，可能采取一切反收购措施，如发行新股票以稀释股权，或收购已发行在外的股票等，这都将使收购的成本增加和成功率降低。理论上说，只要收购公司能够收到51%的股票，就可以改组董事会，从而最终达到并购目的。

（三）按并购支付方式分

1. 现金支付型，收购公司使用现金购买目标公司全部或绝大部分资产以实现并购。出资购买资产的并购方式，被收购公司按购买法或权益合并法计算资产价值并入收购公司，其原有法人地位及纳税户头消灭。

2. 换股并购型，收购公司直接向目标公司股东发行收购公司发行的股票，以交换目标公司的大部分股票。一般而言，交换的股票数量应至少达到收购公司能控制目标公司的足够表决权数。通过此项安排，目标公司就成为收购公司的子公司，亦可能会通过解散而并入收购公司中。但不论哪种情况下，目标公司的资产都会在收购公司的直接控制下。

3. 以股换资型，收购公司向目标公司发行自己的股票以交换目标公司的大部分资产。一般情况下，收购公司同意承担目标公司的债务责任，但双方亦可以作出特殊约定，如收购公司有选择地承担目标公司的部分责任。在此类并购中，目标公司承担两项义务，即同意解散其原公司，并把所持有的收购公司股票分配给其原公司股东。收购公司和目标公司之间还要就收购公司的董事及高级职员参加目标公司的管理事宜达成协议。

4. 以资换股型，收购公司使用现金、债券等方式购买目标公司部分股票，以实现控制后者资产及经营权的目标。出资购买股票可以通过一级市场进行，也可以通过二级市场进行。通过二级市场出资购买目标公司是一种简便易行的并购方式，但因为受到有关证券法规信息披露原则的制约，如购进目标公司股份达一定比例，或达至该比例后持股情况再有相当变化都需履行相应的报告及公告义务，在持有目标公司股份达到30%时更要向目标公司股东发出公开收购要约。所有的这些都容易被人利用，哄抬股价，而使收购成本激增。

（四）按并购的直接程度分

1. 直接并购，是指由收购方直接向目标公司提出所有权要求，双方通过一定的程序进行磋商，共同商定完成收购的各项条件，在协议的条件下达到并购的目标。直接并购分为向前和反向两种。向前并购是指目标公司被买方并购后，买方为存续公司，目标公司的独立法人地位不复存在，目标公司的资产和负债均由买方公司承担；反向并购是指目标公司为存续公司，买方的法人地位消失，买方公司的所有资产和负债都由目标公司承担。并购双方究竟谁存续，谁消失，主要从会计处理、公司商誉、税负水平等方面来决定。

2. 间接并购，是指收购公司首先设立一个子公司或控股公司，然后再以子公司名义并购公司。其分为三角并购和反三角并购两种方式。

三角并购是指收购公司首先设立一个子公司或控股公司，然后再用子公司来并购目标公司。此时，目标公司的股东不是收购公司，因此收购公司对目标公司的债务不承担责任，而由其子公司负责。收购公司对子公司的投资是象征性的，资本可以很小，因此又叫做空壳公司（sellsubsidiary），其设立的目的完全是为了收购公司而不是经营。收购公司一般是股份有限公司，其股票和债券是适销的。采取三角并购，可以避免股东表决的繁杂手续，而母公司的董事会则有权决定子公司的并购事宜，简单易行、决策迅速。

反三角并购相对比较复杂，收购公司首先设立一个全资子公司或控股公司，然后该子公司被目标公司并购，收购公司用其拥有子公司的股票交换目标公司新发行的股票，同时目标公司的股东获得现金或收购公司的股票，以交换目标公司的股票。其结果是目标公司成为收购公司的全资子公司或控股公司。

（五）按并购的动因分

1. 规模型并购，通过扩大规模，减少生产成本和销售费用。

2. 功能型并购，通过并购提高市场占有率，扩大市场份额。

3. 组合型并购，通过并购实现多元化经营，减少风险。

4. 产业型并购，通过并购实现生产经营一体化，构筑相对完整的产业链，以提高行业利润率。

5. 成就型并购，通过并购实现企业家的成就欲。

（六）按并购后被并一方的法律状态分

1. 新设法人型，即并购双方都解散后成立一个新的法人。

2. 吸收型，即其中一个法人解散而为另一个法人所吸收。

3. 控股型，即并购双方都不解散，但一方为另一方所控股。

（七）其他分类方法

按并购的实现方式分，可以分为承担债务式、购买式、股份交易式；按并购的范围分，可以分为整体性并购和部分性并购；按合作方式分，可以分为托管型、租赁型、承包型、合作型、合资型。

（八）两个特殊的并购方式

杠杆收购和管理层收购是两个特殊的并购方式。管理层收购将在第四章专门论述。杠杆收购见本章第三节。

(九) 并购方式的创新

上市公司新的并购方式层出不穷，主要有以下几种类型：

1. 要约收购，2003 年 4 月，复星实业要约收购南钢股份是中国首例要约收购案，随后又有迪康产业控股要约收购成商集团和东银集团要约收购江淮动力两个案例发生，最近又有扬州格林柯尔要约收购亚星客车。

2. 换股并购，2003 年 10 月，TCL 集团和 TCL 通讯公告 TCL 集团将吸收合并 TCL 通讯，这是我国首例针对上市公司的吸收合并案。

3. 定向增发并购，其中以上工股份向德国 FAG 公司定向增发 B 股，再用所募资金的一部分收购 FAG 的控股子公司和 ST 小鸭以向大股东定向增发国有法人股的方式置入大股东的优质资产两个案例最为典型。

第二节　企业并购的原因与动机

长期以来，并购一直是西方企业实现扩张与发展的一个主要手段。近年来，西方企业并购活动有增无减。目前国内兴起的并购潮，无疑是受西方并购热潮的影响。

一、并购的原因分析

并购的原因可以分为三类：

1. 战略驱动的并购。这类并购的基本原因，是股东价值最大化或企业盈利能力的持续稳定上升。

2. 管理层利益驱动的并购。当经理人员与股东利益严重不一致时，经理人员以股东利益为代价追求自身利益最大化的行为，便会引发此类并购。

3. 股市无效驱动的接管。当目标公司被低估时，价值被高估的公司会以现金收购目标公司，这种情况下，收购公司有正的收益；当双方价值都被高估时，高估程度相对较高的公司会用股票收购高估程度较低的公司。

二、并购企业的动机

企业合并的动机，是指激发企业合并行为发生的企业内部的诸多因素。由于企业都以追求最大利润为目标，而合并有助于企业获取最大利润，因此这种经济行为也就应运而生并得到发展。企业并购的动机可以从并购企业的动机和被并购企业的动机两方面来看。

不同的时期和不同的市场条件下，合并企业的动机并不一样，有些动机是共有的，有些动机则是出于特定的考虑。

(一) 企业外部发展优势理论

企业发展通过外部并购收购方式比靠内部积累方式不仅速度快，而且效率也高。并购可以减少投资风险和成本，投资见效快。其次，可以有效地冲破行业壁垒进入新的行业；并购充分利用了经验的效应，在很多行业中，当企业在生产经营中经验越积累越多时，可以观察到一种单位成本不断下降的趋势。企业通过并购发展时，不但获得了原有企业的生产能力和各种资产，还获得了原有企业的经验。经验—成本曲线效应特别适合用混合并购的情况。

1. 并购可以减少投资风险和成本，投资见效快。投资新建企业，投资周期长，不仅涉及新的生产能力，还要花费大量的时间、财力获取稳定的原料来源，寻找合适的销售渠道，开拓新的产品市场，树立新的产品形象，因此带来许多不确定性，投资的风险大。在并购的情况下，企业可以利用目标企业原料来源、销售渠道、工程技术人员以及企业的商誉、专利等无形资产，大幅度降低投资风险和生产经营中的不确定性。

2. 可以有效地冲破行业壁垒进入新的行业。当企业试图进入新的生产领域时，它可以通过在新的行业中投资新建方式，也可以通过并购的方式来实现。在运用投资新建的方式时，必须充分考虑全部进入障碍。如小规模进入的成本劣势、产品差异的高额转置成本，如果新增生产能力过大则有可能造成过剩的生产能力，从而引发价格大战等等。在采用并购方式时，进入障碍可以大幅降低。

3. 并购充分利用了经验的效应，在很多行业中，当企业在生产经营中经验越积累越多时，可以观察到一种单位成本不断下降的趋势。经验的积累可以大幅度提高工人劳动熟练程度。由于经验固有的特点，企业无法在短期内取得这种经验，这就使拥有经验的企业具有了成本上的竞争优势。企业通过并购发展时，不但获得了原有企业的生产能力和各种资产，还获得了原有企业的经验。

(二) 协同效应理论

协同效应，又称“2+2=5”，是指整体价值超过各部分价值之和。企业合并的主要动机是增加合并后企业的价值。假设企业A和企业B合并组成企业C，如果企业C的价值超过了A和B各自价值的和，那么在合并中就存在着协同效应。这种合并对企业A和B的股东都是有利的。并购，尤其是企业的横向并购对企业效率的最明显作用，表现为两个企业的总体效果要大于两个独立企业效益的算术和。

纵向并购可以有效地达到协同效应目标，20世纪20年代，无线电技术的应用和汽车工业的发展改变了传统的销售渠道。无线电技术使得各种产品可以通过全国性广告进行宣传，而汽车业的发展使货物运输变得更方便，从而大大节省了产品的销售成本。此外，整个生产链条中对各种部件质量要求的提高，共同引发了企业间进行纵向并购的热潮。企业纵向并购，将行业中处于不同发展阶段的企业联合在一起可能会获得不同水平间的更有效的经营协同，因为通过纵向联合可以避免相关的联络费用和各种形式的交易成本。许多公司还利用本公司拥有的所在行业的专属管理能力，通过并购使其向被并购企业溢出，从而使并购双方企业的管理水平都得到提高，实现双方公司管理间的协同。

（三）规模经济论

美国第一次大规模的并购浪潮产生于19世纪末20世纪初，它是随着美国国内铁路网的建成，美国成为世界上第一个统一的市场而出现的。美国国内统一市场的形成刺激了美国企业进行横向并购，以产生规模经济效应。这一阶段的并购被美国学者称为“垄断并购”。

随着美国经济的工业化，许多公司通过并购占据了很大的市场份额。支持这一阶段的并购理论主要是规模经济，其目标也是达到并购双方企业经营上的协同。但也有经济学家持反对意见，认为并购将导致行业内的“过度集中”。这种观点认为如果只有少数几家企业在某一行业中占有销售额的大部分，这些企业将趋向“合谋”。结果企业的价格和利润将含有垄断因素。因此，无法通过并购实现规模经济，而只可能导致垄断利润。

规模经济，是指随着生产和经营规模的扩大而收益不断递增的现象。企业在管理、生产和分配中存在着最佳规模，此规模下可获得规模效益。这种规模的扩张又主要表现为联合在一个企业中的生产同样产品的若干生产线（或工厂），或者是处于生产工艺过程不同阶段的若干生产线在数量上的增加或生产能力的扩大。企业并购对规模经济产生直接影响，企业通过并购对工厂的资产进行补充和调整，达到最佳规模经济的要求，使其经营成本最小化；可以使企业在保持整体产品结构的同时，实现产品深化生产，或者运用统一的生产流程，减少生产过程的环节间隔，充分利用生产能力。施蒂格勒认为：“随着市场的发展，专业化厂商会出现并发挥功能，在这一方面规模经济是至关重要的，一个厂商通过并购其竞争对手的途径成为巨型企业是现代经济史上一个突出现象。”另一位学者戴维·本丹尼尔也指出：“当代经济已成为竞争力很强的国际商业经济，为了在全球具有竞争力，企业规模必须变得更大。”企业并购还有利于从市场营销、管理、科技开发等环节促进企业的规模经济目标，企业并购后，原来分散的市场营销网络、科技人员可以在更大范围内实现优化组合。这些规模巨大的厂商是技术进步的源泉。

但是，理论的解释有时也难令人信服。据调查，西方公司中只有18%承认合并动机与规模经济相关，企业获利能力与企业规模大小也不相关，在实践中几乎没有证据可以表明并购会使成本普遍下降。

从不同的经济单位角度看，规模经济又分为工厂规模经济和企业规模经济。

经济学意义上的工厂，是指主要担负一定生产功能的，由若干生产装置系统和工人所组成的独立生产单位。工厂规模经济，主要是指由于生产活动的不可任意分割，而带来的工厂大规模生产在经济上的有利性。在工厂规模经济层面，企业可以通过并购对工厂的资产进行补充和调整，达到最佳经济规模的要求；并购还可以集中在一个工厂中大量进行单一品种生产，从而达到专业化生产的要求。在某些场合，通过并购，可以有效地解决由于专业化引起的各生产流程的分离，将其纳入同一工厂，减少生产过程中的损失，充分利用生产能力。这些年来，经济学家的研究结果表明，企业主要不是增大工厂的规模，而是靠增加工厂的数量来发展的。主要原因是，在大部分行业中，一个工厂建造时，它的规模已经接近长期成本曲线的最低点了。因此，并购中主要考虑的是企业的规模经济，以及被并购企业作为一个整体继续运行的价值。

企业规模经济，是指由企业经营规模扩大给企业带来的有利性。这种规模的扩张又主要表现为联合在一个企业中的生产同样产品的若干生产线（或工厂），或者是处于生产工艺过程不同阶段的若干生产线在数量上的增加或生产能力的扩大。在企业规模经济层面，通过并购，可以节省管理费用；各个企业可以对不同顾客或市场面进行专门化的生产和服务，极大地解决市场营销费用；大型企业可以集中足够的经费用于研究开发新产品，采用新技术，通过并购和企业规模经济的扩大，使企业有更大的能力控制它的成本、价格、生产技术、资金来源及顾客的购买行为，降低经营风险，改进它与政府的关系，从而提高企业生存和发展能力。

（四）交易费用论

微观经济学中，价格反映资源的稀缺度，是资源配置的信号。价格机制被认为是最有效的协调和指导资源配置的工具。在此情况下，科斯分析了企业存在的理由是使用价格机制需要支付成本，因此通过一个组织，并让某种权力（企业）支配资源，部分市场费用可以节省；企业面对的是有限理性、机会主义动机、不确定性和信息不完全的世界，企业并购正好实现节约交易费用的目的。通过并购可以使专门的知识（企业通过研究开发投入获得的产品）在同一企业内部使用；防止企业商誉运用上的外部性问题；可以保证企业生产需要的中间产品质量；可以形成市场进入壁垒，限制竞争者进入，形成市场垄断；并购还可以节省管理成本，提高管理效率。这种解释说服力强，但分析方法较抽象，难以得到系统检验，因此在管理实践中很少应用。

交易费用这一概念是在科斯分析企业的起源和规模时首先引入提出的。自亚当·斯密以来，经济学一般将专业化程度的提高等同于效率的提高或资源的节约。将专业化发展的原因归结为市场范围的扩展。然而，在生产专业化和市场发展的同时，经济生活中也存在一种相反的趋向，即企业的出现和纵向一体化组织的发展。既然经济个体之间可以通过市场交易实现经济的协作，为什么还要存在企业？是什么因素决定企业的规模？在相继生产阶段或相继产业之间，为什么既有横向合同关系，又存在纵向一体化现象？

科斯用交易费用概念作了解释。交易费用（又称交易成本）是运用市场价格机制的成本，主要包括搜寻成本和在交易中讨价还价的成本。企业的出现和存在正是为了节约市场交易费用，即用费用较低的企业内部交易代替费用较高的市场交易。如科斯所言：

"市场的运行是有成本的，通过形成一个组织，并允许某个权威（经理人）来支配资源，就能节约某些市场运行成本。"企业的存在可以减少交易费用，但并不意味着企业的规模越大越好，企业的组织与管理也是要付出成本的。企业的边界应该被决定在企业内交易的边际费用等于市场交易的边际费用或等于其他企业的内部交易费用这一点上。相继生产阶段或相继产业之间是订立长期合同，还是实行纵向一体化的合并，取决于两种形式的交易费用孰高孰低。

企业并购收购而引起的企业生产经营规模的变动与交易费用的变动有着直接联系。可以说，交易费用的节约，是企业并购收购产生的一种重要原因。而企业并购收购的结果也是带来了企业组织结构的变化。企业内部之间的协调管理费用越低，企业并购的规模也就越大。

（五）价值低估论

并购企业购买目标企业的股票时，必须考虑当时目标企业的全部重置成本与该企业股票市场价格总额的大小，如果前者大于后者，并购的可能性大，成功率高，反之则相反。托宾（J. Tobin）把这一原理概括为托宾比率（TobinRatio），又称 QRation，即企业股票市场价格总额与企业重置成本之比用 Q 表示。当 Q>1 时，形成并购的可能性小；当 Q<1 时，形成并购的可能性较大。20 世纪 60 年代美国企业并购高峰前，Q 值达到相当高度，1965 年曾为 1.3，后来逐步缩小，到 80 年代初，这一比率下降幅度较大，1981 年降至 0.52，这就意味着并购目标企业比新建便宜一半，从而很大程度上诱导了 80 年代以来的第四次企业并购浪潮。从实践上看，80 年代并购高峰时，美国企业的 Q 值一般为 0.5～0.6（以 0.6 为例），并购企业投标收购目标企业时，目标企业行市一般溢价幅度 50%，那么并购总成本为目标企业重置成本的 0.9 倍，这样并购仍比新建一家企业节省 10%左右，而且这种并购一旦完成，即可投入运营。

金融创新工具的应用强化了价值低估理论，第四次并购浪潮出现在 20 世纪 80 年代，它是随着新的融资工具的创新而蓬勃发展起来的。这次并购浪潮扭转了上次并购浪潮跨行业并购的趋势，转而注重加强企业核心竞争力。原因是金融创新工具，特别是垃圾债券的使用，使杠杆融资被广泛应用，企业很容易筹集大量现金进行并购，任何企业，只要经营表现稍微不善，则就有可能成为被收购的目标。同时在这一阶段，分拆作为收购的一种形式占到了 80 年代并购总额的 45%。杠杆交易的滥用最终导致了反接管法、联邦新税制、破产法的实施和对银行监管的强化。

（六）经营多样化理论

企业混合并购是追求多元化经营，即减少企业对现有业务范围的依赖，降低经营的风险成本。若将生产活动与不相关（或最好是与负相关）的收益联系起来，就会减少该公司利润率的波动。萨缪尔森和史密斯 1968 年曾用调查材料很好地证明了企业规模愈大，经营愈多样化，其生产率波动就愈小，从而能够减少目标企业的资本成本。为了分散风险，企业投资者一般进行所谓多元化投资和多元化经营，投资分散于不同产业领域，这样可稳定企业盈利水平和股东的收益。混合并购是这样的一种投资方式。

第三次大的并购浪潮发生于美国20世纪60年代，这次并购浪潮发生的背景是西方财务计划和管理体系及管理学理论的发展而形成的多样化经营动机理论。这一时期的理论主要以风险化解为立足点，认为管理者和其他雇员为了保持组织资本和声誉资本以及在财务和税收方面的优势，可能会寻求多样化经营。多样化经营既可以通过内部发展完成，也可以通过并购活动完成。然而，在特定情况下，通过并购达到多样化经营要优于内部发展途径。企业可能仅仅是由于缺少必要的资源或其潜力已超过了行业容量而缺少内部发展的机会，这就需要通过混合并购来分散这些资源或潜力。

一个经营多样化的企业不在某一单个产品或服务的生产上实行专业化，而是生产一系列不同的产品和服务。在一个企业长远成长过程中，产品多样化可能是影响最为深远的因素。这是因为：

1. 当企业同时经营若干不同但相关的产品时，可能产生若干经济效益的改善。这种因增加相关产品种类而导致的节约，就是一种“广度经济”。同一企业经营的不同产品之间具有技术互补性质时，广度经济会更加显著。在管理与经济学文献中，又被称做“合成效应”。这种合成效应在生产、销售以及研究开发过程中，都可能发生。生产上，当同一企业的两种产品在制造技术或使用人力资本方面可以相互借鉴与相互促进时，合成效应就能产生；流通过程中，经营多种产品的企业可能更有效使用行销力量与资源；在技术与产品研究开发时，多产品企业也可能具有某种优势，或是在技术上互相启发取长补短，或是在技术与市场发展上相互配合。

2. 多种产品企业的另一优点是可以根据企业内不同产品部门的市场前景与企业效益，来对企业的资金和人力资源进行合理配置，追求更好的企业远期总体效益。当企业进行这种企业内部不同产品之间的资源分配时，在一定意义上代替了市场机制的资源分配功能，因此也称内部市场功能。从内部资本市场上，当一种产品部门的市场上升，投资机会转好时，企业的决策层可以从企业的其他产品的盈利中调集资金，扩大对前一种产品的投资。从内部劳力市场上，就其潜在方面而言，多样化经营的企业扩张某些部门所需劳力，有时可以通过那些收到缩减的部门所释放出来的劳力来加以满足。

3. 经营多元化可以降低风险，实现多元化投资的综合效益。所有企业的收益在经济周期波动中，总有一定的敏感度。但各种不同的企业的产品，其周期变动也不同。因此，一个周期变动较大的企业通过并购一个周期稳定的企业，除了可以分散个别企业自身的特有风险外，还可以在一定条件下通过一定程度的风险抵消，降低投资组合的投资风险。一般来说，多样化经营厂商可以比专业化厂商更容易也更便宜地获得投资资金，而且它的经营风险也随之减少。

4. 企业追求多样化经营的另一个原因，是为了寻求企业成长的新的空间。

并购与收购是企业扩张的捷径，也是实行多样化经营的最常见办法。企业并购还与税收制度、经理人员的动机、股票投机等因素密不可分。一起并购案例往往同时是上述几个方面因素共同作用的结果。

（七）市场势力论

并购的动因源于对企业经营环境的控制，提高市场占有率，增加长期获利的机会。企业并购提高行业集中程度，一方面减少竞争者数量，使行业相对集中，增大进入壁垒；另一方面当行业出现寡头垄断时，企业即可凭借垄断地位获取长期稳定的超额利润。这种大公司不易受市场环境变化的影响，在利润方面比小公司变化小。由于企业对市场一定程度的控制与对市场完全垄断界限很难界定，在一向崇尚自由竞争的美国，对基于控制市场目的这种并购行为一直存在争议。按照《克莱顿法》，在一个高度集中的行业中，如果一家占有市场10%份额的厂商合并了另一家占有市场2.5%或略多一点份额的厂商，司法部很可能“反对”这种合并；1984年美国司法部对企业并购的指导方针是要求有关厂商提供效益证据，从而达到对其监控的目的。对垂直并购的政府政策也在不断发生变化。1968年的垂直并购指导方针使用的是“厂商作为生产职能”的推理，当时垂直并购如果在其体制的任何阶段有“明显可见的市场控制”，它就要受到禁止。1968年司法部合并指导方针认为“因为互惠购买……是一种经济上不正当的商业行为，它赋予无长处的受惠厂的一种竞争优势。”即使政府不鼓励甚至限制这种“控制市场”的并购，但资料表明，美国最大的200家公司资产份额占所有厂商资产总额的比重从1910年的1/3左右增加到1982年的61%，以至于感到事态严重的联邦贸易委员会惊呼“大公司将最终统治全国”。

（八）财务协同效应理论

财务协同效应包括较高的价格—收益比率，负债成本的降低，偿债能力的提高等。财务协同效应主要来自较低成本的内部融资和外部融资。有大量内部现金流和少量投资机会的企业拥有超额现金流。有较低内部资金生产能力和大量投资机会的企业需要进行额外的融资。这两个企业的合并可能会得到较低的内部资金成本优势。Nielsenand-Melicher（1973）的实证研究发现，当收购企业现金流比率较大而被收购企业该比率较小时，作为并购收益近似值支付给被收购企业的溢价比率较高。这意味着从收购企业到被收购企业的所在行业存在着资本的再配置。另一种观点认为，合并后企业的举债能力大于并购前两个企业举债能力之和，这就提供了投资收益的税收节约。这一观点也常用来解释发生于20世纪80年代的并购活动。这一时期基于管理学理论的不断完善，出现了从管理学角度来解释并购的诸多理论，Mueller（1969）建立了最全面的混合并购的管理主义解释，这种理论认为管理者往往采用较低的投资收益率，通过并购来扩大自己的声誉，反映了管理者与公司股东间出现的代理问题。

（九）充分利用剩余资金

如果企业的内部投资机会短缺而先进流动又很丰裕，剩余资金一般有如下出路：支付额外股息；投资于有价证券；重新购置公司股票；购进其他公司。如果支付额外股息，公司就必须缴纳分配收益的普通税。有价证券投资是剩余资金的通常出路，但有价证券投资的报酬率一般低于公司股东要求的报酬率。重新购置股票可使剩下的股东获取资本利率。但是，重新购置股票会使公司股票价格临时高于均衡价格，从而使公司不得不支付更多的资金购回公司股票。这不利于仍然持有公司股票的股东。同时，单纯为避免支付额外股息而重新购置股票，会遭到国内税收部门的反对。利用剩余资金购进其他公司，并不会增加合并公司及其股东的直接税务负担。因此，很多资金雄厚的企业都是利用剩余资金去合并那些对自己未来目标和发展有利的企业。

（十）提高市场竞争能力

企业存在效率差异，单独企业的管理可能是无效率的，而合并后企业的管理可能是有效率的。企业合并尤指横向合并可以终止两家企业的市场竞争，进而提高市场竞争能力，扩大市场占有率。

（十一）其他

1. 税负方面的考虑，税负方面的考虑也会刺激企业合并。如一个盈利较高、税率也较高的企业，可以通过合并其他企业，降低利润率，减少税金。

2. 向先进行业过渡，属于衰退行业的企业，通常通过合并将资金投资于其他新兴产业，实现资本转移。

3. 降低生产能力，在经济危机时期或生产能力过剩的行业中，通过合并来降低收入—产出水平，从而缓和供求之间的矛盾。

4. 按低于重置成本的价格购置资产，如果企业资产的重置成本高于其市场价值，这类企业很容易被其他企业合并。因为，其他企业在重置这些资产时支付的资金高于该企业的市场价值，因此，通过合并该企业比投资建新厂要经济得多。

5. 心理满足和成就感，大部分企业，所有权和经营权是分离的。所有者（股东）和经营者（经理）各自关心的东西并不完全相同。股东只对股息感兴趣，因此只关心利润，而经理人员还关心自己的权利、收入、声望和社会地位等。为了使这些需要得到满足，经理们采用的一个重要方法就是通过合并来扩大企业的规模。

三、被并购企业的动机

了解被合并企业的动机同样也是重要的，一般有以下几种动机：

1. 寻找可依赖的对象。通过被并购，可以寻找可依赖的对象，减少风险。例如，大企业资金雄厚，与之合并可以克服原来企业资金短缺问题。

2. 提高企业管理水平。由于该企业管理不善，企业资产得不到充分利用，利润率很低甚至亏损。别的企业接管这种企业之后，可以更换管理班子，进行整顿，转亏为盈。

3. 继承权问题。当公司创办者无亲友继续经营，而又有机会实现大量资本收益时，这种动机尤为强烈。

4. 税收优惠。变成公开上市公司可以得到税收优惠。

5. 提高股票价格。通过合并提高股票价格，从而使目标企业股东获得好处。在股票市场上，一般是有声誉的大企业的股票价格高，经营较差的小企业股票价格低。通过合并把小企业的股票换成大企业股票后，这部分股票的价格就会上升，被合并企业因此得利。

6. 摆脱困境。企业由于陷入丑闻或不利处境，为了脱离这种状态，希望企业被并购，从而跳出这种困境。

四、西方发达企业并购的特点与启示

（一）当前西方国家并购的特点[①]

1. 战略性并购成为并购的主流。20 世纪 90 年代以来西方企业并购的动机主要表现为企业长期发展的一种战略性并购，目的在于追求竞争上的长期优势，并购过程重在外部资源内部化，强化企业内部的全球性计划资源配置，使并购双方获得共同的发展前景，形成强大的鲜明的核心竞争力。例如，制药公司希望通过并购得到新产品，电信公司想以更快的速度进入更多的家庭的通道，金融公司想尽快打入新的服务领域，高技术公司则想借此追逐更高的创造力。

2. 跨国并购增加，并购的主战场仍然在发达国家。据联合国贸易发展委员会 2001 年 6 月 27 日公布的统计数字显示，2000 年全球企业跨国并购金额总计达 11438 亿美元，比 1999 年的 7660 亿美元增长了近 50%。在这些跨国投资中，2000 年由发达国家跨国公司间相互完成的跨国并购金额为 10741 亿美元，占当年全球跨国并购总额的 93.3%。发达国家的主体是美国、欧洲和日本，跨国并购主要是在这些国家之间进行的，如 1998 年英国石油公司以 568 亿美元并购美国的阿姆科石油公司，美国企业大量在欧洲并购欧洲企业。在 2000 年前的全球跨国并购中，美国仍然是吸收并购外资最多的国家，仅 2000 年的总金额就达到 5865 亿美元。

3. 横向并购或纵向并购较多。现代西方企业家逐渐认识到多元化经营并不是完全对企业发展有益，相反在某种程度上分散企业资源，使企业不能更好地保持和提高自身的核心竞争力。现代企业大多数追求规模经营和全能专业化的经营方式，在企业并购问题上更多地表现为横向并购或纵向并购。20 世纪 90 年代以来的并购出现在相同领域的

---

① 高宏伟：《当代西方国家企业并购分析与启示》，《经济师》2003 年第 9 期。

较多，如德国奔驰公司与美国克莱斯勒公司达 920 亿美元的合并，美国波音公司以 133 亿美元并购麦道公司。我们再看看 2000 年和 2001 年全球最大的并购案例就可以了解到横向并购的比重。2000 年全球最大的几宗并购案例是：英国移动电话公司沃达丰收购德国曼内斯曼电信集团，同为传媒的美国在线和时代华纳的合并，日本兴业银行、第一劝业银行和富士银行联合组建瑞穗控股公司，百事可乐 134 亿并购魁克；2001 年全球最大的几宗并购案例是：惠普与康柏合并，英国保诚保险集团合并合众美国通用保险，德国电信公司收购美国声流无限通信公司，欧洲三大钢铁公司大合并，安联保险公司收购德累斯顿银行，花旗银行收购墨西哥国民银行，美国航空公司收购环球航空公司，美国第一联合银行收购瓦霍维亚信托银行。可以看出，不论 2000 年还是 2001 年，企业并购基本是在同行业进行的，由此产业集中度不断提高，企业进行这样合并的目的在于市场占有、在于产品与服务的全面化，从而提高企业的竞争能力。

4. 企业并购规模庞大，企业趋向巨型化、全能化。20 世纪 90 年代以前的企业并购案很少有超过 10 亿美元的，但到了 90 年代以后，尤其是进入 21 世纪以后，企业并购的价值甚至超过了千亿美元。巨型并购交易案增多是 90 年代全球企业并购的一大特色。1993 年太平洋贝尔公司以 294 亿美元并购了电信公司，1998 年英国电信公司以 208 亿美元并购了美国第二大长途电话公司 MCI。1998 年底，美国埃克森石油公司宣布以 810 亿美元并购美孚石油公司，许多人认为这一交易额已是天文数字了，但 1999 年的几起巨额并购案则不免使这一交易相形见绌，其中包括英国沃达丰空中通讯公司以 1480 亿美元收购德国的曼内斯曼公司，以及美国的世界微波通信公司以 1270 亿美元收购斯普林特公司等等。美国汤姆森金融证券数据公司的统计数据显示，1999 年全球宣布的企业并购交易额达 3.4 万亿美元，远远超过 1998 年的 2.5 万亿美元。而 2000 年全球企业并购金额达 3.48 万亿美元，高于 1999 年的 3.4 万亿美元，创下历史新高记录。

5. 并购企业越来越重视并购后的整合问题。并购整合是以企业并购战略为基础，在战略指导下，融异质企业文化为一体，处理好两个企业组织、资源和经营流程的衔接关系，达到提高企业核心竞争力，占有市场的目的。整合是一个相当复杂的系统工程。西方很多企业一旦并购交易结束，就立即投入到并购企业的整合过程中。通常任命整合经理协调具有异质性的两个企业的整合，如美国通用电气公司就是如此做的，该公司相当重视并购后的整合，规划出详细整合计划，统一协调并购后企业的发展经营。

（二）西方国家企业并购对中国的启示

综观西方企业并购所显示出的一些特征，对我国企业并购和产业结构调整，具有相当的启示和重要的意义。

1. 从宏观角度来看，企业并购必然会提高产业的集中度，从而使宏观经济政策的实施效果更加明显。我国绝大多数行业的集中度都很低，这些行业集中度低的危害是国家宏观经济政策的力度和效果不是很明显。

2. 从微观角度看，并购可以引入社会资本，改变企业的股权结构，通过外部资本的引入改变公司的治理结构，使企业转换经营机制，在企业内部实质性地建立起现代企业制度，因而并购可以使中国的国有企业的经营机制灵活起来。目前，中国很多企业的并购，只重视并购交易阶段，而忽视并购后的整合；并购的目的是在资本市场上获得炒作的题材，而不是提高企业的核心竞争力。如国内一些上市公司，或借并购的朦胧题材进行恶意炒作，或并购后，企业内耗严重，达不到并购的目的。从西方企业并购特征分析中，比照中国的企业并购，我们不难作出判断，要切实做好企业的并购整合工作，使并购后的企业发挥它应有的作用。同时，企业要着眼于长期的可持续发展，使并购真正达到扩大市场占有率，强化企业核心竞争力的目的。

3. 处理好引进外资与产业保护的关系。生产和资本国际化是当今世界经济发展的重要趋势，这是科技革命和国际分工深化的结果。各国企业都力图通过市场机制，利用先进的科技、丰富的资源、雄厚的资本、科学的管理，实现资本经营的全球化，它们为此在全球展开激烈的竞争，以谋求和扩大其经济利益。同时，一些国家尤其是发展中国家也为了维护其民族经济利益不受损害，小心翼翼地对待外来资本。它们展开并购与反并购、控制与反控制的斗争，保护民族经济民族产业的正当权益。

从产业保护看，应慎重处理好引进与吸收提高的关系，自力更生与对外开放的关系，创造一种有利于中国民族产业国际化的宏观环境。中国经济当前正处于结构调整的关键时期，就是要发挥市场机制在资源配置中的基础作用，以调整不合理的产业结构、产品结构和企业分布结构及企业组织结构，促进技术进步，促进资源优化配置，取得规模经济效益。可以说实现上述目的，企业的大批并购是投资省、效果好的一种方式。

第三节　并购的运作形式

一、公众流通股转让的运作形式

公众流通股转让模式，又称为公开市场并购，即并购方通过二级市场收购上市公司的股票，从而获得上市公司控制权的行为。1993 年 9 月发生在上海证券交易所的“宝延风波”，拉开了中国通过股票市场收购上市公司的序幕。自此以后，有深万科在沪市控股上海申华、深圳无极在沪市收购飞乐音响、君安证券 6 次举牌控股上海申华等案例发生。

收购并不一定要收购所有股权，只需要达到控制该企业所需股权，便可对其资产拥有使用权和处置权，就可以按照自己的经营目的、方针和方式来支配对方企业的所有财产。控股方有可能将被控股企业变为控股公司的子公司或下属企业，成为控股方的二级法人。此时，如果被控股企业原有的法人资格已经取消，而赋予了新的法人资格，此时控股就成为并购的一种。企业在并购与收购了现有企业或企业中的某个部门、某项业务之后，实际上也就牢牢控制和掌握了原有企业的资产、技术研究与开发机构、科研人才、生产技术、训练有素的熟练工人以及原有的销售市场。企业的并购行为比一般的长期投资行为更广泛、更复杂，并购涉及双方的产权界定、生产要素的重新配置、企业战略、组织结构、管理制度、人事管理、企业文化等的调整和一体化。

在当前世界风起云涌的资本经营市场中，大多采用并购这一资本经营形式。如 BP 公司以 60%对 40%的股权比率并购了美国的 Amoco 公司，道化学公司以 93 亿美元的价格收购联合碳化物公司。湖南海利化工股份有限公司在实行产品经营同时，积极开展资本经营相继控股并购江西贵溪农药厂、株洲湘江精细化工厂等企业实行低成本扩张，使企业获得了好的经济效益和产生了好的社会效益。

虽然在证券市场比较成熟的西方发达国家，大部分的上市公司并购都是采取流通股转让方式进行的，但在中国通过二级市场收购上市公司的可操作性却并不强，先行条件对该种方式的主要制约因素有：

1. 上市公司股权结构不合理，不可流通的国家股、有限度流通的法人股占总股本比重约 70%，可流通的社会公众股占的比例过小，这样使得能够通过公众流通股转让达到控股目的的目标企业很少。

2. 现行法规对二级市场收购流通股有严格的规定，突出的一条是：收购中，机构持股 5%以上需在 3 个工作日之内作出公告举牌以及以后每增减 2%也需作出公告。这样，每一次公告必然会造成股价的飞扬，使得二级市场收购成本很高，完成收购的时间也较长。如此高的操作成本，抑制了此种并购的运用。

3. 中国股市规模过小，而股市外围又有庞大的资金堆积，使得股价过高。对收购方而言，肯定要付出较大的成本才能收购成功，往往可能得不偿失。

二、收购资产的运作形式

并购方出资购买目标企业的资产以获得其产权的并购手段。在目前资本市场不发达的情况下，用银行贷款的方式去收购股权，是企业进行资本经营时切实可行的手段之一。并购后，目标企业的法人地位消失。这一方式的优点：①并购方并不需要承担被并购方的债务，并购速度快。②并购方可以较为彻底的进行并购后的资产重组以及企业文化重塑。③适用于需对目标企业进行绝对控股，并购方实力强大，具有现金支付能力的企业。如哈尔滨龙滨酒厂连年亏损，1995 年资产总额为 1.4 亿元，三九集团在征得哈尔滨市政府同意后，出资买断了该酒厂的全部产权，而新建一个类似的酒厂，至少需要 2 亿元以上的投资和 3 年左右的时间。

三、杠杆收购方式

（一）杠杆收购型的定义

杠杆收购（LBO），是指一个公司进行结构调整和资产重组时，运用财务杠杆，主要通过借款筹集资金进行收购的一种资本运营活动。通常，它是指主并企业通过借款的方式购买目标公司的股权，取得控制权后，再以目标公司未来创造的现金流量偿付借款。

杠杆收购与一般收购的区别在于，一般收购中的负债主要由收购方的资金或其他资产偿还，而杠杆收购中引起的负债主要依靠被收购企业今后内部产生的经营效益、结合有选择的出售一些原有资产进行偿还，投资者的资金只在其中占很小的部分。通常为10%～30%。杠杆收购于20世纪60年代出现于美国，随后风行于北美和西欧。最初杠杆收购交易只在规模较小的公司中进行，但80年代以后，随着银行、保险公司、风险资本金等各种金融机构的介入，带动了杠杆收购的发展，又由于杠杆收购交易能使股票持有者和贷款机构获得厚利，还有可能使公司管理人员成为公司的所有者，因而发展很快。

（二）杠杆收购的特点

杠杆收购的特点主要表现在：

1. 收购者只需要投入少量的自有资金便可获得较大金额的银行贷款用以收购目标企业。

2. 收购者可以通过杠杆收购取得纳税利益；资本的利息支出可在税前扣除，对于猎物企业，被购进前若有亏损，可递延冲抵收购后的盈利，从而减低应纳税所得额基数。

3. 高比例的负债给经营者、投资者以鞭策，促使其改善经营管理，提高经济效益。

4. 作为杠杆收购的目标公司一般具有稳定连续的现金流量、人员稳定、责任感强的管理者、被收购前资产负债率较低、降低成本的空间较为充裕、拥有易于出售的非核心产业等特点。

要恰当地运用杠杆收购，必须在结合本公司情况对目标公司产业环境、盈利能力、资产构成及利用等情况进行充分分析的基础上，科学选择策略方式，合理控制筹资风险，从而优化各种资源配置，以实现资本增值最大化。

（三）杠杆收购适用的条件

杠杆收购适用条件：

1. 目标公司有较高而稳定的盈利历史。

2. 目标公司有可预见的未来现金流量。

3. 目标公司有一支富有经验和果断的管理队伍。

4. 目标公司在市场上有明确的地位。

5. 目标公司具有良好抵押价值的固定资产和流动资产。

6. 目标公司不是资本高度密集型公司。

7. 目标公司近期不需要重大的资本投资或基础设施投资。

8. 目标公司增长速度不能过快，以免陷入过度经营状态。

9. 目标公司利润与现金流量有明显的增长潜力等。

（四）杠杆收购的八种策略方式

作为杠杆收购的具体运用，有八种可供选择的策略方式。

1. 背债控股。即收购方与银行商定独家偿还猎物企业的长期债务，作为自己的实际投资，其中一部分银行贷款作为收购方的资本划到猎物方的股本之中并足以达到控股地位。

2. 连续抵押。购并交易时不用收购方的经营资本，而是以收购方的资产作抵押，向银行争取相当数量的贷款，等购并成功后，再以猎物企业的资产作抵押向银行申请收购新的企业贷款，如此连续抵押下去。

3. 合资加并购。如果收购企业势单力薄，可依靠自己的经营优势和信誉，先与别家合资形成较大资本，然后再去并购比自己大的企业。

4. 与猎物企业股东互利共生。猎物企业若是股份公司，则其大股东往往成为收购企业以利争取的对象。给其有关好处以取得其支持，购并交易往往能起到事半功倍的效果。

5. 甜头加时间差、在向金融机构借款收购企业时，可在利率等方面给金融机构更大的让步，但交换条件是在较长时间内还款。这就是甜头加时间差的购并方式。

6. 以猎物企业作抵押发行垃圾债券。收购方以猎物方的重要资产作抵押，发行垃圾债券，所筹资金用于支付猎物企业的产权所有者。

7. 将猎物企业的资产重置后到海外上市。这种方式是先自行筹集资金收购并购51%以上的股权或成为第一大股东，然后对猎物企业的资产进行重组，以此为基础在海外注册公司，并编制新的财务报告，这样就可利用海外上市公司审批方面的灵活性来回笼大笔资金。

8. 分期付款。“借”延期付款的信用手段来达到并购的目的。一般做法是根据猎物企业的资产评估值，收购方收购其51%的股份，并以分期付款方式在若干年内陆续将款项付清。

（五）杠杆收购的风险

杠杆收购融资运用了财务杠杆原理。必须看到，财务杠杆是一把双刃剑，当资产收益率大于潜入资金利息率时，增加财务杠杆可以大幅度地提高股份制企业的每股盈余；反之，如果企业经营不善，则会使企业净收益和每股盈余急剧减少。收购方一定不能忽视杠杆收购风险性。因为，杠杆收购所需资金大部分是借入的，如果收购后公司经营状况不能得到很好的改善，负债融资就会成为企业的负担，严重时甚至会影响企业的生存。

具体而言，这种债权性筹资存在如下风险：①还本风险，即企业存在不能按规定到期偿还本金引起经济损失的可能。②支付成本风险，即企业存在不能按规定到期支付利息或股息而引起经济损失的可能。③再筹资风险，企业存在不能及时再筹集到所需资金，或再筹资成本增加而引起经济损失的可能。④财务风险，即企业因债权性筹资而增加股权投资者可能遭受损失的风险。

对风险的控制最重要的是，确定企业允许的负债比率水平，而在权益资本既定的前提下，负债比率的高低直接决定于负债额度的大小。有三种负债额度的确定供企业风险控制和财务决策时参考：①破产临界额度，即负债极点额度是企业的净资产额。一旦资不抵债多将沦为停业清偿。②盈亏临界点负债额。企业必须以息税前利润抵补负债的利息成本。即息税前利润/负债利息率。③实现企业期望每股盈余相宜的负债额。

$$EPS=(I\times R-D\times i)\ (l-T)/N$$

式中，EPS为期望每股盈余；I为投资总额；R为预计息税前投资利润率；D为负债总额；i为负债利息率；T为所得税率；N为普通股数。

随着中国经济发展和市场体制的建立，企业资产重组已受到国家和地方政府的大力重视并正在积极着手实施。企业也正在进行结构调整，优化资源配置。由于中国上市公司的比例太小，多数企业难以通过股票市场实现购并的目标。另一个方面，购并需要大量的资金支持，而多数企业缺少充足的自有资金用于购并。同时，国家为了扶植企业，贷款利率一再下调，以便于企业利用贷款筹集资金。这就为企业杠杆收购融资奠定了基础，也创造了条件。

四、股票对价方式

股票对价方式，即主并企业通过增发新股换取目标公司的股权，其优点是可避免主并企业现金大量流出，从而并购后能够保持良好的现金支付能力，减少财务风险。其缺点是可能会稀释主并企业原有股权控制结构与每股收益水平，倘若主并企业原有资本结构比较脆弱，极易导致主并企业控制权稀释、丧失以致为他人并购。

股票对价方式适用条件：

1. 主并企业是否有足够的现金融通能力。
2. 若必须通过借款进行支付时，资本结构是否具有相应的承荷能力。
3. 外部借款或增资扩股的资本成本如何。
4. 增资扩股是否会导致主并企业原有股权控制结构稀释以致丧失。
5. 增资扩股后，原有股东的每股收益是否会被稀释以及因为遭受损失而导致原有股东对增资扩股方式的反对。

6. 目标公司的股东对并购后的每股收益有着怎样的期望。

7. 目标公司股东处于怎样的税阶层次。

8. 目标公司的所有者是否会因丧失对目标公司的控制权而产生恐慌心理以致对并购怀有敌对情绪等。

五、卖方融资方式

卖方融资，是指主并企业暂不向目标公司支付全额价款，而是作为对目标公司所有者的负债，承诺在未来一定市场内分期、分批支付并购价款的方式。这种付款方式，通常用于目标公司获利不佳，急于脱手的情况下。在签约时，主并企业还可以向目标公司提出按照未来业绩的一定比率确定并购的价格，并分期付款。这样既可以拉近双方在并购价格认定上的差距，建立起对目标公司原所有者的奖励机制，同时又可以使主并企业避免陷入并购前未曾预料的并购“陷阱”，而且由于减少了并购当时的现金负担，从而使主并企业在并购后能够保持正常的运转。

采用卖方融资方式的前提是，主并企业有着良好的资本结构和风险承荷能力。主并企业在签约时还须考虑的是，在依未来绩效对并购价格定价的情况下，若支付期过短，则在并购后，目标公司的原所有者与经营者可能为了短期得到更多的价款支付，而过度甚至破坏性地使用机器设备，从而给主并企业未来长期利益产生不利影响。

六、创新的运作形式

并购方式创新的原因是“内部动力＋规则完善”。并购方式创新的趋势是向纵深发展。

国有股减持政策的明确将成为并购市场能否进一步市场化的分水岭。市场各方关注的国有股减持政策的出台，将促使并购市场由资源导向型向市场导向型的根本性转变，无论是并购的方式、手段、具体操作程序、收购主体的参与都将呈现与国际接轨的态势。

就并购行为而言，将呈现以下特征：并购主体继续呈现多元化趋势。外资、企业、民营资本、管理层等各类主体将继续活跃在并购市场上，其中外资并购随着相关法规的完善，将继续增多。MBO 政策的逐步明朗也会让目前隐性化操作逐步走到阳光下。

交易规模继续扩大，优势企业的扩张和改制将成为市场主流。国企改革将进入攻坚阶段，并购重组逼近国资核心企业，并购重组规模明显加大，难度提高。

并购手段和金融工具将更加市场化。在支付方式上，利用有价证券支付（股权支付、债权支付）更加灵活；在交易标的以及支付对价的价值评估、定价方面会更加市场化、科学化和国际化，定向增发、回购等各种手段的综合娴熟使用将成为证券市场常规，相比 2003 年，手段的创新对市场的新鲜度将下降，取而代之的是对并购效率及价值提升的关注。

并购趋于理性。提升核心竞争力，追求协同效应和有限多元化将成为并购战略的主要内容。对并购后整合的关注越来越多。

多个市场的互动并购将逐渐增多。随着证券市场政策壁垒的逐步消除及企业国际化的要求，促使更多的企业站在全球视野调整自己的战略布局，因此，境内外市场互动的并购合并将时有发生。①

第四节 并购决策与程序

一、并购的目的及需考虑的因素

在现代市场经济条件下，大凡一个经济组织能够由单一法人结构走向多个法人的联合体，最为深层的动因源自于市场与主并企业彼此间的替代机制以及由此而带来的“交易内部化”效应，源自于为抗御日益增强的竞争风险而不得不谋求资源一体化整合的规模效应、组织结构重整的管理协同效应、信息共享效应以及由此而生成的更大的整体竞争优势。

中外企业并购实践证明，并不是所有的并购都是成功的，并购后导致优势主并企业背上沉重包袱甚至失败破产的不乏其例。因此，要实现成功的并购，并借此推动企业持续恒久地拓展竞争优势与市场空间，就必须遵循战略发展结构的目标轨迹与基本原则，这关系着企业未来的发展方向、发展道路与发展行动。

并购决策需考虑的因素是指主并企业基于战略发展结构或并购战略目标，而在并购前对实施并购须具备的各种条件和能力、目标公司的发展前景以及技术经济效益等情况，进行战略性的调查和综合性论证，借以估量自身的能力与优劣势所在，判别市场存在的潜在的威胁，寻找成长的机会点与发展形式，从而为特定并购目标的订立，并购标准的确定，合适并购对象的选择，配套筹资方案的策划等整个的并购决策提供可靠的技术、商业、财务和管理上的依据与信息支持。并购决策需考虑的基本因素包括以下几方面：

1. 主并企业遵循怎样的战略发展结构，是否有着强大的核心能力依托。

2. 主并企业拥有哪些主导产业或业务，未来发展趋势如何。

3. 主并企业当前处于哪一发展阶段，发展潜力有多大，在变革创新的基础上是否

① 刘晓丹：《并购：内涵改变推动形式创新》，《中国证券报》2003 年 12 月 18 日。

有着良好的增长前景。

4. 科技发展趋势如何，主并企业将会面临哪些机遇和挑战。

5. 主并企业当前的竞争地位及未来的变化趋势如何。

6. 主并企业的发展空间是否需要向其他新的领域拓展。

7. 并购是否是本主并企业发展的最好途径。

8. 并购将产生怎样的效应，是否与总体战略发展结构相吻合。

9. 是否有足够的资源支持并购，以及并购后是否有能力控制和管理好目标公司。

10. 通过并购期望达到何种目标效果。

二、并购决策的支持系统与方法

战略并购决策是一项相当复杂的系统工程，尽管通常企业并购有投资银行与会计师事务所作并购选择、资产评估等方面的顾问，但企业高层管理者在战略并购决策中应该自始至终都是真正决策主体。投资银行与会计师事务所的并购顾问在并购业务及其具体运作上的确能为企业提供很多帮助，但绝不能完全代替企业决策者决策。因为只有企业决策者才真正完全了解企业的战略目标以及如何运用并购策略、整合运营并购企业来实现企业战略目标；企业战略的正确制定以及并购策略的正确选择是企业战略并购成功的根本保证。另外，战略并购决策支持系统只是支持而不是也不可能代替企业决策者和相关领域进行并购决策。决策支持系统的主要功能应是为战略并购决策人员提供决策分析工具与信息环境，对战略并购决策过程进行管理与控制，从而确保企业战略的正确制定以及并购策略的正确选择。

（一）并购决策的支持功能

基于上述认识和前述战略并购的基本特点，企业战略并购决策支持系统，作为辅助企业战略并购决策的支持工具，除了必须具有模型求解、定量分析、定性推理与人机交互等一般决策支持系统的决策支持功能外至少应具有如下决策支持功能：

1. 战略驱动功能促使企业决策者在企业战略驱动下进行企业并购决策。

2. 关联互动功能促使企业决策者在并购决策各阶段系统考虑战略并购决策的全过程。

3. 虚拟仿真功能支持企业决策者分析并购中各结构的决策问题，如并购对象选择与并购整合规划等。

4. 案例学习功能支持企业决策者参考先前企业并购的经验和教训创造性地做出合理的并购决策。

5. 多人决策支持功能支持企业决策者充分考虑企业战略决策以及并购活动中各相关利益主体的影响。

6. 专家会议支持功能支持企业决策者充分利用各领域专家的集体智慧做出正确的

并购决策。

7. 专家知识支持功能支持企业决策者综合利用相关领域专家知识分析推理战略并购决策问题。

(二) 支持企业战略并购选择决策的技术、方法

1. Petri 网的动态决策过程的建模技术基于 Petri 网对并购过程的模型化描述能很好地反映决策行动间的动态关系。采用基于 Petri 网的并购决策过程模型作为企业战略并购动态决策过程中各阶段企业决策者交互决策与各类决策模型方法工具以及战略并购相关专家领域知识的支持平台，从而可确保企业决策者在企业并购选择决策过程中决策行为始终受企业经营战略的驱动，在各具体决策阶段都能系统考虑战略并购决策的全过程。

2. 企业间竞争博弈的建模与分析技术对当前与未来企业竞争对手以及市场竞争格局的分析是企业依据企业战略目标确定下一步市场竞争战略的基础，企业间竞争博弈模型与战略管理领域专家知识的结合可有效支持决策者分析企业竞争对手以及所处市场竞争格局，从而确定是否调整企业战略目标与是否采用并购策略及选择何种并购策略。

3. 基于案例推理的交互式评价方法在制定企业并购策略、确定并购目标与选择并购方式中，经营管理者的创造性决策思维与先前企业并购的经验与教训常常能帮助企业做出正确的并购决策。企业并购基于案例推理交互式评价主要包括并购案例特征抽取、检索评价、修正学习与系统交互方式等方面。企业并购有很多失败的案例。我们特别重视并购失败案例对并购选择决策的启示。①

三、并购目标企业的评估

在价值评估的问题上，因为每个产业的特质不同，很难有一定的评估模式，但是一般做法是借由产业专家来评估，而评估的对象除了企业的有形资产之外，企业的无形资产，如工作团队、技术的价值也在评估范围内。

企业价值的真正内涵即包含五个方面：

1. 组织构面，包括领导力、策略、组织架构、组织价值、品牌、创新、知识、系统、流程及智慧产品。

2. 实体构面，包括土地、建筑物、设备、存货。

3. 财务构面，包括现金、应收账款、负债、投资、股东权益。

4. 顾客构面，包括顾客、通路、配合厂商。

5. 人员构面，包括员工、供应商、合作伙伴。目标企业的价值可以从这五大构面进行评估。

① 吴清烈、冯勤超：《五种企业战略并购决策的信息结构与支持框架》，《中国软科学》2001 年第 5 期。

由以上的五个方面来看，其实早已超越传统的财务报表所表达的企业价值，也常常才是企业真正价值所在之处。例如，一个拥有多位忠诚老客户所组成的客户名单的企业，绝对比流失客户多的企业来得有价值，但这却在传统的财务报表中看不到，况且也没有一定的价值评估标准，所以，应该透过专家来评估出被并购企业的真正价值，才能降低并购的风险，真正达到并购的目的。

除了并购的战略因素外，即便从纯粹的财务角度，主并企业最为关心的往往并非是直接的并购价格的多少，而是并购后到底还需要投入多少资金的现金流量规划问题。这就要求主并企业在并购价格上不必与目标公司过多地计较，只要对方开出要价在主并企业可容忍最高限度，即价格上限内，即有商讨的余地。在价格上限的确定上，主并企业可以将其与自行创设类似目标公司规模的情况下需要的投资额进行比较，并将这种自创投资额作为并购价格的上限。慎勿将自创的成本估计过低。

最后，主并企业结合自身的财务资源及风险承受能力，通过与目标公司讨价还价，最终达成一致的并购成交价格，并协商拟定出具体的价款支付方式。在支付方式的选择上，必须审慎地考虑并购价格及不同的支付方式对未来资本结构的影响。

四、并购前必须做大量的准备工作

并购的运作程序主要分为两大块，即并购前的准备工作和并购过程的具体步骤及各种手续。中西方的上市公司和非上市公司并购过程的具体步骤又有所不同。

（一）组织并购专家、律师、会计师等

由并购专家、律师、注册会计师成立一个专门的班子，对并购对象进行全面、彻底、动态地调查和分析。

1. 并购专家的任务是：①提出对资产的处置意见和建议。②提出建立、健全新企业法人治理结构和内部控制制度的意见和建议。③提出人员的安排意见和建议。④提出经营目标和发展战略的意见和建议。

2. 律师的任务是：①使并购专家的意见和建议合法化，并提出最低法律成本及最高效率相平衡的意见和建议。②协助处理战略性法律事务，如市场开发、长期投资、合营合作等。③协助处理预防性法律事务，如反不正当竞争监督、环境保护监督、合同签订与履行监督、诉讼过程监督、公司规章制度执行监督、知识产权管理监督、劳动人事监督、投资风险监督和授权委托制度监督等。④协助处理善后性法律事务，如纠纷谈判、调解、仲裁、诉讼等。⑤协助处理非法律事务，如制定董事会议事日程、会议记录、与关联公司法律关系的协调等。律师应着重审查双方主体，释义条款，先决条款，陈述和保证条款，并购标的条款，债务承担条款，或有事项（未决诉讼、仲裁或索赔，或有行政处罚、担保、合同之债，在环保、知识产权、产品质量、劳动安全、人身权方面的或有侵权之债，应收票据贴现），证券、股权、联营等长期投资风险等的处理条款，

土地使用权条款，有无违反法律、法规的规定或国家利益及社会公共利益的条款。

3. 注册会计师的任务是：①协助并购专家和律师计算相应的整合成本，对财务和税收方面提出成本最低化意见和建议。②协助建立可供并购方控制和监督的财务管理制度和会计核算制度。③应并购方要求，进行阶段性和特殊目的性财务审计。

（二）并购对象基本情况的了解

在并购过程中，要对并购对象的基本情况进行充分了解。包括法律方面的基本情况、并购中可能存在的陷阱、所在产业的情况、财务报表制度和内部控制制度、税收、人力资源和劳资关系、营销和产品等方面。

五、并购的一般程序

（一）双方董事会各自通过有关的并购收购协议

1. 这些决议的内容应包括：①被并购公司的名称。②并购的条款和条件。③把每个公司股份转换为续存公司或任何其他公司的股份、债务或其他证券，全部的或部分的转换为现款或其他资产的方式和基础。④因并购而引起续存公司的公司章程的任何修改和声明。⑤有关并购所必需的或合适的其他条款。

2. 有关新设（合并）决议，必须载明：①拟进行联合的诸公司的名称及拟联合成立的公司名称，即以后被称为新设公司的名称。②联合的条款和条件。③把每个公司的股份转为新设公司的股份、债务或其他政权，全部的或部分的转换为现款或其他财产的方式及基础。④就新设公司而言，依本法令设立的各公司的公司章程所必须载明的所有声明。⑤被认为对拟进行的联合所必需的或合适的其他条款。

（二）董事会将通过的决议提交股东大会讨论，并由股东大会予以批准

美国公司法一般规定，在获得有表决权的多数股份持有者的赞成票后，决议应被通过。德国的公司法规定，凡股份有限公司的并购决议，需要全部有表决权的股东的75％多数通过方为有效。

（三）并购各方签订并购合同

1. 并购合同也必须经各方董事会及股东大会的批准。并购收购合同应包括如下内容：①续存公司增加股份的数量、种类。②续存公司对被并入公司的股东分配新股的规定。③续存公司应增加的资本额和关于公积金的事项。④续存公司应支付现金给并入公司股东的条款。⑤并购各方召开股东大会批准该合同的日期。

2. 如是新设合并公司，合同应包括如下内容：①新设公司发行股票的种类和数量。②新设公司的总部所在地。③新设公司对合并各公司的股东分配股份或现金的规定。④新设公司的资本额、公积金的数额及规定。⑤合并各公司召开股东大会批准该公司的时间和进行合并的具体时间。

（四）在规定的期限内到政府部门登记

在上述决议被批准以后，续存公司应当进行变更登记，新设公司应进行登记注册，被解散的公司进行解散登记。只有在政府有关部门进行这些登记之后，并购才正式有效。并购一经登记，因并购合同而解散的公司的一切资产和债务，都由续存公司或新设公司承担。

六、委托收购的操作程序

（一）委托书收购的原理

1. 收购上市公司的必经程序——股东大会，任何收购上市公司的行为，均无法避开股东大会（此处包括临时股东大会，下同）这一必经程序。对于股权式的收购而言，当收购者掌握了目标公司控股比例的股权之后，必须要通过股东大会改组董事会、修改公司章程，以在法律上实现为目标公司的控制。

2. 对股东大会的主导权——表决权，各国的公司法都对股东大会所作的决议进行了严格的规范。一般来说，改组董事会的决议属于普通决议，需要出席股东大会的股东所持表决权的半数以上通过；修改公司章程的决议属于特别决议，需要出席股东大会的股东所持 2/3 以上的表决权通过。可见，获得或实际掌握表决权的优势，即可左右股东大会所作的决议，也可以说，所持表决权的数量决定了对公司的影响和控制程度。

3. 表决权的取得——代理行使，表决权是基于股权而产生的权力，股东所持有的每一股份享有一表决权。所以，只有获得公司的股权（即成为公司股东）才能获得相应的表决权。但是，各国的公司法都有这样的规定，即股东可以委托他人代理其出席股东大会并行使表决权。这样，有意收购公司者即可通过征集股东委托书的方式，获得对股东所持的表决权的代理权（由于授权一般为全权代理，故其实际运用的效用已相当于实际掌握了表决权）。

（二）委托书收购的操作过程

1. 收购时机选择，委托书收购的实现必须通过股东大会，因此，收购方通常选在在目标公司召开股东大会之前进入实质性收购阶段。如果不在年会集中召开的时间段，则需要收购者具有法定的引发临时股东大会的能力。各国法律对临时股东大会的召开有着极相似的规定。一般来说，如果占有总股本 10%以上的股东提议召开临时股东大会，则必须在一定期间（中国《公司法》规定是 2 个月）内召开。当然，这并不意味着收购者必须直接购买 10%以上的股份才能引发临时股东大会，收购者可以购买少量的股份，但更可以征集其他股东的委托，代理占总股本 10%以上的股东提出召开临时股东大会，仍可达到引发临时股东大会的目的。

2. 确认征集者的合法身份，中国的法律、法规对出席股东大会的代理人资格未作任何规定，对征集委托书的主体资格也未作任何限制，在这种法律背景下，股东与非股东均可征集委托书，也就是说，收购者不必先成为公司股东而后再进行委托书收购。

3. 征集委托书，收购者在公司股东大会召开的消息公布之后，就可以通过新闻媒介以公告、广告的方式征集目标公司的委托书，也可以通过查询目标公司的股东名册向股东直接征集。

4. 收购者至少应该向股东发送两份文件：授权委托书——其格式应遵循目标公司制定的格式，内容是关于股东授权某人代理其参加股东大会并行使表决权，由股东亲笔签字或盖章（法人股东）。委托代理协议——收购者应当与授权的股东签订书面的委托代理协议。约定代理权限、期限和具体事项。需要注意的是，这种委托代理协议应当具备这样的条款，即如果代理人在协议规定的范围内行使代理权，则委托人不得随意撤销对代理人的委托。

5. 报告与信息披露，依美国 1934 年《证券法》规定，征集委托书，应当在向股东发送有关的征集文件之前向证管会申报。中国的《股票交易与管理暂行条例》规定，“任何人在征集 25 人以上的同意权或者投票权时，应当遵守证监会有关信息披露和作出报告的规定。”因此，收购者必须履行向证监会作出报告和公开披露有关情况的义务。

6. 送达委托书，收购者应按目标公司关于召开股东大会的公告的要求，将有效代理委托书按时送达指定地点。

7. 提出议案，收购者可以在股东大会召开前向目标公司提交书面的议案，要求在股东大会上进行审议。主要包括改组董事会及推荐董事候选人，修改公司章程等以便控制公司的议案。

8. 出席股东大会，最后召开董事会，选派经理人员，完成对目标公司的实际控制，最终完成“委托书收购”。

第五节　并购后的整合

并购后的整合，是指当一方获得另一方的资产所有权、股权或经营控制权之后进行的资产、人员等企业要素的整体系统性安排，从而使并购后的企业按照一定的并购目标、方针和战略组织营运。对目标公司实现了接管，并非意味着整个并购活动的最终成功，反倒可能意味着走向失败的开始。因此，并购后如何经营较之如何取得目标公司的控制权更为重要。在制定一体化整合计划时，主并企业首先需要考虑的不是如何整合，而是应否进行整合。如果主并企业结构庞大，而目标公司又极富创业精神和管理能力，明智的做法是，在与目标公司接触时，就应声明并购后，对目标公司采取不干涉的政策，如果主并企业希望保持目标公司的创业精神的话。

如果被收购企业的战略不能和收购企业的战略相互配合、相互融合，那么两者之间就很难发挥出战略协同效应。必须将目标公司的运行纳入主并企业整体战略发展结构与公司政策范畴。主要有以下几方面的整合。

一、资产整合

企业进行并购之目的在于通过并购降低成本，扩大市场份额，实现资源的重新优化配置。企业在完成了对目标公司的收购后，企业并购的目标还远未达到，并购后的企业是否能够真正实现并购目标，其关键在于对并购后企业的整合。通过并购，对企业资产进行重新组合，增强企业的核心竞争力，并可有效的剥离非主营业务，提高资产效率。核心竞争力形成的同时，应该有相应的对策处理低效率的资产或子公司。对于经营业绩和财务状况欠佳的公司，并购后首先应处置不必要的资产，迅速停止获利能力低的生产线，从各种可能的方面采取措施降低成本。

并购后转售图利在国外是常见的现象，具体操作上主要有以下两种方法：一种方法是，并购后立即将被并购企业的资产拆开后出售。很多杠杆收购的案例都是由于看好资产售出的可观利润而进行的。例如，中国香港善美电脑公司就曾大量举债收购了美国胜家公司，随即展开一系列出售活动，相继将胜家公司在中国台湾、马来西亚、新加坡等地的分公司卖给当地人士。另一种方法是，在并购后并不将被并购企业资产拆开，而是委派管理专家、财务专家和各种技术专家对其改造后，再高价售出，套取利润。一般而言，其操作对象往往是那些在财务上发生危机但仍具有获利能力的公司，只要收购后适当投入，经过重新包装出售，就可为并购企业带来巨额利润。

资产重组可以选择出售、购买、置换、托管、回购、承包经营等多种形式进行。

二、债务整合

很多并购活动是并购企业将被并购企业的债务及整体产权一并吸收，以承担被并购企业的债务来实现的并购。即在资产与负债基本对等的情况下，并购方以承担被并购方债务为条件接受其资产，往往同时也接受被并购方的职工。据统计，在已发生的企业并购中，通过承担债务方式进行的并购约占并购总额的70%左右。

百大股份有限公司在1992年4月以承担债务的形式并购了连年亏损的杭州照相器材厂。通过重组，盘活了原杭州照相器材厂的生产经营性存量资产，扭转了经营亏损的局面，使新组建的杭州照相器材厂当年就创利近20万元。1995年8月28日，全国最大的化纤生产企业仪征化纤以担保债务方式与佛山市政府正式签约，以为亏损的佛山化纤10.81亿元人民币债务提供担保的形式，获得了后者的全部产权，并3年付清9400万元土地使用费。并购后，仪征化纤少了一个竞争对手，扩大了整体规模，实现了双方优势互补。

三、业务整合

在对目标公司进行战略整合的基础上继续对其业务进行整合，根据其在整个体系中的作用及其对其他部分相互关系，重新设置其经营业务，通过资产剥离等方式实现企业业务的最优组合。

四、制度整合

管理制度对企业的经营和发展有着重要的影响，因此并购后必须重视对目标公司的制度进行整合。努力使管理一体化，包括管理制度的整合、管理观念的融入、管理组织的调整以及管理优势的嫁接以及营运作业的整合等，以使目标公司纳入主并企业整体的管理体制框架结构之下。此外，还需要促使企业的功能一体化，包括营运作业一体化、销售一体化、技术开发与质量管理一体化以及财务一体化等。在功能一体化中，最重要的是实现财务一体化。财务一体化主要包括财务战略一体化、融投资政策一体化、资源配置一体化、预算管理一体化、现金流量控制一体化等。

五、人力资源的整合

整合最关键的因素都在人，包括企业文化的整合、组织的整合，还有就是资讯系统的整合。其实硬件的整合倒在其次，人的问题却往往是成败的关键，企业内部的人员是不是具备随时因应改变的能力，是不是愿意改变，有没有能力改变，其实牵动着企业整合的效果。也就是说，这种企业在变革的过程当中，人其实就是变革促动的重要因子，在并购的整合过程中，企业往往会碰到一些问题，而这些问题往往就是人，诸如，对未来的不确定性，害怕改变，缺乏改变的动机，对组织的改变不了解等等，而这些疑惑都可以经过特定的变革促动因子来得到解决，有效地变革管理将可使合并的企业安然渡过难关，真正发挥出并购的效益。①

六、文化整合

企业文化是企业经营中最基本、最核心的部分，企业文化影响着企业运作的一切方面。并购后，只有买方和目标企业文化达到融合，才意味着双方真正的融合。因此，对目标企业进行文化整合，对于并购后整个企业能否真正协调运作有关键的影响。

必须强调企业文化在整合中的作用。资本经营本身不是目的，而是为了使企业更快、更好地发展，使资本更快、更好地增值。因此收购、并购、重组之后的整合，是决定资本经营效果的关键。而整合的效果又往往取决于并购双方的企业文化能否

---

① 陈依频：《并购前细规划　并购后重整合》，台湾《会计研究月刊》2000 年第 4 期。

兼容。

在一体化整合中，最为困难、最为关键的是文化一体化。文化体现了管理层对公司的信念和价值观，以及对公司形象的特征、工作道德以及对员工、客户和社团态度的理解。能否取得目标公司管理者及员工对主并企业文化的认同，是并购后彼此能否实现融合的前提基础。

此外，还必须注重具有企业家精神与能力素质的企业家阶层的培养与企业“法治”建设，发挥各阶层人员的积极创造性与责任感，增强团队意识，实现个人对整体战略目标与文化理念的高度认同。有了这一基础，实现一体化整合的高效率性也就有了充分的保障。

七、资源整合案例分析

这里主要论述明基成功收购西门子全部手机业务后供应链资源整合的问题。不只是明基与西门子面临这个问题，联想收购 IBM 的 PC 业务后，也立即面临供应链整合的挑战，如何把中国低成本制造的制胜基因融合在蓝色巨人的高贵血液里，成为摆在新联想面前的最重大课题。与明基西门子不同，联想与 IBM 在各自供应链上的优势并不特别明显，而且双方的供应链都有需要改进的地方，据记者了解，对于供应链上几个关键指数，库存周转率和客户反应速度，IBMPC 一直为业界所诟病，所以郑博士认为，联想是否能把 IBM 这几个关键指标提上去是能否优化并购之后的供应链最重要的因素。

2005 年 6 月 8 日，明基（BenQ）与西门子进行了一次历史性握手，明基宣布收购西门子手机事业体，为接收西门子手机部门而成立的新公司总部已设于德国慕尼黑。然而，面对这一桩跨国并购，很多人不禁提出疑问，明基究竟如何重构其供应链、理顺双方上下游方方面面的关系。

8 月 11 日，在明基与上海海事大学共建供应链实验室的签约仪式上，明基逐鹿软件副总经理郑正中博士称，明基并购西门子的过程，始终都是围绕如何优化供应链的思路展开。

在郑正中看来，明基与西门子整合之后的供应链将聚集双方的优势，取长补短。

据称，西门子是全球范围内对手机研发投入最多、拥有最多专利数量的通讯公司之一，尤其在 2.5 代和 3 代技术上拥有 28 个核心专利，并且都是重要的标准部分，明基通过此次收购，将可获得西门子在 GSM、GPRS 以及 3G 等领域内所有领先的关键专利技术，迅速提升手机事业的核心技术竞争力。明基虽然近年在技术的研发方面也有不小投入和收获，但比起西门子远远不及，所以在最前端的研发方面，新的供应链条将以西门子的为主，明基为辅。

而谈到采购与生产制造方面的整合时，郑正中表示，明基本身是一个以生产制造起家的企业，因为曾经为摩托罗拉、诺基亚等多家大型企业做代工，明基不管是从库存管理、供应商的管理以及成本的控制方面都是非常有信心的。明基高效且低成本的供应链在业界也都是公认的，所以在生产制造这一环，新成立的明基西门子将会以明基供应链为主导，然后再将西门子的供应商相应整合。目前，西门子移动的生产基地分别设在巴西、德国、中国三个地方，采购也一直是分散到全球各地的，而明基的生产基地只有中国的苏州，按照明基的设想，新成立的明基西门子的70%～80%的生产都将会放到中国来。据了解，从西门子手机部门被明基并购的那一天开始，西门子方面的供应商就已开始作出调整，目前，已有一部分的供应商主动退出了为西门子代工的行列。

实际上，对于任何一起并购，品牌和行销机构的整合一直都是比较棘手的难题，而对于明基和西门子两家公司来说，西门子移动最强的是在美国、欧洲、中南美洲，在欧洲是第二品牌，在中南美洲是第一品牌，而明基最强的是在亚洲地区，这种优势的互补正好可以把两家公司全球的销售供应链进行整合。据郑正中介绍，从7月开始，明基已经开始把西门子的手机渠道和明基自有的渠道进行整合，在亚洲的一些国家，西门子的手机加入明基的销售渠道中，而在德国及中南美洲的一些国家，明基的手机销售则会以西门子的渠道为主。

第六节　反收购

一、敌意收购与反收购概述

（一）敌意收购的定义

敌意收购指收购人的收购行动虽遭到经营者的抵抗，但仍强行进行，或者未先与经营者商议而提出公开出价收购要约。在后一种情况下，目标公司经营者也有可能同意收购行动，并且劝说其股东接受收购要约。但一般来看，目标公司均会对敌意收购进行设置种种障碍。敌意收购的价格为此常超出市价很多，以吸引股东不顾经营者的反对而出售股票。

敌意收购需要短期内的一次性巨额支付给目标公司股东，故常利用杠杆收购。但若资金筹集有困难，也可采用争夺代表权的方式。

一般而言，假如目标公司是经营权与所有权相分离的一家公司，收购者所提出的收购条件若不为经营者同意，收购者仍硬向股东提出收购要约即为敌意收购。但有时，经营权与所有权合一，董事会不同意，即代表股东会也不同意，此时最多只能买到少数股权，无法达到接受的程度，不过敌对的意思仍然存在。

20世纪80年代中期，敌意收购行动主要来自一些意欲重组目标公司的投资人，而不是企图通过经营上的合并以获得协同效应的公司，这些投资人被称做“公司入侵者”。80年代后期，企图获得协同效应的公司从事敌意收购的数量开始上升。

（二）敌意收购的特点

1. 敌意收购一般要先以现金迅速收购足以取得控制权的比例的股票。友好交易中，通常通过协商安排双方的股票互换来达到此目的，尤其是当目标公司的股东可获得税收节约的好处时。但是换股或者收购人发行证券用以购买目标公司的股票，都要求制作募资说明书，而且可能被迫拖延发行，这对于敌意收购者来说是相当不利的。一般在出价过程中（现金出价），会有很大一部分目标公司的股票为风险套利商所搜集。如何利用风险套利商手中所囤积的股票，是决定敌意收购者出价成功与否的关键。

2. 现金出价给收购人造成的负担很大，尤其是规模较大的交易。一个解决办法就是双层出价（另一个办法是通过高收益债券融资）。现金出价针对可使其达到控制权比例部分的股票，利用非现金出价来收购剩余部分的股票。在第二阶段，收购人由于已获得对目标公司的有效控制，所以无须担心竞争性出价或者管理者抵抗。

3. 目标公司可能有部分股东拒绝出售其手中的股票，无论收购者的出价有多高。收购人则可以通过合并形式取得这一部分股票。这一方法允许收购人通过收购公司与目标公司合并的方式来达到挤出少数权益的目的。少数权益股东不能阻止合并，因而不得不接受支付。通常这是敌意收购的最后一个阶段，称做“挤出”合并阶段。

（三）敌意收购与反收购的动因

敌意收购一旦发生，被并购公司及其控制性股东就面临反收购问题。归纳起来，反收购的原因主要有以下几种：

1. 控股股东不愿意失去控股地位。

2. 公司现股东低估了公司的实际价值，买方的收购条件不适合“等价交换”法则，不利于公司股东。

3. 通过反收购以便提高收购价格，为公司现股东争取更优惠的股权转让条件。

4. 认为收购袭击者是在做 Green mail（绿色勒索），无收购诚意。

5. 认为收购无助于公司状况的改善或不利于公司的长远发展。

6. 管理层为保住其个人职权地位、薪酬待遇，或为了面子尊严而反收购。

7. 员工及工会为保护员工利益而反收购（如员工及工会担心收购会导致裁员而使部分员工失业，或担心收购会导致公司前景暗淡而使员工前途渺茫等）。

（四）鲇鱼与敌意收购的积极意义

鲇鱼和敌意收购有什么联系呢？其实很简单，只要我们把上市公司想象成鱼箱中的鱼，股票市场一旦有了“敌意收购”这条“鲇鱼”，当前证券市场中存在的不少问题也就迎刃而解了，这也就是人们平时讲的“鲇鱼效应”。

从理论上说，只要是公众公司就有可能发生敌意并购。中国目前的公众公司有点例外，主要是因为中国的上市公司非流通股比例太大，公众化程度不够。但从长远来看，这仅仅是个暂时现象。在上市公司股份全部皆可在市场上流通的发达市场经济国家，制约收购者和驱动收购者的主要因素都是成本—收益法则。主要是由于这一法则的制约，在证券市场发展的历史上，敌意并购形成为一种此起彼伏的风潮的时期并不多。在这方面美国是最具代表性的，其敌意并购风潮开始于 20 世纪 70 年代后期，与杠杆收购一起盛行于 80 年代，80 年代末 90 年代初开始渐趋平息。此后，杠杆收购和敌意并购渐趋少见，但直至今天敌意并购还是时有发生。中国证券市场上发生的第一单公司收购案就是一宗敌意收购（1993 年的“宝延事件”），随着中国证券市场的发展，敌意并购案例还将不断地发生。

中国证券市场固然不主张破坏性的敌意收购，但同样需要敌意收购，是因为敌意收购是证券市场机制的重要组成部分。当然，与善意收购相比，敌意收购通常无法从目标公司获取其内部的实际运营、财务状况等重要资料，给公司估价带来困难，同时还会招致目标公司的抵抗甚至设置各种障碍。所以，敌意收购的风险较大。而且敌意收购容易给股市带来异常波动，甚至影响企业发展的正常秩序，因此也要审慎为之。但是，正如鲇鱼不会把所有的鱼都吃光一样，敌意收购是可以合理地存在。我们需要做的是从法律法规方面加强管理，做到扬长避短，从而使中国的股票市场的机制更加完善，能更加合理地配置资源，更有效率。

实际上，世界各国都不同程度地允许和支持敌意收购。各国法律规定的一个重要原则就是充分保护股东尤其是中小股东的利益，禁止公司管理层出于自利动机而进行反收购。以中国的香港法例为例，香港《公司收购及合并守则》第 4 条名称即叫做“禁止阻挠行动”，它规定：受要约公司的董事会一经收到真正的收购要约，或者受要约公司的董事会有理由相信可能即将收到真正的收购要约时，在得到受要约公司股东大会予以批准之前，受要约公司的董事会在公司事务上，不得采取任何行动，其效果足以阻挠该项要约或剥夺受要约公司股东决定该项要约利弊的机会。特别是董事会如果未取得该项批准，不得：①发行任何股份。②就任何未发行股份发出或授予期权。③增设或发行、或准许增设或发行任何证券，而该等证券是附有转换为该公司股份或认购该公司股份的权利。④出售、处置或取得，或同意出售、处置或取得重大价值的资产。⑤在日常业务过程以外订立合约，包括服务合约。⑥促使该公司或其任何附属公司或联属公司购买或购回该公司的任何股份或为该等购买提供财政协助。凡该公司在之前已有合约义务，规定采取任何该等行动或凡出现其他特别情况，必须尽早在可能的情况下咨询执行人员。在适当的情况下，执行人员可能豁免须取得股东批准的一般性规定。

二、反收购：策略与技巧[①]

(一) 建立"合理的"持股结构

收购公司的关键是收购到"足量"的股权。一个上市公司，为了避免被收购，应该重视建立这样的股权结构，在该种股权结构中，公司股权难以"足量"地转让到收购者的手上。很显然，这里的"合理持股结构"的"合理"，是以反收购效果为参照标准的。

1. 自我控股，即公司的发起组建人或其后继大股东为了避免公司被他人收购，取得对公司的控股地位。

2. 交叉持股或曰相互持股，即关联公司或关系友好公司之间相互持有对方股权，在其中一方受到收购威胁时，另一方伸以援手。比如，A 公司购买 B 公司 10%的股份，B 公司又购买 A 公司 10%的股份，它们之间达成默契，彼此忠诚相互保护，在 A 公司沦为收购靶子时，B 公司则锁住 A 公司的股权，加大收购者吸纳"足量"筹码的难度，同时 B 公司在表态和有关投票表决时支持 A 公司的反收购。反之，B 公司受到收购威胁时，A 公司也这样。在日本，公司之间的相互持股现象相当普遍。这种公司往往还在公司资本经营中一致行动。比如，1994 年出面大宗收购中国上市公司——北旅公司股权的日本五十铃和伊藤忠就是两家相互持股的公司。

3. 让信得过的朋友持有一定数量的股权。将英文直译就是：把股份放在朋友的手上。这种做法对于公司反收购的积极效果与上述交叉持股类似，即一方面将公司部分股份锁定在朋友股东手上，增大收购者吸筹难度和成本；另一方面在有关表态和投票表决中朋友股东可支持公司的反收购行动。

4. 员工持股计划（即 ESOP）。一般地说，员工对公司有一种归属感，员工与公司有着紧密的利益关系，推行员工持股计划，将使员工与公司的利益关系更为密切，感情纽带更为牢固，员工对公司的归属感会更强。鉴于人类心理因素上天然的"自我本位"和排外倾向，公司员工往往视公司为"我们的"集体，从而排斥外侵、反对收购。但是，中国的工会地位低，无足够的社会影响力。因此，员工持股计划难能充分起到反收购的作用。

(二) 发行特种股票

1. 一票多权。其中又分两种情形：①有的公司发行一种有两个以上投票权的股票，并规定当股票转让时，每年（或一定时间）只能转让一个投票权。如 A 公司发行一种"一票四权"的股票，另一公司购得其股票，到第四年才能完全享有"一票四权"，才能在股东会上占表决权多数，即要收购成功，需要等四年。这种方法与一票一权、股权平等的股份制内涵相悖，故即使在美国也应用不多。②是向朋友定向发行优惠股票，该种

① 《反收购策略》，http：//club. amteam. org/upload-files/84/840616 _ 97726. DOC。

股票往往由公司决定享有2票、3票甚至更多的投票权。在公司遇到收购时，朋友的这些投票权可用以支持公司对抗收购者。

2. 一票少权。即发行一种股票，该种股票的一票没有完整的一个投票权，而只有部分投票权，或曰收购者需要收购多个股票才能合成一个投票权。比如，当年王安为保持王安家族对王安公司的控制，就曾发行乙类普通股，该种股票股利比一般普通股高，但只有1/10的表决权。购买该种股票的股东，可以享有较高股利，但却拥有较少的表决权，这实质上是以放弃部分表决权来换取较高的股利。王安则以支付较高的股利来换取较多的表决权，从而保持王安公司的家族控制。通用公司换股收购电子资料系统公司(EDS)，也曾发行E种普通股，该种股票仅拥有部分表决权，以避免EDS成为其他公司的收购对象。

3. 用于分开所有权和控制权的A股和B股。A股一般没有投票权，只有收益权和公司清盘时的最后索要权。B股股东拥有投票权，选举公司董事会，实际控制着公司。福特家族就是通过持有这类特种股票一直保有对福特汽车公司的控制权。今天美国有许多媒体公司也通过这类特种股票将控制权保留在其创始家族的手中。

中国《公司法》第130条规定："股份的发行实行公开、公平、公正的原则，必须同股同权、同股同利。同次发行的股票，每股的发行条件和价格应当相同。任何单位或者个人所认购的股份，每股应当支付相同的价额。"这表明，在中国发行如上所述的特种股票或定向发行优惠股是不合法的。

（三）公司章程中设置反收购条款

公司章程是公司的根本大法，它经股东大会通过后生效，效力上相当于股东达成的一个契约，对公司及股东有约束力。公司章程的规定，公司及股东应当遵守。中国《公司法》第11条就规定："公司章程对公司、股东、董事、监事、经理具有约束力。"出于反收购的目的，公司可以在章程中设置一些条款作为并购的障碍。这些条款被称做拒鲨条款或箭猪条款，又有称做反接收条款的。具体说来，这些条款有以下几种：

1. 分期分级董事会制度，又称董事会轮选制。即公司章程规定董事的更换每年只能改选1/4或1/3等。这样，收购者即使收购到了"足量"的股权，也无法对董事会做出实质性改组，即无法很快地入主董事会控制公司。

2. 绝对多数条款，即由公司规定涉及重大事项（如公司合并、分立、任命董事长等）的决议须经过绝大多数表决权同意通过。绝对多数条款常伴随着"占据条款"(Lock-in Provisions)，即更改公司章程中的反收购条款，也须经过绝大多数股东或董事同意。

3. 限制大股东表决权条款。为了更好保护中小股东，也为了限制收购者拥有过多权力，可以在公司章程中规定限制大股东表决权的条款。股东的最高决策权实际上就体现为投票权，其中至关重要的是投票选举董事会的表决权。

4. 订立公正价格条款，要求出价收购人对所有股东支付相同的价格。溢价收购主要是企图吸引那些急于更换管理层的股东，而公正价格条款无疑阻碍了这种企图的实现。有些买方使用“二阶段出价”（Two-tier Offer），即以现金先购股51%，另外再用债券交换剩下的49%股票。目标公司股东因怕收到债券而会争先将股票低价卖出。1982年3月美国钢铁公司就以此招来收购马拉松石油公司股票。为避免买方使出此招分化目标公司股东，目标公司在章程中可加上公正价格条款，使股东在售股时享受“同股同酬”的好处。中国《证券法》第85条和88条规定：“收购要约中提出的各项收购条件，适用于被收购公司所有的股东”；“采取要约收购方式的，收购人在收购要约期限内，不得采取要约规定以外的形式和超出要约的条件买卖被收购公司的股票。”这些是中国法律关于收购价格的主要规定。它表明“二步报价”在中国是不合法的。中国法律的这些规定旨在让目标公司的所有股东受到公平对待。

5. 限制董事资格条款，增加买方困扰。即在公司章程中规定公司董事的任职条件，非具备某些特定条件者不得担任公司董事；具备某些特定情节者也不得进入公司董事会。这样，将给收购方增加选送合适人选出任公司董事的难度。

（四）作为反收购策略的公司重组

公司重组，作为一种反收购策略，可分为两类，即正向重组和负向重组。两类重组，都有助消弭潜在的收购威胁，亦可反击正在发生的收购袭击。

正向重组。“金无足赤，人无完人。”公司也一样，难有完美。任何公司，其现状都存在着有待调整和改进的地方，即“没有最好，只有更好”。优秀的经营者，总是不断地对其公司的资产、业务和管理进行调整和重组，以使公司的素质和业绩变得更好。这种使公司变得更好的调整和重组，即是我们所说的“公司正向重组”或曰公司优化整组。

负向重组。负向重组是正向重组的对称，指对公司的资产、业务和财务，进行调整和再组合，以使公司原有“价值”和吸引力已不复存在，这种重组，往往使公司的素质和前景变得更差。对公司的长远发展起着负面作用，因而称之为负向重组。在西方国家，著名的焦土术和毒丸术，即是公司负向重组作为一种反收购策略的典型代表。

（五）负向重组：十三项反收购战术

1. 焦土术，它的常用做法主要有两种：

（1）售卖“冠珠”。冠珠，系“皇冠上的珠宝”的简称，英文为（Crown Jewels）。在西方的并购行为里，人们习惯性地把一个公司里富于吸引力和具有收购价值的“部分”，称为冠珠（Crown Jewels）。它可能是某个子公司、分公司或某个部门，可能是某项资产，可能是一种营业许可或业务，可能是一种技术秘密（Know－how）、专利权或关键人才，更可能是这些项目的组合。

冠珠（Crown Jewels），是一个公司里闪光的部分，它富于吸引力，诱发收购行动，是收购者收购该公司的真正用意所在，将冠珠售卖或抵押出去，可以消除收购的诱因，粉碎收购者的初衷。于此时，虎视眈眈伺机而动者将悻然离去，荷枪实弹发动攻击者亦会鸣金收兵，这就是从售卖冠珠到收取反收购效果的逻辑进程。

(2) 虚胖战术。一个公司，如果财务状况好，资产质量高，业务结构又合理，那么就具有相当的吸引力，往往诱发收购行动。在这种情况下，一旦遭到收购袭击，它往往采用虚胖战术，以为反收购的策略。其做法有多种，或者是购置大量资产，该种资产多半与经营无关或盈利能力差，令公司包袱沉重，资产质量下降；或者是大量增加公司负债，恶化财务状况，加大经营风险；或者是故作一些长时间才能见效的投资，使公司在短时间内资产收益率大减。所有这些，使公司从精干变得臃肿，收购之后，买方将不堪其负累。这如同苗条迷人的姑娘，陡然虚胖起来，原有的魅力消失殆尽，追求者只好望而却步。

2. 毒丸计划 (poison pills) 是指敌意收购的目标公司通过发行证券以降低公司在收购方眼中的价值的措施，它在对付敌意收购时往往很有效。毒丸计划是美国著名的并购律师马丁·利普顿 (Martin Lipton) 1982 年发明的，最初的形式很简单，就是目标公司向普通股股东发行优先股，一旦公司被收购，股东持有的优先股就可以转换为一定数额的收购方股票。

毒丸术，主要表现在以下两方面：一方面，权证持有人，以优惠条件，购买目标公司股票或合并后的新公司股票，以及债权人依毒药条款，将债券换成股票，从而稀释收购者的持股比例，加大收购资金量和收购成本；另一方面，权证持有人，以升水价格向公司售卖手中持股，换取现金，以及债权人依毒药条款，立即要求兑付债券，可耗竭公司现金，恶化公司财务结构，造成财务困难，令收购者，在接收后立即面临巨额现金支出，直至拖累收购者自身，虑及此，收购者往往望而生畏。基于这两方面的逻辑，收购者收购目标公司后，类似于吞下“毒丸”，自食其果，不得好报。

焦土术和毒丸术的运用，也会自伤元气，恶化现状，毁坏前景，最终损害股东利益。因而往往会遭到股东们的反对，引起法律争讼。在中国，公司负向重组，因其不利企业发展和有损股东权益，故不宜提倡。

3. 降落伞战术。公司收购往往导致目标公司的管理人员被解职，普通员工也可能被解雇。为了解除管理人员及员工的这种后顾之忧，美国有许多公司采用金降落伞、灰色降落伞和锡降落伞的做法。

金降落伞，是指目标公司董事会通过决议，由公司董事及高层管理者与目标公司签订合同规定：当目标公司被并购接管、其董事及高层管理者被解职的时候，可一次性领到巨额的退休金（解职费）、股票选择权收入或额外津贴。该项“金降”收益视获得者的地位、资历和以往业绩的差异而有高低，如对于公司 CEO（首席执行官）这一补偿可达千万美元以上。该等收益就像一把降落伞让高层管理者从高高的职位上安全下来，故名降落伞计划；又因其收益丰厚如金，故名金降落伞。

灰色降落伞，主要是向下面几级的管理人员提供较为逊色的同类保证根据工龄长短领取数周至数月的工资。“灰降”曾经一度在石油行业十分流行，皮根斯在收购接管美罕石油公司后不得不支付了高达2000万～3000万美元的灰降费用。

锡降落伞，是指目标公司的员工若在公司被收购后两年内被解雇的话，则可领取员工遣散费。显然，灰色降落伞和锡降落伞的得名，其理与金降落伞的得名出于同辙。

从反收购效果的角度来说，金降落伞、灰色降落伞和锡降落伞策略，能够加大收购成本或增加目标公司现金支出从而阻碍并购。金降法可有助于防止管理者从自己的后顾之忧出发阻碍有利于公司和股东的合理并购。故金降引起许多争论和疑问。

4. 绿票讹诈，是指目标公司溢价收购公司股票以防敌意收购。公司股价偏低，是诱发收购袭击的最重要因素。在公司股价低于公司资产价值或公司潜在收益价值的时候，尤其如此。很显然，提高股价一方面是可以消除或曰弱化收购诱因，稳定原有股东持股的信心；另一方面则可加大收购成本，迫使收购者从成本—收益法则考虑放弃收购企图。

5. 中止协议，是指目标公司与潜在收购者达成协议，收购者在一段时间内不再增持目标公司的股票，如需出售这些股票目标公司有优先购买的选择。

6. 白衣骑士，是指在敌意收购发生时，目标公司的友好人士或公司作为第三方出面来解救目标公司、驱逐敌意收购者。寻找白衣骑士，是指目标公司在遭到敌意收购袭击的时候，主动寻找第三方即白衣骑士来与袭击者争购，造成第三方与袭击者竞价收购目标公司股份的局面。显然，白衣骑士的出价应该高于袭击者的初始出价。在这种情况下，袭击者要么提高收购价格，要么放弃收购。往往会出现白马骑士与袭击者轮番竞价的情况，造成收购价格上涨，直至逼迫袭击者放弃收购。如果袭击者志在必得，也将付出高昂代价甚至使得该宗收购变得不经济。

7. 白衣护卫是一种与白衣骑士很类似的反收购措施。这里，不是将公司的控股权出售给友好的公司，而是将公司的很大比例的股票转让给友好公司。

8. 资本结构变化主要是指通过调整目标公司的资本结构以增强公司抗收购的能力。资本结构变动的主要形式有四种，即资本结构调整、增加债务、增发股票和回购股票。

9. 帕克曼防御术。这一反收购术的名称取自于20世纪80年代初期美国颇为流行的一种电子游戏。在该游戏中，电子动物相互疯狂吞噬，其间每一个没有吃掉其敌手的一方反会遭到自我毁灭。作为反收购策略，帕克曼防御是指：公司在遭到收购袭击的时候，不是被动地防守，而是以攻为守、以进为退，它或者反过来对收购者提出收购。或者以出让本公司的部分利益，包括出让部分股权为条件，策动与公司关系密切的友邦公司出面收购收购方股份，以达围魏救赵的效果。

10. 法律诉讼。通过发现收购方在收购过程中存在的法律缺陷，提出司法诉讼，是反收购战的常用方式。这种诉诸法律的反收购措施其实在中国证券市场上并不陌生，方正科技的前身延中实业于 1994 年就曾采用过类似策略。虽然延中的反收购策略最终没有成功，但其做法无疑是正确的，只是由于当时的政策环境尚不成熟而未能取得应有的效果。现在，随着两个办法及相关法律法规出台，违法收购将会得到有效制止，合法的反收购行动将会得到保护。

11. 相互持股。中国目前的法律并没有禁止上市公司间相互持股，因此上市公司可以通过与比较信任的公司达成协议，相互持有对方股份，并确保在出现敌意收购时，不将手中的股权转让，以达到防御敌意收购的目的。

12. 制度安排。分期分级董事会制度。实行分期分级董事会制度，有利于维护公司董事会的稳定，从而起到抵御敌意收购的作用；董事任职资格审查制度。前已述及，中国现有的法律法规在一定程度上鼓励董事会的稳定。因此，通过授权董事会对董事任职资格进行审查，可以作为反收购策略被采用。

超多数条款。现行的《公司法》和《上市公司章程指引》鼓励超多数条款。如《公司法》第 106 条规定："股东大会对公司合并、分立或解散公司作出决议，必须经出席会议的股东所持表决权的 2/3 以上通过"，第 107 条规定："修改章程必须经出席股东大会的股东所持表决权的 2/3 以上通过"。

13. 相互持股。中国目前的法律并没有禁止上市公司间相互持股，因此上市公司可以通过与比较信任的公司达成协议，相互持有对方股份，并确保在出现敌意收购时，不将手中的股权转让，以达到防御敌意收购的目的。

案例分析

以并购催动国企成长

2004 年 6 月 30 日，攀钢集团四川长城特殊钢有限责任公司（下称"攀长钢"）在成都宣告成立。这意味历经一年较量，"攀钢"终于得以介入"长城特钢"，顺手拿下后者拥有的一家上市公司川投长钢（000569）。

"长城特钢"是中国西部最大特殊钢铁科研、生产基地，并曾是中国冶金企业最大亏损户。"攀钢"则是中国西部最大的钢铁生产基地，2003 年资产规模达 343 亿元，利润 7 亿元。作为收购对象，净资产 24.98 亿元的"长城特钢"的净资产作价大幅度缩至 11 亿元，它的各金融机构所持股权对应的净资产由原来的 18.96 亿元，大幅降低到 9.49 亿元，缩水接近 50%。收购者"攀钢"以不足 8 亿元，拿下"长城特钢"48.94%股权，同时获得一家上市公司的控制权。

回放历史，作为四川工业企业扭亏脱困的"最大难题"，"长城特钢"曾有过两次重组，但很不理想。2002年它还实施了债转股，减轻约19亿元的负债，却未能扭亏。

按计划，双方原定2003年6月10日签订意向性协议，依协议，“长城特钢”净资产大幅度减少13.98亿元。这遭到华融资产管理公司等一些其他股东强烈不满。3天后，“攀钢”为保并购成功，以欠款未还为由起诉“长城特钢”。四川省高院冻结了后者所持“川投长钢”4.03亿股国有法人股（占总股本57.95%）中的3.92亿股，作为诉前财产保全。5个月后，在省府协调下，重组出现转机，“长城特钢”股东与“攀钢”签下合同，同意将除所有权、处置权和收益权以外的经营管理权，临时委托“攀钢”行使。此后，在6月30日的重组中，原有资产评估结果获维持。“攀钢”收购“长城特钢”的交易结构——“攀长钢”注册资本总额为16.2亿元。华融、长城、信达三大资产管理公司所拥有的股权大幅缩水，三家合计最终在“攀长钢”持股量降至51.06%。

原股东川投集团所持6.02亿元股权，行政划拨给“攀钢”。东方资产管理公司所持2.44亿元股权，经历两次腰斩，以0.61亿元出让，“攀钢”就此以2.73亿元持股16.84%，加上子公司“攀钢有限”以债权转股权形成的股权5.2亿元占股32.10%，“攀钢”在“攀长钢”中合计占股48.94%，成为第一大股东。按协议，“攀钢”承诺重组两年后扭亏。而事实上，2004年3月，公司已然基本实现不亏。

根据补充协议，在重组后的两年内，“攀钢”将以“攀长钢”成立时的每股净资产价格（1元/股计），收、回购其他金融股东所持26136万元股权，使“攀钢”持股比例超过51%。

一、“攀钢”的四次并购

《哈佛商业评论》统计，超过70%的并购是无效和失败的。而“攀钢”四次并购皆大获成功。“攀钢”地处川、滇交界处的攀西区域，矿产资源、水源和能源丰富，但是交通不便、市场闭塞等等原因，严重制约它的融资和市场开拓。自从控股子公司“新钢钒”（000629）1996年在深市挂牌起，“攀钢”就酝酿走出攀西。与首钢、宝钢产业扩张之路不同，“攀钢”选择了并购。

第一次发生在成都。当时省内，“攀钢”能看中的，只有成都无缝钢管厂（下称“成都无缝”）和成都钢铁厂两家。“成都无缝”设计年产量60万吨，年销售额20亿元上下，近几年经营每况愈下。其控股子公司“工益股份”（600804）也是难以摆脱的包袱，当时已沦为“关停并转”，前途一片灰暗。“攀钢”启动收购“成都无缝”是在1997年，直到1999年10月，方才完成对“成都无缝”及其旗下10余家直属单位的承债式兼并。此后，“攀钢”对“成都无缝”注入资金进行彻底改造，当年盈利100万元，2001年利润已达5531万元。而对“工益股份”，“攀钢”则选择放弃。2002年5月，“攀钢”将“工益股份”25%股权委托给深圳市多媒体技术有限公司管理。

此后，“工益股份”以其8800万元钢铁资产，与潜在大股东“深圳多媒体”持有的“鹏博士”教育软件资产8770万元置换。依惯例，在这类资产置换中，最终接收置换出上市公司资产的肯定是原大股东。因此，如果不计出卖股权所得，“攀钢”只相当于斥资8800万元，收购了“工益股份”的钢铁资产——而这正是图谋产业扩张者恰好需要的。更重要的是，“成都无缝”厂房占地2000余亩，现已飙升至每亩200万元，“攀钢”因此坐拥40亿元的固定资产。在经过5年的收购之后，“攀钢”不仅获利，还避免被“工益股份”拖累，为此后轻装疾行开创条件。主营钢坯的成都钢铁厂彼时境况，比“成都无缝”更差。但有了一次成功的“起死回生”收购之后，“攀钢”这次兼并异常顺利——“从正式提出到确定挂牌，只用了两个月”。

从“工益股份”全身而退后，“攀钢”盯上渝钛白（000515）。这起历时两年的收购，是“攀钢”展示其谨慎并购技法最为充分的一役。“渝钛白”由原重庆钛白粉厂改制而来，因债务负担沉重，于1999年被长城资产管理公司以“债转股”方式接管，然而不懂经营的后者注定只是过客。2002年10月，“长城公司”将所持“渝钛白”25％股权转让给“攀钢”，自己还持有32.36％，依旧是大股东。战略投资者“攀钢”则做成二股东，但事实上，“渝钛白”的经营管理是由“攀钢”所控。“攀钢”果然不同凡响，在它的主持下，“渝钛白”2003年净利润2277.6万元，每股净资产达1.66元，创下近三年最高。因此，2004年1月“攀钢”再向“长城公司”收购4.8％股份，以29.8％股比取得“渝钛白”控制权，“长城公司”以27.56％退居第二。

在此次完成对“长城特钢”的并购之后，“攀钢”间接控制了“川投长钢”，加上还持有嫡系“新钢钒”66.75％的股权，以及“渝钛白”29.8％的股权，“攀钢”成功控制三家上市公司，并完成了在钢钒、钛白粉、特殊钢的产业链布局。

二、攀钢并购成功的原因分析

大型国企尝试通过并购做大屡见不鲜，但成功者寥寥。其实，因为是中央部委和地方政府之间资产的划拨调整，并不是市场意义上的并购，容易受行政力量干涉。无偿划转容易导致收购企业被短期利益遮住眼睛，非但无助于做强原有主业，反而会背上沉重的包袱。因此，“攀钢”无一失手的历史值得关注。

钢铁业的特点是：矿产和能源的控制方，拥有这个产业的绝对话语权。另外，由于运输费用贵，各产业环节之间的地域越近，成本优势就越大。属地化并购整合是钢铁业上上选。因此，在选择并购目标时，“攀钢”立足资源和能力基础，将目标锁定在自身优势所及的作战半径内，迥异于众多企业以上市替代为目的的财务性并购和热衷“造系”者的圈地运动。在时机的选择上，“攀钢”攻击那些经过债务重组后的目标；在方式上，从债转股后的资产管理公司手中接盘，分阶段受让控股权。这种做法有四点好处：

1. 债务重组过程挤掉了并购目标的许多水分，经营信息和财务信息暴露得比较充分，至少有前期大量的审计报告可供己方尽职调查做参考。

2. 债务重组本身就为目标公司争取了大量优惠政策，如可以享受一段时间的停息挂账、富余职工安置费用及财政返还等。

3. 分阶段受让股权，可减轻收购、整合资金上的压力。

4. 银行资产管理公司通过债转股获得企业控制权是一种被动行为，因此变现的动机非常强烈，这就大大降低了“攀钢”的收购成本和谈判难度，收购“长城特钢”时，出让方股权缩水14个亿就是最好的例证。

（资料来源：冀书鹏：《攀钢：以并购催动国企成长》，《财经时报》2004年8月8日）

思考题

1. 什么是并购？它有哪些特征？
2. 并购如何进行分类？
3. 怎样理解并购的动机理论？
4. 并购的效应理论包括哪些内容？
5. 中国企业并购有哪些特殊动机？
6. 收购主要有哪些运作形式？
7. 并购交易采取哪些支付方式？
8. 怎样选择并购的目标企业？
9. 并购交易基本价格的确定有哪些方法？
10. 双方直接洽谈完成的并购怎样进行操作？
11. 通过股票交易市场完成的并购怎样进行操作？
12. 并购后的整合包括哪些内容？

第四章　管理层收购与战略联盟

学习目的与要求：管理层收购是我国资本经营中争议最多的一种形式。通过本章学习，重点掌握管理层收购的模式、要求、运作过程，了解管理层收购的税收和法律，以及战略联盟的动机、类型、选择、战略分析及运作过程。要求对杠杆收购管理有一个清晰的认识，并掌握它的运作流程和方法。

管理层收购目前作为中国改变国有控股上市公司的产权结构、实现资产从竞争领域退出的重要方式，已经成为证券市场上的一道靓丽风景。然而，从“管理层收购”的本源看，其实它主要适用于未上市企业的再创业活动与创业投资。

第一节　管理层收购

一、管理层收购 MBO 的定义与起源

（一）管理层收购 MBO 的定义与特点

管理层收购 MBO（Management Buy-outs），是指目标公司的经理层或管理层利用杠杆融资或股权交易收购本公司股份的行为，通过收购，企业的经营者变成了企业的所有者，公司所有权结构、公司控制权和资产结构都发生了改变，进而达到重组目标公司目的的一种收购行为。MBO 一般具有以下几个特点：

1. 管理层收购的主要是发起人目标公司的经理层，他们往往对目标公司非常了解，并有很强的经营管理能力。通常设立一家新的公司，并以新公司的名义来收购目标公司。通过 MBO，他们的身份由单一的经营者转变成为所有者与经营者合一的双重身份。

2. 管理层收购主要是通过借贷融资来完成的，MBO 的财务结构由优先债、次级债与股权三者构成。这样目标公司的管理者要有较强的组织运作资本的能力，融资方案必须满足贷款者的要求，也必须为权益利害人带来预期的价值，同时这种借贷具有一定的融资风险性。

3. 管理层收购的目标公司是具有巨大资产潜力或存在“潜在的管理效率空间”的

企业，通过投资者对目标公司股权、控制权、资产结构以及业务的重组，来达到节约代理成本、降低道德风险、获得巨大的现金流入并给投资者超过正常收益回报的目标。

4. 管理层收购后，目标公司一般会从一个上市公司变为一个非上市公司。这类公司在经营了一段时间以后，又会寻求通过 SIPO 的途径再次成为一家公众持股公司并且上市套现。

5. 当目标公司成为非上市公司时，MBO 的发动者往往会对公司进行重组整合，待取得一定的经营绩效后，再寻求上市，使 MBO 的利害关系人获得超常的回报。

（二）管理层收购的起源

管理层收购发源于英国。1980 年，英国经济学家迈克·莱特（Mike Wright）在研究公司的分立和剥离时发现了一种奇特的现象：在被分立或剥离的企业中，有相当一部分被出售给了原先管理该企业的管理（或经理）层。在当时的研究中，人们笼统地把它称之为“Buy-outs”。后来，英国对此类收购进行融资的主要机构工商金融公司（Industrial and Commercial Finance Corporation）给这种现象起名为经理人融资收购（Management Buy-outs），简称为 MBO，该名称一直沿用至今。另外，MBO 的一种重要的变体是职工经理人融资收购（MEBO），即原有企业的职工和管理人员共同出资买下公司，从而改变公司的所有权结构。此后，在美国和欧洲大陆，这种新的收购方式也得到了很大的发展。

（三）管理层收购产生的历史背景

管理层收购的出现并非偶然，在很大程度上，它可以说是 20 世纪 70 年代公司分拆的结果。公司分拆是指大公司将部分非主导业务剥离出去，以便集中精力经营主导业务。在战后至 20 世纪 70 年代以前，公司发展的总趋势是：不断地寻求兼并机会，迅速扩大公司规模，很少出现通过公司分拆从而将公司变小的现象。

物极必反，20 世纪 70 年代后，这种倾向开始逆转，很多过去因追求多样化而形成的大公司遇到了发展的障碍而不得不将公司拆小，即卖掉一些业绩不佳的辅助业务或子公司等。战略调整和资产重组的过程中，公司总部更愿意将子公司卖给原来经营公司的管理层，即所有权变更而管理层不变，这就是管理层收购（MBO）。或者职工和管理层共同出资购买企业所有权，这就是职工经理人融资收购（MEBO）。

总之，20 世纪 70 年代和 80 年代出现了将公司变小的政治、经济、舆论和法制环境。这种环境的存在，极大地鼓励了 MBO 所需要的风险资金的形成和壮大，使得 MBO 迅速成为一种全球性的并购现象，在并购领域和公司重组领域中占有不可忽视的地位。美国的统计数据表明，运用管理层收购进行资产剥离的案例占资产剥离总案例的比例在 70 年代末期仅为 5 %，而在 90 年代中期该百分比数已经增长到了 15 %左右。

（四）管理层收购的意义与作用

管理层收购之所以能在 20 世纪 80 年代迅速获得发展，主要是因为这种方式无论对企业管理层，还是对目标企业股东均有一定的积极意义。

1. 管理者拥有企业的股权，企业业绩与管理者报酬直接挂钩，促使他们致力于引进创新，挖掘企业潜力，增加研究与开发等具有长期效益的投入。

2. 通过管理层收购形成的股权结构比较集中和稳定，特别是机构股东的介入，使监督更加积极有效。他们拥有经验丰富的从业人员，常与管理者联合组成董事会，要求企业提供详细信息，监督企业投资、财务及其他政策，确保企业与机构自身目标收益率的实现。

3. 管理层收购常伴有高负债杠杆作用，这可以进一步约束管理者的经营行为。企业管理者通过中介融资提供的财务杠杆，可以突破自有资金的数量限制，操作较大的企业，解决融资不足的问题，同时，高负债、高利息对管理者又形成巨大的压力，迫使企业管理者充分发挥自己的聪明才智，努力开发新产品，提高产品质量，降低产品成本，以最低的消耗取得更好的经济效益，以降低利息费用和极高的负债水平。

总之，管理层收购可以较好地实现企业所有权与经营权的统一，建立有效的激励与约束机制。管理层收购可以实现企业管理阶层的个人梦想，在更大范围内形成并购企业、经营企业的动力机制。管理者能否取得金融等中介机构的支持，取决于个人的经营业绩和声誉；面临高额高息负债能否收购成功，取决于管理者的经营管理能力；面临着外部收购者的角逐，管理层收购为管理者们提供了“优胜劣汰”的激烈的竞争机制，也为企业家提供了一个施展经营才华与发挥经营能力的竞技舞台。

当然，管理层收购一家公司，并非一定要长久经营下去，很有可能经过一段时间的运作，还清了债务，提高了企业价值，再把企业出售给感兴趣的买主，或者将公司再次变成公共公司。有些分析家从这个角度把管理层收购比作用于将来出售“储备性公司”的操作。

当然，尽管从理论上来说，由股东推选董事会，再由董事会任命企业的经营管理者，从委托代理关系中形成一套科学的权力制衡机制，但是实际上企业的大权基本掌握在企业总裁手里，股东多半流于形式，由此出现了内部人控制问题。如果管理者与股东目标一致，可以说是同心同德，但实际上很难一致。股东目标是企业利润最大化，管理者是保持对企业的控制，增加个人收入或好大喜功，不惜牺牲股东利益。当然，股市的波动对上市公司的管理者有一种外部的约束机制，但这种行为不一定符合企业的长期利益。因此，由代理问题引发的股东对管理者的激励和约束机制一直都未能得到很好的解决。从母子公司的关系上说也是如此。母公司拥有众多分支机构，这些部门的管理者追求自身利益的行为可能与股东和总部管理者利益发生冲突或矛盾。总部如要直接监督，则需耗费大量财力、人力。即监督成本很高也未必有效。特别是当母公司涉足与本身业务不相关的行业时，更是如此。管理层收购的出现可以在一定程度上完善制度上的缺陷。

二、管理层收购的途径与要求

（一）管理层收购的主要途径

通过对大量的管理层收购进行研究和统计后发现，MBO主要通过以下几种渠道实现：

1. 母公司的分拆。美国和英国的许多大公司出售了它们业务的某些部分。尽管在多数案例中，这些业务是出售给其他公司的，但是仍有很大一部分是出售给正在被出售的子公司或分公司的管理者。这些母公司可能是公众持股的上市公司，也可能是非上市公司。

2. 国有企业的部分或全部私有化。国家将企业卖给职工或管理层比在股票市场上市更可取。因为这会减少很多麻烦。在俄罗斯和东欧国家，来源于这种形式的MBO占了较大的比例。

3. 独立企业的破产接管。一般地说，当一个企业破产时，便交由专门负责管理破产事物的机构，由负责破产的官员将企业财产或分割出售或整个卖掉。这时候，原有企业的管理层可以提出购买申请，如果其出价不低于其他竞争者，负责破产的官员可能很乐意采取MBO形式，因为它能解决原有企业职工的就业问题。

4. 集团公司的破产接管。该集团公司是一个母公司，下面有一些子公司。母公司虽然破产了，但是某些子公司可能仍然有活力。这些子公司的管理层可能愿意购买他们管理的业务。余下的子公司可以通过财产拍卖方式进行清偿。

5. 家族或私人公司的企业主的退休或死亡，而继承人又无兴趣继续经营。如果企业主退休，为了避免因继承财产而纳税，往往采取将公司卖掉变现。如果管理层愿意购买，原有企业主还可能愿意协助融资。

（二）管理层收购的客体要求

随着一系列关于管理层激励政策的颁布和包括信托法律体系在内的金融工具的建立和完善，使得管理层收购在普遍意义上具备了较强的操作性，在此前提下，研究哪些企业适合进行管理层收购就具有了现实意义。管理层收购作为企业制度变革的一种工具，在实施过程中还存在一定的企业内部和外部两方面的风险。

管理层收购中收购客体是否符合一定的条件是收购行为能否成功的重要影响因素。考虑国内企业内外部环境的特殊性，对管理层收购客体进行分析时，除了对一系列管理层收购客体的财务数据定量分析外，还应重点分析管理层收购客体以下几个方面的要求：

1. 具备较好的发展前景与内在价值。企业价值是分析管理层收购客体的最重要因素，也是进行管理层收购的前提。管理层收购客体所处行业最好是倾向于成熟产业，且企业债务负担不是很重。由于管理层收购中的资金清偿不论是股权分红，还是股权增值，最终都依赖企业的发展，所以管理层收购客体一定要有价值。企业价值一般通过三个方面来衡量：行业发展状况、企业发展空间、资产盈利能力。

2. 管理层有一个团结的团队。管理层收购客体中，管理层素质必须很高，有事业心，管理层必须是一个团结的团队，要有一个精干的管理团队，领导者之间目标一致，有很好的合作心态。管理团队在企业管理岗位上工作年限一般较长，经验丰富。

3. 能取得大股东和政府的支持。管理层收购的股份来源一般是大股东让与，所以欲进行管理层收购的管理层要和企业大股东保持良好关系，取得大股东的理解和支持。为了说服大股东支持管理层收购，管理层可以把管理层收购和企业健全激励机制和约束机制等联系起来，并通过企业未来的快速发展的增量来保证大股东的利益。对于国有大股东，管理层更是要强调管理层持股后对于完善企业现代治理结构和国家股战略退出和减持的战略意义。另外，管理层欲进行管理层收购时，一定要和当地政府主管部门做好沟通工作。政府的态度对于管理层顺利完成收购至关重要，尤其在收购主体运营、所得税减让、工商登记变更、融资等方面都会产生重要影响。对于国有股东股权转让能否取得当地政府主管部门的支持，更是管理层能否进行管理层收购的先决条件。

4. 股东结构相对分散。对于管理层收购客体，大股东股权比例要尽量低一些，股权相对比较分散，这样可使收购的费用不是特别高，有利于管理层控股，也有利于管理层收购的实现。如果大股东持股比例非常高，则管理层也需受让较高份额的股权，这样不仅增加了管理层的融资压力与清偿压力，也提高了收购的操作难度。相反，如果目标公司股权相对比较分散，则管理层只要收购较低比例股权即可完成对公司的收购，整个项目的操作会比较容易。

5. 有较好的财务状况和充盈的现金流。管理层收购客体企业应该具有比较强的且稳定的现金流产生能力，同时企业债务比较低。管理层收购资金清偿最终大部分来源于管理层收购客体，如公司分红、奖励基金、关联交易等，所以管理层收购客体是否拥有良好的财务状况和充盈的现金流是管理层考察管理层收购客体时非常重要的财务指标。如果管理层收购客体具有比较大的成本下降、提高经营利润的潜力空间和能力也比较大，那么对管理层收购实施成功就更有帮助。

另外，对管理层收购客体进行分析时还要考虑企业发展背景因素，这与企业内部和外部相关人员的心理能否平衡有关。

（三）管理层收购的主体要求

管理层收购，进行收购的主体自然是管理者。但对于什么样的管理者才有资格进行管理层收购，这在法律上是有规定的。管理层收购中收购主体是否符合法律要求是收购行为有效性的关键，任何管理者在进行管理层收购之前都必须首先考虑自身是否符合管理层收购主体的资格要求。在中国，管理层收购中的收购者必须是原企业的从业人员，主要为原企业的高级管理人员。同时，收购的管理者不是中国法律、法规禁止进行商业营利活动的自然人。

对于管理层收购主体资格要求具体有以下几点：

1. 原企业的高级管理人员。在管理层收购中，鉴于目前小型国有企业和集体企业经营上的困难，一些地方政府和行业管理部门有一些优惠性的措施。同时，管理层收购会涉及企业的核心商业秘密。如果不是原企业管理人员则不能享受优惠政策和获取相应秘密。

2. 法律、行政法规禁止从事商业营利人员作为收购的主体。按《国家工商局企业法人的法定代表人审批条件和登记管理暂行规定》，国家公务员、军人、审判机关、检察机关在职干部等特殊人员禁止从事商业营利活动。如果这些特殊身份人员在特殊身份没有辞去之前，利用管理层收购的方式收购了企业，则这种收购是无效的。

3. 法律规定的其他不能参加收购的人员。根据《公司法》和《国家工商局企业法人的法定代表人审批条件和登记管理暂行规定》：对于在原企业被吊销营业执照的法定代表人，自吊销执照之日起三年内，因管理不善，企业被依法撤销或宣告破产的企业负有主要责任的法定代表人在三年内，刑满释放人员、劳教人员在期满和解除劳教三年内，被司法机关立案调查的人员，都不能作为管理层收购的主体。

三、管理层收购的运作过程

从国际上通用的 MBO 来看，它的操作过程可以分为四个阶段：第一阶段是筹集用于收购目标公司的大量现金。第二阶段是实施收购计划，具体可分为购买股票和收购资产两种情况。第三阶段是通过公司管理层从纯粹的经营者转变成为既是经营者又是所有者的混合身份，充分调动经理人的主观能动性，通过整合业务，提升公司经营和管理的有效性和影响力。第四阶段是使该公司成为公众公司。

通常来说，实施管理层收购大体可以分为八个工作步骤：

（一）目标确定阶段

并不是所有的企业都适合做管理层收购，因此，实施管理层收购的第一阶段是确定适合管理层收购的收购目标。本阶段工作内容主要是对管理层收购的可行性评估。可行性评估既可以是出让方，也可以是受让方。从理论上来讲，适合管理层收购的企业具备以下几个特点：有良好的经营团队、产品具有稳定需求、现金流比较稳定、有较大的管理效率提升空间、拥有高价值资产、拥有高贷款能力等。如果目标确定不合理，会给以后的收购带来很多麻烦，甚至导致收购的搁浅。

（二）意向沟通阶段

在确定管理层收购目标之后，出让方或者有意向受让的要向对方发出要约。卖者愿意卖和买者愿意买是意向沟通阶段要达成的核心目的。出让方与受让方双方达成初步意向，以及出让方征询地方主管部门的初步意见。当上述内容均得到肯定答复时，管理层才会正式启动管理层收购的运作。

（三）实施准备阶段

本阶段工作重点在于组建收购主体，安排中介机构（包括财务顾问、律师、会计师、资产评估等）入场，并寻找战略投资者共同完成对目标公司的收购（如需要）。管理层在这一阶段需要决策收购的基本方式，是自行完成，还是采用信托方式，抑或寻求风险基金及战略同盟的参与。

（四）方案策划阶段

由于各个企业的情况千差万别，各地对国有或集体资产的管理归属等问题又有种种不同的规定，同时有效运用当地政策法规可极大地促进管理层收购的运作成功。因此成功的管理层收购首先取决于良好的方案，主要包括：组建收购主体、协调参与各方的工作进度、选择战略投资者、收购融资安排等。由参与管理层收购的出让方和受让方以及其他中介机构共同探讨具体的实施方案，尤其要考虑一些重要的细节问题。方案策划阶段着重要考虑以下四个方面的问题：

1. 国有和集体资产的处置问题。在中国的管理层收购操作中，经常涉及国有和集体资产的处置问题。这一方面是一个比较敏感的问题，同时在当前还有很多的法律法规限制，从中国目前管理层收购实践来看，这一问题处理的好坏是整个过程成功的关键。

2. 融资渠道选择问题。方案策划阶段还必须探讨具体的融资渠道选择问题，因为管理层收购项目一般都涉及巨额的收购资金，寻找合适的融资渠道，有效利用资本市场，以最低的成本得到所需资金，关系到管理层收购项目能否最终实现。在国外，由于可利用的金融工具较多，管理层收购方可从银行获得大量贷款，甚至可以发行垃圾债券来筹措巨额资金。但在中国可以利用的融资工具十分有限，因此国内已经发生的管理层收购案例中，管理层对收购资金的来源都非常隐讳。

总体而言，银行对管理层收购融资是持积极态度的。只要操作方案设计科学，企业有良好的效益预期，融资问题其实不难解决。常用的融资渠道有：银行借款、民间借贷、延期支付及管理层收购基金担保融资等。这个问题的处理会直接影响买者是否有能力买。由于长期受计划经济的影响，高级经理层（特别是国有或集体企业的高级经理层）处于相对较低的收入层次，所以收购主体的支付能力都远低于收购标的的一般价值，因此资金必须通过融资来解决。

3. 收购价格的确定问题。合理、科学的收购价格是双方达成共识的基础，也是管理层收购实现多赢的前提。中国近期的管理层收购操作收购定价绝大部分围绕企业资产净值波动。对于收购有较大管理与财务效率空间的企业来说（凡管理层提出收购的，恐怕大部分都符合这一标准），这一定价不能算是高溢价收购。从已有案例看，大部分的收购价格都低于该公司的每股净资产。

进行管理层收购的上市公司若在定价上没有一个比较合理的原则，在操作上难免有将资产低价转让的嫌疑。可以看出，已经进行的管理层收购出现有利于收购方的倾向，这很容易侵害到国家股东和中小股东的权益。理论上讲，价格确定的方法主要有：现金流量折现法（DCF 模型）、经济附加值指标法（EVA 法）、收益现值法。

4. 股东持股比例的合理性问题。回购有利于企业管理层收购的操作。例如，对国有（法人）股进行定向回购，将直接导致公司资产净值的减少，并进而降低管理层的收购资金压力与融资成本。

（五）管理层收购实施阶段

本阶段是实施管理层收购的关键，涉及收购方案的制定、价格谈判、融资安排，审计、资产评估，并准备相关的申报材料。这一阶段是管理层收购实施方案确认后的实际收购操作阶段，主要工作环节为：评估、定价、谈判、签约、履行。实施的焦点主要是收购价格的确定及其他附加条款的确定。操作阶段涉及许多管理层收购的实施技巧，纯熟的资本运作将减少从方案到现实的成本。实施阶段的关键是定价与融资，而各个环节的连接与配合也直接关系到收购能否顺利和成功。实施阶段的成果是买卖双方签订《股权转让协议》。一般而言，同时还会签署《委托管理协议》，在股权转让事项的审批期间，被转让股份委托收购方代行股东权利。

（六）信息披露阶段

在买卖双方签订《股权转让协议》和《委托管理协议》后，如果是上市公司还需要进行公告，披露股权转让的相关信息，同时向当地证管办和证监会报备相关材料。若非上市公司，则没有此步骤。

（七）政府审批阶段

涉及国有股的转让，其协议生效还需两级政府审批——省财政厅和国家财政部。涉及国有股的转让的管理层收购项目只有在政府审批通过之后才可能生效并得以实现。

（八）管理层收购后的整合阶段

管理层收购后的管理整合阶段，又称后管理层收购阶段，此阶段为管理层收购的后续整合阶段，最重要的工作是企业重新设计和改造，包括管理层收购后经营层对企业所做的所有改革，包括业务整合、资本经营、管理制度改革等。管理层收购在整合阶段是企业实施管理层收购后能否持续发展并不断壮大的关键，同时也是最终完成管理层收购各项初衷的关键。通过这一收购阶段，解决管理层收购过程中形成的债务，同时也实现管理层收购操作的各种终极目标。至此，管理层收购才画上了完整的句号。

四、杠杆效应与垃圾债券

管理层收购实质上是由目标公司管理层发起的通过运用财务杠杆手段对并购对象完成的收购活动，因此管理层收购是杠杆收购的一种形式。这里主要就管理层收购的杠杆效应及垃圾债券进行介绍。

（一）杠杆收购的应用程序

杠杆收购形成于 20 世纪 60 年代的美国，在 80 年代第四次购并浪潮中发展到极盛。杠杆收购其实就是通常意义所说的“借鸡下蛋”。杠杆收购程序如下：

1. 在收购总资金中，主并公司投入的自有资金一般占 10%～15%，依靠银行贷款筹措 50%～60%。

2. 在购并过程中，往往先由投资银行贷给主并公司一笔过渡性贷款，占收购资金的 20%～40%，主并公司再以目标公司资产作抵押发行债券以偿付过渡性贷款。

3. 主并公司筹集到购并资金后，出价购进目标公司发行在外的可流通股份，通过私有化使其“下市”。

4. 通过对目标公司进行重组，包括削减开支、降低成本、裁员、关闭盈利不佳的附属业务等，要么将其重新上市，转手套现；要么将目标企业分拆出售。

杠杆收购的出现是与现代金融创新密不可分的。

20 世纪 80 年代，美国证券市场出现一种高风险的收益债券曾经风靡一时，称为垃圾债券。所谓垃圾债券是指某些公司由于在证券市场信用等级较低，一般难以在市场公开发行，只有以高利率为吸引力，通过发行高利率、高风险的债券筹集资金。垃圾债券是低于投资等级或未被评级的债券。在标准普尔的评级体系中，垃圾债券定义为BBB—以下级别的债券；在穆迪的评级体系中是 Baa3 以下。垃圾债券被认为是导致过度收购活动和不合理的杠杆比率的原因之一。

（二）垃圾债券的特点

垃圾债券有以下明显特点：

1. 高风险。传统贷款要求以有形现实资产作担保，而垃圾债券则以尚未真正收购控制的其他企业资产作抵押，即以未来作抵押物，风险较大。

2. 高利率。只有实行高利率，才能吸引众多投资者购买这种高风险债券，与杠杆收购有关的垃圾债券是 1977 年由美国的一些投资银行创立的。垃圾债券的出现为“小鱼吃大鱼”实施杠杆收购提供了条件。其中，最著名的例子是 1988 年底，亨利·克莱斯收购雷诺烟草公司，收购价高达 250 亿美元，但克莱斯本身动用的资金仅 1500 万美元，其余 99.94%的资金都是靠米尔肯发行垃圾债券筹得的。

（三）杠杆收购的风险

高收益往往与高风险并存，杠杆收购在为企业带来巨大收益的同时，也带来了巨大的风险和压力：

1. 杠杆收购会使企业原本健康的财务状况由于负债比率过高而陷于恶化。由于资本结构中债务资本占了绝大部分，主并企业不但面临沉重的偿债压力，而且也给企业带来了巨大的利息负担和其他苛刻条件，一旦目标企业经营不善，主并企业极有可能由于巨大的债务压力而陷入财务危机。有资料表明，1980～1987 年，美国 58 起杠杆收购案例中，购并前企业债务与股本之比平均为46%，购并后这一比率上升到55%。1977年，美国企业利息支出占总的现金流出量的15%，到了1988年这一比例上升到20%。沉重的债务负担迫使企业不得不通过出售资产以减轻债务压力，有的企业因此而元气大伤，甚至破产倒闭；有的企业则削减、挪用研究开发费用和其他正常的固定资产支出，从而严重影响了企业长期竞争能力。

2. 杠杆收购造成社会失业人口增多。主并公司实施杠杆收购之后，一般是出于投机的考虑，并不以长期经营为目标，往往通过适当包装后出售一些部门、附属机构以取得投机收益或改善财务状况。1980～1986年，美国实行杠杆收购较多的食品、纺织、仪表等行业的失业率在当时各行业中名列前茅。美国胜家公司1988年被香港一公司杠杆收购后，有十几个部门被卖掉，人员由2万人减到3000人。

3. 杠杆收购主要是依靠银行等金融机构提供高风险的贷款和发行“垃圾债券”来实施的，一旦出现大的经济衰退或购并行为失败，身负重债的企业和为购并提供巨额资金的机构将面临严重的后果，极易引发金融市场的混乱。1989年10月13日，美国华尔街股市狂跌190点，主要原因是联合航空公司管理层欲通过发行垃圾债券收购自己的公司失败，引得投资者对证券市场失去信心所致。

正是由于杠杆收购的巨大风险性，在第五次购并浪潮中，银行在考虑为杠杆收购提供贷款时更加谨慎，导致其比例下降。

五、管理层收购在中国

20世纪90年代初期，MBO市场在国外极盛而衰。但作为中国国企产权多元化改革的一种探索方式，MBO自90年代末在国内出现以来，就以其致富的速度之快、点石成金的魔力之大而受到广泛的关注和异议。

（一）管理层收购在中国的环境

中国是一个从计划经济向市场经济转型的国家。依据中国的国情，管理层收购的客观环境仍然处于发育过程中。

1. 法律方面的限制。中国《公司法》规定，股份有限公司、国有独资公司和两个以上国有投资主体设立的有限责任公司，为筹集生产经营性资金，可以发行公司债券。其他任何企业、个人均不得发行债券。从发行条件来看，股份公司净资产不得低于人民币3000万元，有限责任公司净资产不得低于6000万元，累计债券发行总额不得超过公司净资产的40%，债券利率不得超过国家规定的利率水平等。这些条件难以使企业通过发行高风险、高利率的风险债券筹集资金进行购并。同时，按照《商业银行法》、《保险法》规定，商业银行和保险公司不得投资股票，信贷资金不得进入股市等，这些法律严格限制了以投资套现为特征的“小鱼吃大鱼”式的杠杆收购在我国的出现。

2. 资本市场不发达。西方国家健全的资本市场为杠杆收购提供了有效的融资渠道和金融工具，为股票、债券以及产权的流动和转让提供了极大的便利，并大大降低了企业购并的成本。尽管近年来中国资本市场有了进一步的发展，但从整体而言，中国目前证券业发育还未成熟，股票、债券市场规模较小，融资工具、品种较少，融资渠道不畅，造成资本稀缺。因此，在一个不发达的资本市场上筹集杠杆收购所需的巨额资金是没有保证的。

3. 投资银行发展滞后。杠杆收购是一种复杂且难度较大的交易活动，投资银行在其中扮演了重要的角色，从购并目标的选择、购并交易筹划、交易谈判、筹集购并资金到购并企业重组、重新上市，都离不开投资银行的参与和支持。目前，中国投资银行业务主要由证券公司、财务咨询公司等担任，与西方真正意义上的投资银行相比，规模较小，从业经验欠缺，专业人才缺乏，行为不规范，难以发挥投资银行应有的功能。因此，要在中国实施杠杆收购，必须首先培育真正适合市场需要的投资银行。

4. 其他条件制约。杠杆收购应有一定的市场环境为前提，如通货膨胀率较高、市场存在大量的闲置资金等。通货膨胀使企业资产的名义价值超过其实际价值，以这些资产作抵押向银行贷款可以利用通货膨胀的社会财富再分配效应将部分债务负担转嫁到银行。而目前中国处于通货紧缩阶段，资本短缺。此外，中国国有企业本身资产负债率较高，管理水平较低，在如此高的负债率和运行机制条件下实行杠杆收购，只能进一步加重企业的财务负担，危及企业和债权人的利益，不但不能把目标企业重组救活，反而有可能拖垮主并企业自身。

（二）中国管理层收购中存在的主要问题

国外的管理层收购在激励内部人积极性、降低代理成本、改善企业经营状况等方面起到了积极的作用，因而获得了广泛的应用。国外上市公司一般在分拆业务、剥离资产、反收购、母公司需要筹集现金避免财务危机等情况下实施管理层收购，其完全是一种市场行为。而中国目前推行管理层收购的目的大多为了明晰产权或是激励高管人员等，行政性安排在管理层收购中起到了决定性的作用，因而与国外管理层收购的产生背景与出发点是不同的，并存在一些比较严重的问题。

1. 管理层收购价格的公正性问题。从现有的管理层收购案例来看，大部分的收购价格低于公司股票的每股净资产。例如，粤美的 MBO 中第一次股权转让价格为 2.95 元，第二次股权转让价格为 3 元，均低于公司 2000 年每股净资产 4.07 元；深圳方大的 MBO 中第一次股权转让价格为 3.28 元，第二次股权转让价格为 3.08 元，均低于公司 2000 年每股净资产 3.45 元。当然，上述公司原有大股东持有的股权均为法人股，其转让价格低于每股净资产是考虑了内部职工对公司的历史贡献等因素而做出的决定，也不违反现有任何规定。但转让价格过低同时提出一个问题，即由于国有股与发起人法人股是不可流通股份，不能与二级市场价格同比衡量，因此如何公平地确定 MBO 中股权的转让价格，成为了防止避免集体与国有资产流失的关键。

2. 管理层利用信息不对称逼迫大股东转让股权的问题。由于国有产权与集体产权严重虚置，我国目前国有企业高管人员与国有股、集体产权的名义代表之间存在严重的信息不对称。有些高管人员通过调剂或是隐藏利润的办法扩大企业的账面亏损，然后利用账面亏损逼迫地方政府低价转让股权至高管人员持股的公司（有的可能表面上与高管人员没有任何关联），如果地方政府不同意，则继续操纵利润扩大账面亏损直至上市公司被 ST、PT 后再以更低的价格收购。一旦 MBO 完成，高管人员再通过调账等方式使隐藏的利润合法地出现，从而实现年底大量现金分红以缓解管理层融资收购带来的巨大的财务压力。这种方式将严重损害国家与集体的利益。

3. 管理层收购完成后上市公司的独立性问题。由于 MBO 完成后，上市公司的内部人与第一大股东的利益彻底一体化了，如果监管力度欠缺，“内部人控制”的问题很有可能显现出来，大股东通过各种方式滥用股权侵吞中小股东的利益将更为便捷，而且所获的利益更为直接，产生的道德风险可能会更大。同时，由于管理层收购时设立的职工持股公司一般进行了大量的融资，负债率非常高，上市公司新的母公司的财务压力是很大的，不排除高管人员利用关联交易等办法转移上市公司的利益至职工持股的母公司，以缓解其财务压力。因此，管理层收购完成后，如果监管没有跟上，上市公司有可能出现以高管人员为基础的一股独大、转移公司利益的可能性。从另一个角度来看，由于职工发起的持股会或投资公司的法人代表一般为上市公司现有的高管人员，MBO 完成后上市公司与新的大股东如何在高管人员上保持独立就成为了新的问题。例如，宇通客车 MBO 完成后，该公司的间接大股东上海宇通创业投资有限公司是由 23 名自然人发起的，其中 21 人是宇通客车的职工，法人代表是汤玉祥，而汤玉祥同时是宇通客车的现任总经理。

4. 管理层收购中的信息披露问题。目前已经发生了 MBO 的企业有的公司没有披露交易价格等重要信息，也有的公司以变相的方式完成了管理层收购后没有将事件的实质披露给投资者。

总之，MBO 在特定的历史空间和时间中对于解决目标企业财务危机、厘清产权结构起到了举足轻重的作用。然而，结合中国的现实环境和法律法规，过早大规模地推行管理层收购存在很多的障碍。因此，中国的 MBO 在国有股减持和国家退出竞争性行业的背景下，可能会成为一个阶段性的热点，而不适宜作为企业产权结构改革的一般通用模式。

（三）企业国有产权向管理层转让暂行规定

国家财政部于 2005 年 4 月 20 日下发了关于《企业国有产权向管理层转让暂行规定》。这是目前国内专门针对管理层收购的文件，内容如下：

一、为进一步推进国有企业改革，规范企业国有产权转让，保障国有产权有序流转，根据《国务院办公厅转发国务院国有资产监督管理委员会关于规范国有企业改制工作意见的通知》(国办发〔2003〕96号)及《企业国有产权转让管理暂行办法》(国资委、财政部令第3号，以下简称《暂行办法》)，制定本规定。

二、本规定所称“管理层”是指转让标的企业及标的企业国有产权直接或间接持有单位负责人以及领导班子其他成员。“企业国有产权向管理层转让”是指向管理层转让，或者向管理层直接或间接出资设立企业转让的行为。

三、国有资产监督管理机构已经建立或政府已经明确国有资产保值增值行为主体和责任主体的地区或部门，可以探索中小型国有及国有控股企业国有产权向管理层转让(法律、法规和部门规章另有规定的除外)。

大型国有及国有控股企业及所属从事该大型企业主营业务的重要全资或控股企业的国有产权和上市公司的国有股权不向管理层转让。

四、国有及国有控股企业的划型标准按照原国家经贸委、原国家计委、财政部、国家统计局《关于印发中小企业标准暂行规定的通知》(国经贸中小企〔2003〕143号)、国家统计局《统计上大中小型企业划分办法(暂行)》(国统字〔2003〕17号)规定的分类标准执行。今后国家相关标准如有调整，按照新标准执行。

五、企业国有产权向管理层转让，应当严格执行《暂行办法》的有关规定，并应当符合以下要求：

(一)国有产权持有单位应当严格按照国家规定委托中介机构对转让标的企业进行审计，其中标的企业或者标的企业国有产权持有单位的法定代表人参与受让企业国有产权的，应当对其进行经济责任审计。

(二)国有产权转让方案的制订以及与此相关的清产核资、财务审计、资产评估、底价确定、中介机构委托等重大事项应当由有管理职权的国有产权持有单位依照国家有关规定统一组织进行，管理层不得参与。

(三)管理层应当与其他拟受让方平等竞买。企业国有产权向管理层转让必须进入经国有资产监督管理机构选定的产权交易机构公开进行，并在公开国有产权转让信息时对以下事项详尽披露：目前管理层持有标的企业的产权情况、拟参与受让国有产权的管理层名单、拟受让比例、受让国有产权的目的及相关后续计划、是否改变标的企业的主营业务、是否对标的企业进行重大重组等。产权转让公告中的受让条件不得含有为管理层设定的排他性条款，以及其他有利于管理层的安排。

(四)企业国有产权持有单位不得将职工安置费等有关费用从净资产中抵扣(国家另有规定除外)；不得以各种名义压低国有产权转让价格。

(五)管理层受让企业国有产权时，应当提供其受让资金来源的相关证明，不得向包括标的企业在内的国有及国有控股企业融资，不得以这些企业的国有产权或资产为管理层融资提供保证、抵押、质押、贴现等。

六、管理层存在下列情形的，不得受让标的企业的国有产权：

（一）经审计认定对企业经营业绩下降负有直接责任的；

（二）故意转移、隐匿资产，或者在转让过程中通过关联交易影响标的企业净资产的；

（三）向中介机构提供虚假资料，导致审计、评估结果失真，或者与有关方面串通，压低资产评估结果以及国有产权转让价格的；

（四）违反有关规定，参与国有产权转让方案的制订以及与此相关的清产核资、财务审计、资产评估、底价确定、中介机构委托等重大事项的；

（五）无法提供受让资金来源相关证明的。

七、企业国有产权向管理层转让，有关工作程序、报送材料等按照《暂行办法》的规定执行。

八、企业国有产权向管理层转让后仍保留有国有产权的，参与受让企业国有产权的管理层不得作为改制后企业的国有股股东代表。相关国有产权持有单位应当按照国家有关规定，选派合格人员担任国有股股东代表，依法履行股东权利。

九、管理层不得采取信托或委托等方式间接受让企业国有产权。

十、企业国有产权向管理层转让后涉及该企业所持上市公司国有股性质变更的，按照国家有关规定办理。

十一、主辅分离、辅业改制、分流安置富余人员过程中，经国有资产监督管理机构及相关部门确定列入主辅分离、辅业改制范围的企业，需向管理层转让企业国有产权的，按照《关于国有大中型企业主辅分离—辅业改制—分流安置富余人员的实施办法》（国经贸企改〔2002〕859号）及有关配套文件规定办理。

十二、国有控股高新技术企业、转制科研机构符合《国务院办公厅关于转发财政部、科技部关于国有控股高新技术企业开展股权激励试点工作指导意见的通知》（国办发〔2002〕48号）以及《国务院办公厅转发国务院体改办关于深化转制科研机构产权制度改革若干意见的通知》（国办发〔2003〕9号）的规定实施股权激励试点工作，需向管理层转让企业国有产权的，应当报经省级以上财政主管部门或相关国有资产监督管理机构批准。

十三、各级国有资产监督管理机构和有关监管部门应切实加强对企业国有产权向管理层转让工作的监督管理，及时总结经验，不断完善相关规章制度和监管措施，切实维护出资人及职工的合法权益。

十四、各级国有资产监督管理机构所选定的产权交易机构应当按照本规定的要求，加强对企业国有产权转让中涉及管理层受让相关事项的审查，认真履行产权交易机构的职责和义务。

十五、相关机构和人员违反本规定进行国有产权向管理层转让的，国有资产监督管理机构、财政主管部门或政府授权部门应当要求转让方终止国有产权转让活动，必要时应当向人民法院提起诉讼，申请确认转让行为无效，并按照《企业国有资产监督管理暂行条例》（国务院令第378号）、《财政违法行为处罚处分条例》（国务院令第427号）及《暂行办法》的规定追究相关人员的责任；涉嫌犯罪的，依法移送司法机关处理。

十六、政企尚未分开的单位以及其他单位所持有的企业国有产权向管理层转让的，由政府财政主管部门或授权的国有资产监管机构批准，具体比照本规定执行。

（四）企业管理层通过增资扩股持股的有关规定

针对国有企业管理层收购导致大量国有资产流失和产生巨大的分配不公等问题，国务院及相关部委这几年不断出台相关文件，进行明确规定。最新信息是国务院于2005年12月19日转发的国资委出台的《关于进一步规范国有企业改制工作的实施意见》中的相关规定，内容如下：

…………

严格控制企业管理层通过增资扩股持股

（一）本意见所称"管理层"是指国有及国有控股企业的负责人以及领导班子的其他成员；本意见所称"管理层通过增资扩股持股"，不包括对管理层实施的奖励股权或股票期权。

（二）国有及国有控股大型企业实施改制，应严格控制管理层通过增资扩股以各种方式直接或间接持有本企业的股权。为探索实施激励与约束机制，经国有资产监督管理机构批准，凡通过公开招聘、企业内部竞争上岗等方式竞聘上岗或对企业发展作出重大贡献的管理层成员，可通过增资扩股持有本企业股权，但管理层的持股总量不得达到控股或相对控股数量。国有及国有控股企业的划型标准按照统计局《关于印发〈统计上大中小型企业划分办法（暂行）〉的通知》（国统字〔2003〕17号）和原国家经贸委、原国家计委、财政部、统计局《关于印发中小企业标准暂行规定的通知》（国经贸中小企〔2003〕143号）规定的分类标准执行。

（三）管理层成员拟通过增资扩股持有企业股权的，不得参与制订改制方案、确定国有产权折股价、选择中介机构，以及清产核资、财务审计、离任审计、资产评估中的重大事项。管理层持股必须提供资金来源合法的相关证明，必须执行《贷款通则》的有关规定，不得向包括本企业在内的国有及国有控股企业借款，不得以国有产权或资产作为标的物通过抵押、质押、贴现等方式筹集资金，也不得采取信托或委托等方式间接持有企业股权。

（四）存在下列情况之一的管理层成员，不得通过增资扩股持有改制企业的股权：

1. 经审计认定对改制企业经营业绩下降负有直接责任的；

2. 故意转移、隐匿资产，或者在改制过程中通过关联交易影响企业净资产的；

3. 向中介机构提供虚假资料，导致审计、评估结果失真，或者与有关方面串通，压低资产评估值以及国有产权折股价的；

4. 违反有关规定，参与制订改制方案、确定国有产权折股价、选择中介机构，以及清产核资、财务审计、离任审计、资产评估中重大事项的；

5. 无法提供持股资金来源合法相关证明的。

（五）涉及管理层通过增资扩股持股的改制方案，必须对管理层成员不再持有企业股权的有关事项作出具体规定。

（六）管理层通过增资扩股持有企业股权后涉及该企业所持上市公司国有股性质变更的，按国家有关规定办理。

…………

案例分析

海正药业管理层收购的七个疑问

2004年8月，海正药业（600267）一纸控股股东增资扩股的提示性公告，引起了市场的广泛关注。公告称，其控股股东浙江海正集团有限公司（下称海正集团）将引进杭州工商信托投资股份有限公司（下称工商信托）和浙江荣大集团控股有限公司（下称荣大集团）两家新股东，以增资扩股方式进行改制。由于工商信托的背后委托人是海正药业的管理层、骨干人员和员工，因此不得不令外界将海正集团的改制与MBO联系在一起。

从表面看，在海正集团增资扩股后，工商信托并未取得集团的控制性股权。因此，从严格意义上来说，海正集团的改制并不是MBO或“MEBO”（指管理层与员工共同作为收购主体）。然而，经过此次改制，海正药业的管理层事实上拥有了海正集团39.864％出资所对应的受益权与表决权，与集团第一大股东台州市椒江区财政局（下称椒江财政）所持有的40％股权相差无几，这也为其在将来海正集团进一步改制后，获得海正集团乃至海正药业的控制权作了铺垫。

一、借信托收购海正集团

海正集团原为椒江财政全资持有的国有独资有限责任公司，注册资本1亿元人民币，持有上市公司海正药业55.56％的国家股，为海正药业控股股东。海正集团经评估、剥离、提留、核销等程序后的国有净资产为1.2亿元人民币。

2004年7月19日，椒江财政与荣大集团、工商信托签订了《增资协议书》。协议规定，荣大集团、工商信托两方将以现金形式对海正集团进行增资扩股。其中，荣大集团对海正集团出资5034万元，出资所对应的价格为6041万元；工商信托对海正集团出资9966万元，出资所对应的价格为11959万元。增资后海正集团注册资本为25000万元，其中，椒江财政出资比例占40%，工商信托出资比例占39.864%，荣大集团占20.136%。

杭州工商信托作为受托人，受海正集团管理层、骨干人员及员工通过海正集团工会委员会（委托人）委托作为出资人参与此次改制。根据海正药业提示性公告显示，海正集团管理层、骨干人员及员工出资人数为1908人。集团及各子公司管理层、骨干人员以现金方式出资，按不同档次分成数类，最高出资2000万元，最低出资2万元。其中海正药业（含控股子公司）中层以上管理人员共170人出资，实际出资金额为6211万元。同时，以上人员成立出资成员代表大会，选举出资管理委员会，按照工商信托的授权，以工商信托的名义在海正集团行使股东权利。

奉行“受人之托、忠人之事”的信托机构恰好成为那些因各种原因不愿过度张扬的投资者控制上市公司的有效载体，此前一些信托机构收购上市公司股权都曾引起争议。知情人士透露，证监会曾一度拒绝受理以信托机构作为股权受让者的上市公司股权变动申请，尽管信托机构是否有权保持沉默存在的争议不断。海正药业大股东增资扩股公告详细披露信托计划引起很好的市场回应，而兰宝信息（000631）8月4日补充公告转让一子公司股权事项（涉及信托受让），更加说明在资本市场信息披露方面，证监会握有毋庸置疑的生杀大权。

二、七大问题值得关注

海正药业的管理层持股方案是以集团公司增资扩股及借助信托来实现的，其改制方案有其独到之处，无论在股权管理上，还是在股权交易上都是创新之举。但同时我们也应注意到方案存在诸多问题，其改制的最终结果还未成定数；而方案的创新也给监管带来了新的课题。

（一）本次信托持股是否有违集合资金信托不得超过200份的规定

《信托投资公司资金信托管理暂行办法》有关于集合资金信托不得超过200份的规定，而本次海正药业管理层、骨干人员及员工1908人以现金出资，通过海正集团工会委托信托公司作为名义持股人，参与集团改制。海正药业管理层及员工虽通过海正集团工会作为资金信托的委托人，但在法律关系上，一般民事委托关系的受托人只能以委托人的名义行事，其最终法律后果都由委托人承受。因此，虽然是海正集团工会作为委托人委托信托公司以现金对海正集团出资，但法律效果上，信托关系中的委托人仍为海正药业的1908名管理层及员工。如此，就有违集合资金信托不得超200份的规定。

（二）信托使上市公司的股权定性面临尴尬

市场上越来越多的信托投资机构直接或间接持有上市公司股权，正使上市公司的股权定性面临着尴尬。

本案中，假如工商信托（国有控股法人）进一步增资或受让他方出资，终使自己的出资超过海正集团的50%，届时，海正集团是否依然属于国有企业？其所持海正药业的股权性质是否依然为国有股？

按照“谁投资、谁所有、谁受益”的产权界定原则和信托内涵，如果仅从信托机构的国有企业性质出发，将其投资认定为国有法人股，似乎有违国有股的性质认定初衷，亦不符合信托的本意。

（三）股权性质变化所带来的改制方案需经哪些部门审批

本次海正药业关于控股股东增资扩股的提示性公告并没有说明此次改制需要得到哪些部门的批准，只说“海正集团增资扩股有关手续正在办理之中”。财政部《关于国有股持股单位产权变动涉及上市公司国有股性质变化有关问题的通知》（财企〔2002〕395号）规定，上市公司国有股持股单位因产权变动引起所持国有股性质发生变化的，国有股持股单位应按产权关系将产权变动方案逐级上报至财政部（现为国资委）核准。395号文只说国有股性质发生变化，对于“国家股”变更为“国有法人股”是否属于应报国资委审批事项范围之内却没有了直接依据。参照上市公司国有股的直接转让，是需要报国资委审批的，海正药业这次改制涉及国有股变性应履行何种审批手续，市场正拭目以待。

（四）以增资扩股方式对集团公司进行改制是否无须进行公开竞价交易

非上市公司在存量国有资产转让时根据《企业国有产权转让管理暂行办法》的规定要进入产权交易所进行公开竞价交易。而采用增资扩股方式对国有公司进行改制，既达到投资主体变更的要求，又避免了变更的不确定因素，保证了既定投资主体的利益。如此安排必然排斥了其他投资者的参与机会，是采用变相的方式规避有关国有股权转让必须进行公开竞价交易的规定。

（五）定价问题是否会成为此次海正集团改制的死穴

2004年3月9日，海正药业在一份重大关联交易公告中曾披露，截至2003年12月31日，海正集团总资产26.17亿元，净资产6.75亿元。令人费解的是，为了改制，6亿多元的国有资产经过“评估、剥离、提留、核销”，一下子缩水成了1.2亿元。为了出资比例上的安排，以及减轻其他出资方的出资压力，做小海正集团净资产是改制方案的无奈之举，但如此操作能否得到监管层的认可放行就值得商榷了。

（六）以“增资扩股”之名行“企业改制”之实是否涉嫌损害海正集团债权人的利益

按照《国办转发国资委关于规范国有企业改制工作意见的通知》（国办发〔2003〕96号）之规定，国有企业改制应“依法保护债权人利益。国有企业改制要征得债权金融机构同意，保全金融债权，依法落实金融债务，维护其他债权人的利益”。而比照公司分立和减少注册资本，公司应通知及公告债权人，债权人有权要求公司提前偿还债务或提供有效担保。

海正集团在增资前进行了“剥离、提留、核销”，使净资产（所有者权益）从6亿多元减少到1亿余元，尽管新增资了1.5亿元左右的注册资本，但海正集团的所有者权益较改制前还是减少了一半多。

所有者权益的降低，意味着债权人的债权担保被削弱，直接损害了债权人的利益。故海正集团以增资扩股之名行企业改制之实，涉嫌损害公司债权人的利益。按照最高人民法院《关于人民法院在审理企业破产和改制案件中切实防止债务人逃废债务的紧急通知》（法〔2001〕105号）之相关规定，债权人有权诉请法院认定海正集团改制行为无效。

（七）此次改制程序上应出具何种形式报告书

因改制涉及上市公司，根据上市公司信息披露规则，此次海正集团改制应出具何种形式报告书不得不成为海正集团及证监会考虑的问题之一。

涉及上市公司控股股东变化，需出具上市公司收购报告书，本次海正药业改制中控股股东仍为海正集团，实际控制人表面上未发生变化；股东持股数量发生变化，则需出具持股变动报告书，本次海正集团改制前后持股数量未变。

以上七个问题如何解决，对于越来越多的上市公司股东改制过程中暴露的方方面面的问题，监管层应尽快予以立法规范，以维护信息披露的规范化与严肃性。

（资料来源：陆建华：《海正药业MBO的七个追问》，《证券市场周刊》2004年8月20日）

第二节 战略联盟

一、战略联盟的定义与动因

（一）战略联盟的定义

战略联盟（Strategical-liance），是指两个或以上的经营单位以实现互惠互利的战略目标为目的，通过一定方式组成的优势互补、风险共担、要素双向或多向流动的松散型网络组织，战略联盟是自发的，联盟各方保持着经营的独立性，具有边界模糊、运作高效、机动灵活等特点。

战略联盟不同于少数寡头为操纵市场价格而缔结的卡特尔组织。卡特尔的着眼点往往是抑制竞争、维持企业现有的利益结构，它的出现会直接影响市场效率，损害消费者利益；而战略联盟则把目标聚焦于新产品、新市场和新行业，通过对各成员企业技术、管理、资金、信息、市场等资源的重新组合，形成新的、更强大的协同优势，共同做大市场“蛋糕”，为客户和股东创造最高的价值。

战略联盟也不同于企业间的购并行为。购并意味着投入大量资金，全盘接纳对方企业的各类资产，操作复杂，风险很大；而战略联盟并不强调伙伴之间的全面相容性，它所重视的是相互之间某些经营资源的共同运用，对相容性的要求是部分的、有选择的。战略联盟的优越性体现在：能为企业带来新的客户、市场和信息；有助于企业专注于自身的核心能力，做自己所最擅长的，把其他业务转交给合作伙伴去做；加速全球化的进程，使企业能更快地扩张等。

（二）战略联盟的动因

1. 增强企业实力。企业在激烈的竞争环境中，要想获得持久的竞争优势，在市场上利于不败之地，就必须善于利用各种竞争力量，以提高竞争能力。企业通过与和自己有共同利益的单位建立战略联盟，彼此之间可以通过加强合作而发挥整体优势，尤其是对竞争者的看法上，战略联盟理论与传统的管理理论有很大的不同，传统上，企业都是与竞争对手处于势不两立的位置，双方都想采取一切竞争手段将竞争对手挤出市场；而在战略联盟中，竞争对手之间可能通过彼此的合作，加强各自的实力，共同对付别的竞争者或潜在竞争者。

2. 扩大市场份额。有的企业之间通过建立战略联盟来扩大市场份额，双方可以利用彼此的网络进入新的市场，加强产品的销售，或者共同举行促销活动来扩大影响。

3. 迅速获取新的技术。目前，技术创新和推广的速度越来越快，一个企业如果不能紧跟技术前进的步伐，就很有可能被市场淘汰，即使很大的企业也存在这一方面的压力。而技术创新需要企业有很强的实力和充分的信息，否则很难跟上技术创新的步伐，这就要求具备各种专业特长企业之间的配合，而战略联盟正好可以满足这一要求。

4. 进入国外市场。竞争全球化是市场竞争的一个趋势，这已成为越来越多的企业的共识，企业要谋求全球化的发展，仅靠出口产品的方式占领国际市场存在着很大的局限。现在很多企业都试图在国外生产、国外销售，这一方式也存在着很大的问题，因为国外的经营环境与国内有很大的区别，且由于各国法规的限制，对企业的发展有极大的制约。通过与进入国建立战略联盟，用合资、合作、特许经营的方式可以有效地解决这一问题，这些优点是在国外直接投资建厂、购并当地企业所不具备的。

5. 降低风险。现在市场竞争千变万化、瞬息万变，因此企业经营存在着巨大的风险。而通过战略联盟的方式可以分担风险从而使企业经营风险大大降低。例如，在科技投入方面，由于研究开发费用很大，而成功率很低，即使开发成功，很可能迅速被更先进的技术所取代，因此研究开发存在很大的风险。而通过几个企业组建战略联盟共同开发，不仅可以提高成功的可能性，而且可以使费用得到分担，迅速回收，这就大大降低了风险。

（三）战略联盟的发展状况

20 世纪 80 年代以来，战略联盟的数量激增，逐步成为企业的快速成长方式。据统计，在世界150多家大型跨国公司中，以不同形式结成战略联盟的高达90%。战略联盟作为一种全新的现代组织形式，已被众多当代企业家视为企业发展全球战略最迅速、最经济的方法，已成为现代企业提高国际市场竞争力的有效形式，被称为“20世纪末最重要的组织创新”，企业竞争正进入战略联盟的新时代。

随着市场分工的不断细化，一个企业必须也只能关注于其中的一个或若干个细分市场，并在选定的细分市场做得最好。当一个企业拓展自己的竞争地位时，往往需要某些补充优势。联盟可以帮助企业达到这个目的。战略联盟可以不需要大量资金投入，既节省了时间，又可获取市场上最好或最适合自己的能力。企业联盟已经成为企业制定发展战略中必不可少的一部分。

微软公司的超常发展，很大程度上得益于微软与英特尔公司的战略联盟。著名的Wintel联盟把两家公司分别推上各自行业的领头地位。这个联盟的纽带是个人电脑的核心——芯片和操作系统。和微软与英特尔两家公司的联盟不同，“环宇里程优惠计划”是由荷兰皇家航空、Budget租车、香格里拉以及花旗银行等40多家公司组成，涉及航空（包括中国国际航空）、汽车出租、酒店和信用卡行业。该里程计划可以算做是最庞大的企业战略联盟之一。通过里程积累作为纽带，把旅行者与这些企业的服务联系了起来。

由于各种原因，在中国市场上至今没有出现有影响力的企业战略联盟。曾几时，某些行业也自发地成立了一些类似联盟的组织团体，如彩电峰会等等，但这些都不能称为真正意义上的企业战略联盟。真正的企业战略联盟必须包含以下几点：加盟企业地位平等；核心竞争能力互补；各企业保留自己的独立运作。企业联盟通常是跨行业的，并且，企业之间没有资本关联。中国企业不能形成战略联盟，固然与市场的总体成熟度有关系，但也有其他因素，比如文化因素：企业管理者“宁做鸡头，不做凤尾”的心态导致他们不能理性、客观地看待自己的企业在联盟中所处的地位与利益。同时，这也需要企业能够认清自身的优势核心能力。另外，联盟关系的管理也对参与各方的管理水平提出了新的要求。

企业联盟最终是以相互利益为目标的。当相互之间的利益发生冲突时，联盟也就面临瓦解。福特汽车公司与美国主要汽车轮胎厂商Firestone的联盟可谓源远流长，其中还包含有联姻成分。但在去年发生的福特汽车召回事件中，在涉及最终的责任方时，福特与Firestone相互指责、推诿责任，成为近年来美国企业联盟之间争执中影响面最广的一幕。但是，所发生的这一切并不能否定两家公司从过去的企业联盟中所获得的巨大利益。

二、战略联盟的运作

企业从开始计划建立战略联盟到最后战略联盟终止分为以下五个阶段：

（一）战略分析和决策

1. 合作出于对战略弹性的需要和有限控制。在企业的资产不具有高水平的特性或者企业面对一个高度不确定的外部环境，建立战略联盟能够提高企业战略上的灵活性。

2. 贡献特殊力量和寻求互补（或相似）性资源。联盟企业之间所拥有的资源具有互补或相似性能够给企业联盟创造协同效应，因此企业战略联盟的建立必须是资源的互补或相似性。

3. 知悉联盟建立所需的时间。企业战略联盟的构建从计划、谈判到最终建立，这需要花费一定的时间，所以企业对战略联盟实现所跨越的时间必须事先有所准备。

4. 联盟的目标基于企业的战略目标。建立企业联盟是实现企业目标的策略，所以企业战略联盟应有助于和推动企业原有目标的实现。

（二）寻找与选择合作伙伴

1. 建立于信任基础上。联盟关系建立在企业之间彼此信任的基础上，能够降低控制的成本，提高联盟的效益，因此信任机制有助于联盟的成功。

2. 合作伙伴在联盟的领域里是出色的。在建立战略联盟的领域里，具有优势地位的联盟伙伴能改善企业的资源禀赋状况，提高企业的竞争地位。

3. 互补贡献。这是假定联盟企业之间的目标是兼容的，因此联合企业的互补资源能够创造协同效应。

4. 一致的价值观与信念。选择联盟伙伴时必须考虑企业之间价值观与信念的相似性，这有助于企业之间的默契与共识，减少不必要的沟通成本。

（三）设计联盟关系

1. 明确界定权利与义务。在联盟关系设计阶段，明确界定联盟企业之间的权利与义务关系，能够减少日后由于行为不确定性而产生争端的成本。交易成本理论认为，企业战略联盟成功与否直接依赖于企业之间的权利与义务关系的明确界定。

2. 所有伙伴企业的均等贡献。战略上对联盟的依赖程度决定联盟的权力结构，而不均等的权力结构会导致不稳定性，因此，联盟企业之间的均等互惠与贡献是评价战略联盟成功与否的重要维度。

3. 对联合价值创造的强调。企业战略联盟不仅是为了交易成本的降低，而且是为了通过战略联盟的建立能够给企业带来更多的利益。实践表明，在成功的战略联盟中，伙伴企业更注重的是如何把“蛋糕”做大而不是如何在已有的“蛋糕”里多分一份。

4. 维持和保护核心竞争力。战略联盟被认为是企业学习新知识、新技能的捷径，但由于这种知识、技能被别人掌握会影响到原来企业的竞争力，因此，有时这种学习会被对方企业认为是不受欢迎的而在其中设置障碍抑制对方学习。所以，在战略联盟的设计阶段必须考虑这个问题。

5. 各方承诺彼此信任、避免机会主义行为。在战略联盟设计阶段若存在机会主义行为，将会极大地危害日后的联盟关系，因为这会导致企业之间昂贵的防卫成本。

6. 按既定的日程表执行计划。企业联盟所构建的战略与目标是否按既定的计划执行会极大地影响战略的成功与否，因此，按计划执行任务必须在联盟的设计阶段就得到强调。

（四）联盟的执行与管理

1. 建立信息、协调系统。利用现代信息通信技术建立计算机信息系统，能有效地提高联盟的信息交流效率，降低交易成本。

2. 投入必需的资源。一旦企业战略联盟建立，企业必须尽快投入为实现联盟目标所需的资源。

3. 高层的支持。战略联盟的成功依赖于是否得到联盟各方企业的高层的支持。

4. 避免不必要的知识传递。为了维护企业利益，必须对伙伴企业之间的信息传递与学习进行管理与监控。

5. 学习伙伴企业的能力。联盟被认为是一种学习竞赛，学习的目的越明确，吸收知识的能力越快，通过建立战略联盟所获得的收效越高。

6. 快速实施与收效。当联盟伙伴各方已达成共识，联盟的目标与计划已制定后，必须朝着既定目标采取行动，越快越有利于赢得彼此的信任，推动战略联盟的成功。

7. 持续的联盟绩效评估。通过定期对联盟组织的业绩进行评估，能够让企业知道联盟是否按着既定的方向前进，若偏离了原有的目标可以及时得到纠正。因此，持续的联盟绩效评估对于战略联盟的成功必不可少。

（五）联盟的终止

1. 终止得到所有伙伴企业的许可。若伙伴企业单方面终止战略联盟关系，企业之间的信誉、关系将会受到损害，阻碍企业在将来的合作。

2. 在设计阶段已为终止准备。战略联盟的终止是迟早的事，因此在战略联盟着手阶段对如何终止联盟关系必须有所准备，避免未来的争端所带来的成本。

思考题

1. 管理层收购的内涵和意义是什么？
2. 管理层收购的模式及要求有哪些？
3. 管理层收购的运作过程有哪几个阶段？在管理层收购实施阶段应注意哪些方面？
4. 自然人作为收购主体和职工持股会作为收购主体有什么区别？
5. 战略联盟的含义和动因是什么？
6. 战略联盟的运作有哪几个步骤？

第五章 股份回购、资产剥离与企业分立

学习目的与要求：通过本章学习，重点掌握股份回购、企业分立、资产剥离三种资本经营方式的特点、条件和运作程序，要求理解股份回购的功能、原则、资产剥离的方式以及企业分立后的债务处理。尤其要求对分拆上市的流程及影响多作些深入思考。

第一节 股份回购

股份回购，是指出于特定目的，公司通过一定途径将已发行在外的股份重新购回的行为。对股份回购的功能的正确认识决定了股份回购立法的价值取向。

股份回购是成熟资本市场上比较常见的资本经营方式与企业经营策略，尤其对于改善中国资本市场的产权结构和治理环境具有极其重要的现实意义。但是，相关立法的滞后，导致实践操作中诸多不规范性和回购实务的风险与不确定性，因此在对股份回购的功能与价值的清晰定位的基础上，制定与规范股份回购的实施细则或具体操作办法则至关重要。

一、股份回购的动因与原则

（一）股份回购的动因

一般认为，在一个成熟资本市场股份回购具有以下功能：

1. 通过股份回购，调整财务杠杆，优化资本结构。现代公司资本结构理论始于诺贝尔经济学奖获得者美国莫迪利安妮（Modigliani）和米勒（Miller）提出的公司资本结构与市场价值不相干理论（简称 MM 定理），但是 MM 定理是在不考虑所得税、破产风险、资本市场效率以及交易成本等因素影响下推演出的，并不切合现实，因此后人不断放松假设条件予以逐步修正，提出了资本结构平衡理论，即由于债务利息可计入公司成本，而免缴所得税，所以与股权融资相比，债务成本较低，较高的资产负债比例可以为公司带来税收庇护利益，然而公司破产风险成本也随资产负债比例的升高而增大，所以在公司目标函数和收益成本的约束下，欲使公司的融资总成本最小，实现公司价值

最大化，最优资本结构是处于边际税收庇护收益等于边际破产风险成本的平衡点。但是，公司发展周期和外部环境变化决定公司必须审时度势，动态调整资本结构，与新股发行、举借外债不同，股份回购是一种股本收缩的调整方法，通过减少对外发行股份，提高资产负债率，发挥财务杠杆效应，实现公司价值最大化。

2. 通过股份回购，调节股票供应量，实现股价的价值回归。股票价格决定于股票内在价值和资本市场因素，通常在宏观经济不景气时，股市进入低迷状态，持续低迷引发股票抛售，导致股价下跌，流动性减弱的恶性循环，公司在本公司股票价值严重低估时，积极进行回购：一方面，收购价格传递公司价值的信号，具有一定示范意义；另一方面，减少每股净收益的计算基数，在盈利增长或不变的情况下维持或提升每股收益水平和股票价值，减轻经营压力。在市场过度投机的情况下，释放先前回购形成的库藏股进行干预，增加流通股的供应量，减少投机泡沫，使股价回至正常价格，股份回购使虚拟资本价格变动更接近于实物生产过程，使虚拟经济与实物经济紧密相连，避免了股票价格的大起大落。

3. 股份回购是公司股利分配的替代手段。股东收益包括股票分红派息收入与股票转让的资本利得收入。一般来说，国家对前者课以较高的个人所得税，对后者课以较低的资本利得税，若公司分派现金股利，则股东不得不缴纳个人所得税，因此基于税收的考虑，公司常以股份回购替代现金红利的分配。

4. 股份回购是实施反收购，维持公司控制权的重要武器。为了维护目标公司股东的利益，公司通常以股份回购的方式抵御恶意收购。当公司以高于收购者出价的溢价进行股份回购，一方面提醒公司股东注意公司价值增长的潜力；另一方面也提高了收购方的收购成本，并且通过对外界股东的回购，公司大股东或管理层持股比重相应提高，控制权进一步加强。此外，储备大额现金的公司易受收购者的青睐和袭击，在此情况下，公司将大量现金用于股份回购，可减弱收购者的兴趣，这是反收购策略中的“焦土战术”。

5. 运用股份回购，执行职工持股计划和股票期权制度。信息不对称和契约的不完全性，使公司所有者与经营者之间存在目标函数的差异，即代理成本，包括经营者偏离股东财富最大化目标产生的成本以及股东对经营者的监督成本。矫正偏差仅依靠诸如公司治理结构，资本市场、产品市场和劳动力市场的竞争等外部约束远远不够，尚需要设计出一套成果分享方案，使职员和管理者的努力与公司财富增大建立相关性。职工持股计划和股票期权制度就是比较有效的内部激励机制之一。由于新股发行手续烦琐，程序复杂，成本较高，因此解决职工持股计划与股票期权制度的股票来源的较好途径就是股份回购，公司选择适当的时机从股东手里回购本公司股票作为库藏股，依程序交给职工持股会管理或直接作为股票期权奖励给公司管理人员。

6. 基于少数异议股东的回购请求权，回购公司股份，保障中小投资者权益。现代公司实行“资本民主”原则，即一股一票，重大事项的表决适用单纯多数或绝对多数，因此绝对或相对控股的股东，不惜损害中小股东的权益，操纵公司，谋求自我利益最大化。少数股东的“以手投票”权利因此受限，法律为平衡双方力量往往赋予其诸如股东诉讼权等权能，但实施成本较高。而股份回购请求权则是股东“以脚投票”的权利强化。重大事项表决时，多数股东与少数股东利益发生严重冲突，少数股东可以要求公司以公平合理价格回购股份。这样，一方面减少公司经营中的摩擦与冲突，降低协调成本；另一方面充分保障了少数股东权益使之免受不公平待遇。

除上述功能外，股份回购还常常运用于公司合并以及上市公司转为非上市公司的重组计划中，因此股份回购是具有多种功能的资本经营和企业经营的重要手段。

（二）股份回购应遵循的原则

股份回购指股份公司以自有资产从本公司股东手中购买本公司股份之行为。与一般股份买卖不同，股份回购会导致公司总资产减少，损害债权人利益，因而，多数国家的公司法都对股份回购采取严厉态度，予以严格限制。

股份回购须遵守以下原则：

1. 不得损害债权人利益。这是股份回购应坚持的首要原则。公司作为一个法律实体，其中夹杂着多方利益，就股东利益与债权人利益而言，如果二者发生冲突，应以债权人利益优先。《公司法》第177条第五、六款规定，公司只有在弥补亏损、提取法定公积金和法定公益金后，才可将剩余利润分配给股东，违反以上规定的，必须将违反规定分配的利润退还公司。为防止公司借合并、分立之机损害债权人利益，《公司法》第184、第185条规定了公司的通知义务及债权人可要求提前清偿或提供担保的选择权。股份回购会导致公司总资产的减少，威胁债权人利益，因为对债权人而言，公司是以其资产而非资本担保其债权的实现。如果股份回购将导致公司资不抵债或支付不能保证，则会实际损害债权人利益，这样的行为必须予以禁止。

2. 股东平等原则。在不损害债权人利益的情况下，股份回购主要涉及股东间利益，由于公司管理采取多数表决体制，公司实质上往往为大股东控制，这又为大股东利用控制权侵害小股东利益提供了可能。因而，在股份回购时，应采用股东平等原则，同股同权——持同类股份的股东对公司有按其持股比例回购其股份之请求权。

3. 资本维持原则。资本维持是世界大多数国家公司法恪守的原则，其目的在于维护资本的信用，防止公司欺诈。公司用以清偿公司债权的是公司资产而非资本，大多数情况下，公司资本与其资产表现不一致。现实生活中，大多数人又把公司资本作为公司信用的基础，为防止公司利用交易方的这种错觉进行欺诈，维持公司资本信用，使其与公司净资产价值相当就成了各国公司法的目标之一，其具体措施之一就是限制股份回购，英、德、法、美等国概莫能外。由于资本维持的根本目的在于保护债权人，因而可以说，资本维持原则是不得损害债权人利益原则的反射原则。

二、股份回购的适用范围

《中华人民共和国公司法》对股份回购仅限定于两种情形：减少注册资本；与持有本公司股份的公司合并。笔者以为，此种规定过于狭窄，与现实需要不符。在以下情形下，公司应有权进行股份回购：

（一）推行员工持股计划

员工持股计划能增强员工对公司的向心力，对国企而言，还有解决国有股权利人虚位之功效。员工持股计划固然可通过发行新股之途径实现，但新股发行存在成本较高问题，公司法应尽量给予公司自由而不是以限制为宗旨，“能给予个人最大限度的自由的法律，就是合乎正义的”。

（二）股票期权计划

现代公司法理论认为，公司所有与公司经营的分离派生出股东利益与董事、经理利益的不一致性，股票期权的推行在一定程度上具有解决二者利益冲突的作用。美国著名公司专家克拉克曾建议：公司对其董事、经理的报酬的大部分应以公司股票的形式支付为佳。中国计算机行业的龙头企业——联想集团曾进行过股票期权的成功尝试，股票期权同样会涉及股份回购。

（三）为配合可转换公司债之发行

可转换公司债是公司募集资金的手段之一。但是，可转换公司债券的票面利率很低，其主要价值在于债券的转换价值，在公司利好、股价飙升的情形下，可转换公司债券持有人多半会选择以债权换股权，从而引发公司回购其股份，以满足可转换公司债券持有人之需要。

三、股份回购的方式与支付

（一）立法模式的选择

股份回购的法律制度，国际上有两种立法模式：一种是采取“原则禁止，例外许可”的模式，如德国、日本以及中国香港、台湾地区；另一种是建立基于“合法正当的商业目的”的股份回购原则上许可的模式，如美国。中国股份回购立法散见于《公司法》第149条，国务院证券委1997年颁布的《上市公司章程指引》（简称《章程指引》）第24、25条，国务院证券委和国家体改委1994年联合颁布的《到香港上市公司章程的必备条款》（简称《必备条款》）的“减资和回购股份”以及“购买公司股份的财务资助”两个章节，尽管规定得比较粗糙，但基本采用“原则禁止，例外许可”的立法模式，例如《公司法》规定，“公司不得收购本公司股票，但为减少公司资本，而注销股票或者与持有本公司股票的其他公司合并除外”。

（二）股份回购方式以及回购价格

《章程指引》第 25 条规定，公司回购股份，可以下列方式进行：①向全体股东按照相同比例发出回购要约。②通过公平交易方式回购。③法律、行政法规规定和国务院证券主管部门批准的其他情形。目前，证券市场的个案基本采取“其他情形”中的协议回购的方式，回购价格等于每股净资产。例如，1999 年申能股份向其控股股东——申能（集团）有限公司协议回购 10 亿股国有法人股，价格是 1999 年中报的调整后每股净资产值 2.51 元。原因是回购标的是不流通的国有股，国有股与社会公众股长期的价格“双轨制”，缺乏市场价格，且国家资产管理局 1997 年第 32 号文件规定，国有股权转让不能低于其净资产。

通过公开交易方式回购是指公司在证券交易场所以类同于任何潜在投资者地位，按照股票市场价格进行回购，其优点是不存在市场价格基础上的溢价，但不能实施批量购买，日交易量有限，并且为防止公司借此进行价格操纵和内幕交易，减少对股价的非正常影响，要求证券监管当局对交易的价格、时间、数量等，予以严格监管。

向全体股东发出回购要约是指向全体股东提供出售股票的均等机会，以既定价格发出回购要约，国外的两种要约回购颇值得立法借鉴：①固定价格要约，即公司在特定时间发出以固定价格，回购固定数量股票的要约，如果回购数量不足时，取消回购计划或延长要约有效期，如果股东提供股票数量超过要约数量，则企业可决定全部或部分购买超数量部分，但并没有必为义务，此种方式产生的市场价格的溢价通常被市场认为是积极的信号，但回购要约执行成本过高。②荷兰式拍卖回购，源于荷兰花卉拍卖所使用的系统方法，即公司确立回购价格范围和计划回购数量，而后股东选择价格范围内某一特定价格投标，公司汇集所有有效投标的数量和价格，根据计划回购量确立最低回购价格。此种方式回购溢价低，选择性大，应广泛采用。

（三）股份回购的支付手段与资金来源

股份回购的支付手段并无相关明文规定，但一般采用现金支付。但是回购股票的大量的现金需求限制回购主体范围，且回购使营运资金耗费，也将影响未来的经营活动，国外股份回购还有一种交换要约的支付方式，即公司发行优先股或债券作为回购股份的等价支付手段，此种方式兼顾了股份回购的调整资本结构的功能，应为中国立法借鉴和采用。

回购的资金来源，仅有《必备条款》相关规定可以参照，即回购股份的款项应当从公司可分配利润和以回购旧股而发行的新股所得中支付，但不得减损公司资本。此项股份回购资金来源的规定意在保护公司债权安全以及平衡不同类别股东之间利益，也与国外相关立法一致，应为新的股份回购立法延续。

（四）库藏股问题

库藏股，是指公司股份回购后并不立即注销，而是留于特定账户的股份。中国《公司法》第149条第2款规定，“公司依照前款规定收购本公司的股票后，必须在10日内注销该部分股份，依照法律、行政法规规定办理登记，并公告”。因此，中国立法上不承认库藏股的存在。但是公司股权激励机制建立的条件之一就是能够在一定时间内持有一定量的股份，因此股份回购立法中应补充、完善库藏股的相关规定。当然为避免公司与股东的角色混同，对库藏股的权利加以必要限制，它不应具有投票权、收益分配权、优先认股权、资产清偿权以及相关义务。

（五）股份回购程序

中国股份回购的法律规范仅有原则性规定且局限于回购理由和方式，欠缺具体的操作规则。程序是保证股份回购有序、高效进行的关键。通常而言，股份回购会对公司利害关系人以及证券市场产生较大影响，因此回购一般经过董事会、股东大会的绝对多数通过，并报经证监会批准，涉及国有股转让应获得相应的资产管理部门审批，而且发生在合并、减资情况下的股份回购，必须严格遵守《公司法》关于合并、减资程序之规定。另外，股份回购程序立法还应包含保护债权人与强制信息披露的规范。

股份回购导致资本收缩或营运资金减少，偿债能力削弱，从而危及债权人的利益，因此应参照《公司法》第184、186条之规定，要求公司及时将回购事宜知会债权人，并应债权人要求进行清偿或提供担保等措施后，才能正式启动股份回购。

为避免股份回购成为公司操纵市场或内幕交易的工具，应在回购全程进行真实、准确、及时的信息披露，内容包括回购的真实目的、回购价格的确认、回购支付方式以及资金来源等。回购成功后，应对现有股权结构、库藏股等内容予以公告。

案例分析

盛大新浪攻防术

盛大，中国最大的网络游戏运营商；新浪，中国最具影响力的门户网站。大举买入与“毒丸计划”，收购与反收购——这一案例，应记载于中国企业并购史，因为这是首例遵循美国法律进行并购的中国案例。

当“全流通”降临中国证券市场以后，市场主导型的收购与反收购阶段必将到来。这就为“盛大收购新浪案”赋予了特殊的看点和价值。

盛大交互娱乐有限公司（纳斯达克代码：SNDA，下称盛大）对新浪网（纳斯达克代码：SINA，下称新浪）展开的并购仍在进行中。

美国东部时间2005年3月7日，新浪除盛大之外的每位股东都获得了与手中持股数相同的购股权，这是来自新浪董事会抵御收购所做出的“毒丸计划”。

新浪是目前中国最具影响力的门户网站，盛大是目前中国最大的网络游戏运营商，两家公司都注册于英属开曼群岛，并均于美国纳斯达克证券交易所上市。

悄悄收集筹码，突然宣布收购，被购企业随即宣布启动“毒丸计划”反收购，一场让国人看上去颇为新鲜的收购正在两家中国互联网领先企业间进行。

“这是一种标准的华尔街收购方式。”摩根士丹利董事兼总经理、中国首席执行官竺稼对《证券市场周刊》表示，“如果志在必得，盛大应该为获得公司控制权支付溢价”。此次收购战中，摩根士丹利出任新浪的财务顾问。

2005年2月19日上午，在历时一个月、利用四家关联公司出手购股后，盛大在其网站及纳斯达克官方网站同时发布声明，称截至2月10日，已经通过公开交易市场购买了新浪19.5%的股权，并根据美国相关法律规定，向美国证券交易委员会（SEC）提交了受益股权声明13—D文件。

盛大在13—D中明确表示，此次购买新浪股票的目的是一次战略性投资，可能进一步“通过公开市场交易，以及私下交易或者正式要约收购和交换收购等方式”增持新浪股票，并“寻求获得或者影响新浪的控制权，可能手段包括派驻董事会代表”。此外，盛大还表示，可能出售全部或部分所持的新浪股票。

针对盛大的敌意收购，摩根士丹利被新浪急聘为财务顾问，并迅速制定了购股权计划（俗称“毒丸计划”）的技术细节。

国泰君安收购兼并总部副总经理武飞说，如果把这份“毒丸计划”解读成人人都能读懂的意思就是：对于3月7日记录在册的新浪股东，他所持每一股股票，都能获得一份购股权。如果盛大继续增持新浪股票致使比例超过20%时或有某个股东持股超过10%时，这个购股权将被触发，而此前，购股权依附于每股普通股票，不能单独交易。

一旦购股权被触发，除盛大以外的股东们，就可以凭着手中的购股权以半价购买新浪增发的股票。

这个购股权的行使额度是150美元。也就是说，如果触发这个购股权计划，除盛大之外，一旦新浪董事会确定购股价格，每一份购股权就能以半价购买价值150美元的新浪股票。

从现在看，由于购股价格未能确定，因此购股股数也不能确定。假设以目前（截至3月7日）每股32美元计算，一半的价格就是16美元，新浪股东可以购买9.375股（150÷16）。

新浪目前总股本为5048万股，除盛大所持的19.5%（984万股）外，能获得购股权的股数为4064万股，一旦触发购股权计划，那么新浪的总股本将变成43148万股（4064万股×9.375＋4064万股＋984万股）。这样，盛大持有984万股原占总股本的19.5%，一经稀释，就降低为2.28%。由此，“毒丸”稀释股权的作用得到充分的显现。当然，如果盛大停止收购，新浪董事会可以以极低的成本（每份购股权0.001美元或经调整的价格）赎回购股权，用几万美元支付这次反收购战斗的成本。

出台“毒丸计划”，股东要价的意义大于反收购的意义。多家媒体报道说，陈天桥在每次购股前都曾电话知会新浪高层，但对新浪董事会而言，陈天桥的“举牌”，依然难逃恶意收购之嫌。

陈天桥携19.5%的股票后，向新浪董事会发出明确信号——我们谈判吧。

美林集团中国区主席刘二飞分析：“这相当于大黑熊给我一个善意的拥抱，我是友好的，但是你得按照我的意图行事，否则我稍微抱得紧一点，你就没命了。”

“反收购与收购，仿佛一个在垒墙一个在爬墙，双方在投资银行专家、并购律师帮助下，攻防两方不断地进行手段创新。”武飞介绍说，反收购手段包括预防性的和主动性的。一个收购者不能简单地看看目标公司就知道他有没有实施“毒丸防御计划”。因为目标公司可以在收购方提出报价后，很方便地采用“毒丸计划”。对大公司来说，如果董事会支持使用“毒丸计划”，一天之内就能实施完成。“新浪正是这种情况。”

武飞预测说，“从目前事态进展看，高盛、瑞银、JP摩根等机构都发布了相关的分析报告，都预测收购会成功，这是比较奇特的现象，这也意味着双方使用各种收购与反收购技术推进进程，不过是为了讨价还价。一旦价格达到合适的位置，一切都可以坐下来谈。”

一份来自美国律师事务所的研究结果表明，有“毒丸计划”保护的公司比没有保护的多得到了69%的收购溢价。一位参与新浪反收购的投行人士证实了武飞的猜测，他说，新浪的“毒丸计划”旨在提高收购壁垒，最大化新浪原有股东的权益，而并非执意阻止盛大的入主，没有哪位股东有意在经营公司上与陈天桥争短长。著名IT评论家、互联网董事长方兴东认为，两家公司合并的大势已明，只剩下双方讨价还价的问题。而竺稼认为，公司的控制权是有价值的，盛大欲入主新浪，必须对控制权支付溢价。

如果收购能持续往下走，那么双方谈判的关键就是如何换股。新浪宣布启动“毒丸计划”后，股价迅速上涨，至3月7日收盘，每股股价收至32.17美元，比陈天桥23.5美元的平均持股单价高出近40%。“新浪本身也想合并，因为双方合并肯定是好事。”方兴东说。他相信，最差的情况下，也会达成双方不是很深入的合并，这样陈天桥可能会采用一些比较慢的策略来主导这次并购，通过先参加股东代表大会，再通过改选进入董事会，一步步慢慢获得新浪的控制权，来实现其合并两家公司的目标。和讯CEO谢文说，双方合并理应受到资本市场的欢迎，“规模大了，商业模式更完整和稳定了，竞争优势出来了，规模效应出来了，将来也就能在国际互联网舞台上站得住了”。

并购事件发生后，高盛、瑞银、JP摩根等投资银行都为事件做出了研究报告。研究报告推断，在完成对新浪19.5%股权收购后，陈天桥手中只剩下1.2亿美元。从财务上考虑，无论是股权融资还是债权融资继续完成收购，都不是最佳选择。

在预测事件走势时，国际投行分析师们都倾向认为陈天桥将采用换股的方式，完成对新浪股权的增持。高盛预计，换股比例是0.9股盛大交换1股新浪。并以此为假设条件对盛大2006年的每股盈利进行了预测。武飞认为盛大对新浪吸收合并的可能性极大，“北美市场上，谁出真金白银收购啊?”而手段首选换股。

盛大总股本7095万股，陈天桥及家族持股占总股本75%，合计约持有5321万股盛大股票。新浪的总股本5048万股，若达到30%的相对控股状态，陈天桥还需要再增持530万股。若以0.9∶1的比例换股，武飞推算说，陈天桥及家族需要拿出477万股来换530万股新浪，那么在盛大的持股量约下降为68%。以这个持股量，依然是绝对控股盛大。

武飞说，若因为触发30%的要约收购线，而其他股东都选择把股票出售给陈天桥，那么陈天桥需要拿出3658万股盛大去换取新浪，在这个设想下，尽管盛大100%持有了新浪，但陈天桥及家族在盛大的持股则下降到23%。“陈天桥需要考量，需要谈判。”武飞说。显然，发动全面要约收购，因为持股比例下降过大，并不是陈天桥的上选。

目前，东方高圣正着手研究一项来自中国证监会的课题，课题的主题是“收购与反收购”。这项研究旨在对证券法修改收购与反收购章节提出政策建议。由于股权分置的问题尚未解决，此前使用成熟资本市场收购与反收购的适用条件并不存在。眼下，在中国资本市场上，只有不到30家上市公司能够实现股票全流通。盛大收购新浪对中国的影响更应该体现在产业层面。

（资料来源：李明瑜、袁朝晖、徐蕾：《盛大新浪攻防术》，《证券市场周刊》2005年3月13日）

第二节　资产剥离

中国人寿在上市之前，就进行了大量的资产剥离。2003年8月，原中国人寿保险公司一分为三：中国人寿保险（集团）公司、中国人寿保险股份有限公司和中国人寿资产管理公司。超过6000万张的1999年以前的旧保单全部被拨归给母公司——中国人寿保险（集团）公司，而2000万张左右1999年以后签订的保单，则以注资的形式被纳入新成立的股份公司。通过资产剥离，母公司——中国人寿保险（集团）公司承担了1700多亿元的利差损失，但这为中国人寿保险股份有限公司于2003年12月在美国和香港两地同时上市铺平了道路。这是典型的资产剥离。

一、资产剥离的含义

资产剥离，是指上市公司将非经营性闲置资产、无利可图资产以及已经达到预定目的资产从公司资产中分离出来。资产剥离能把企业所属的一部分不适合企业发展战略目标的资产出售给第三方，这些资产可以是固定资产、流动资产，也可以是整个子公司或分公司。

（一）资产剥离的适用情况

资产剥离主要适用于以下几种情况：

1. 不良资产的存在恶化了公司财务状况。

2. 某些资产明显干扰了其他业务组合的运行。

3. 行业竞争激烈，公司亟须收缩产业战线。

（二）资产剥离的形式

从具体实践看，资产剥离方式包括资产置换、减资、资产出售等形式：

1. 资产置换，是指上市公司之外的优质资产注入上市公司，并置换出上市公司原有的劣质资产，以保持上市公司永远是一个由优质资产组成的组合。上市公司资产置换的目的一般是调整资产结构，提高资产质量，加强主营市场。

2. 减资，又称“缩股”，是指上市公司通过缩小或减少总股本的方式来剥离资产。

3. 资产出售是上市公司资产剥离的另一种主要形式。一般来说，被出售的资产为不适合公司长远发展的资产或闲置的不良资产。上市公司出售资产的动机有两种：①优化资产结构，提高企业资产整体质量。②筹集新的发展资金。

目前，资产剥离是众多业绩较差的上市公司最重要的资产重组方式。

资产剥离并非标志企业经营失败，它更多地表现为企业发展战略的合理选择，属于企业外部交易型战略范畴中与扩张战略相对应的收缩战略。企业通过剥离不适于其长期战略、没有成长潜力或影响主营业务发展的生产线、事业部、存量动产、不动产、固定资产、无形资产、劳动力甚至分支机构、子公司整体资产，可以优化资源配置效率，提升核心竞争能力和企业在资本市场的价值。

资产剥离作为企业资本经营的重要手段，其业务要素构成和财务处置方案的多样性特点中暗含了一定的节税可能性。而现行税制对企业股权转让，法人财产权转移和资产经营管理权让渡等企业行为规定的流转税、所得税差别待遇，更是为纳税人合法降低资产剥离中的税收成本提供了法律条件和制度保证。

二、资产剥离的方式选择

自 1997 年以来，上海的上市公司在上海市政府和证管办的支持和指导下，在上市公司的母公司的大力扶持下，针对上市公司目前存在的部分资产质量欠佳，为提高上市公司的经营业绩，优化公司内部资本结构，为上市公司的未来发展奠定更好、更扎实的基础，纷纷进行了资产重组的尝试。这里有成功的经验，也有失败的教训。分析总结这些实际操作的实例，无论对理论界、实务界还是政府决策部门都有较大的现实意义。

对上市公司的资产进行剥离目前出现的方式主要有两种：

（一）单纯资产剥离方式

上市公司根据其经营目标或战略需要对其资产进行简单的剥离，如中远增持众城股票成为第一大股东之后，在10月26日公告将众城之全资子公司——上海众城外高桥发展有限公司转让给中远置业发展有限公司，转让价格4633万元。

（二）战略性资产剥离

上市公司对其掌握的资产质量进行评估后，将一部分不良资产进行剥离（一般是剥离给其母公司），由母公司经过一定的资产整合和处理后，再由上市公司按一定的价格回购。这种方式进行的资产剥离是上市公司资产重组的一种较为特殊的形态。它一般有以下特点：

1. 不良资产和负债一同剥离。

2. 剥离时可以以零价格转让，也可以根据双方的协议价格进行转让。一般都属于关联交易的范畴。

3. 剥离后对剥离资产普遍进行破产、清算。然后，上市公司再以一个相对较低的价格对被剥离资产的有效资产进行回购。

4. 采用此种方式的上市公司财务报表容易被会计师事务所出示保留意见或说明段。

5. 其实质是对上市公司的不良债务进行剥离。

采用此种方式进行资产剥离的上市公司以真空电子和广电股份为代表。如真空电子在1997年10月30日公告，将其所有的上海电子管厂的部分资产有偿转让给广电集团，出让价为6956万元。广电股份1997年12月24日公告将上海录音器材厂有偿转让给上海广电（集团）有限公司，出让价为9414万元（截至1997年9月30日），上海录音器材厂账面资产46333万元，负债44878万元，净资产1454万元，主营收入8220万元，主营利润－221万元，净利润51.2万元，有职工1064人，离退休职工574人。

三、资产剥离中的关联交易

由于剥离资产的受让方同转让方的关系的区别，使得上市公司的资产剥离可以分为非关联交易和关联交易，将资产直接剥离给母公司的剥离属于有控制关系的关联交易；将资产剥离给母公司的其他子公司的属于非控制关系之关联交易；将资产剥离给其他公司属于非关联交易。在目前上海上市公司中发生的资产剥离基本上都属于关联交易。

目前，国家有关部门没有对上市公司的关联交易进行比较明确的规范，而且从实际上也无法进行规范，具体案例处理上基本都持“披露重于存在”的原则。但是，上市公司进行关联交易时应该适可而止，不宜操作幅度太大。否则，影响公司的市场形象和进一步的筹资。如广电股份的资产剥离就因关联交易问题而使其1997年的年报被注册会计师出具了说明段。

1997年6月上海广电（集团）有限公司将原某公司所属上无四厂、上无十八厂两个单位经收购破产清算后，再将部分经剥离后的资产以资产评估后的价值计 24000 万元有偿转让给某公司。其中含上无四厂宛平南路 88 号地块（计 35843 平方米）的土地前期开发费，价值计 6926 万元。后上海广电（集团）有限公司作为主体开发某公司上述地块，于 1997 年 11 月双方签订协议，同意将上述地块再转让给上海广电（集团）有限公司，考虑到这块土地某公司原已支付较多前期开发费和其他有关损失，上海广电（集团）有限公司同意按补偿费名义支付 21926 万元。该项收入在冲减某公司账面价值 6926 万后，11000 万元转“其他业务利润”，用于补偿由于土地筹划动迁造成积压呆滞物资处理损失，其余 4000 万元转“营业外收入”。上述两项关联交易，对某公司 1997 年的损益产生重大影响。

四、资产剥离前的资产处理

资产剥离前的资产处理能使公司的资产剥离更加成功。

如真空电子在对其上海电子管厂资产进行剥离前通过认真地分析，根据资产的实际情况，并配合整个资产重组的战略规划将该部分资产分成两块进行剥离。

在资产剥离前对公司的股权投资进行处理，随后进行资产剥离也是一种堪称精妙构思的方案，值得上海的上市公司在今后的资产重组中借鉴。鞍山合成 1998 年 1 月 16 日公告将其股权投资的腾鳌纸塑制品厂（原鞍山合成集团拥有 40％的股权）剥离后又收购其他股东股权，使其由控股 40％的比例增加至 100％，使之成为全资子公司。其目的在于如果以股权进行转让、资产不必评估，亦不可能增值，因而也不会带来收益。实际上，该构思经过采用重置成本法和现行市价法进行评估。净资产由评估前的 515 万元增加至评估后的 1140 万元。最后，以 1630 万元协议价格受让给鞍山合成实业集团公司。此举使公司比单纯进行股权转让式的资产重组所获的收益大大增加。

五、资产剥离中的资产评估

上市公司在进行资产剥离的过程中一般都按照国家规定进行了资产评估。在资产评估中出现的较为普遍的现象有：

（一）评估中的价值变化

基本上所有的资产经过评估后都有增值，且增值的幅度较大。以中远为例，在对众成的资产进行剥离的过程中对其剥离资产进行了评估，其中众城大酒店账面净值 1251 万元，负债 369 万元，净资产 855 万元。评估后账面净值 1410 万元，负债 396 万元，净资产 1014 万元，增值率 18.6％。众城俱乐部账面净值 1144 万元，负债 137 万元，净资产 1007 万元，评估后账面净值 1304 万元，负债 137 万元，净资产 1167 万元，增值率 18.6％。众成超市账面净值 116 万元，负债 53 万元，净值 63 万元，评估后资产 137 万元，负债 53 万元，净值 84 万元，增值率 33.3％。

（二）评估的方法

资产评估中普遍采用重置成本法。虽然资产评估的方法有多种，但是目前在上市公司的资产剥离过程中普遍采用了重置成本法对其资产进行评估。

（三）评估中的不规范问题

未经评估而进行资产的剥离和转让的部分案例由于不规范，受到注册会计师的查处。某公司在 1997 年将一个未经资产评估的公司以 9414 万元出让给母公司，而实际上该公司的净资产仅为 1454 万元，且转让时已经亏损 221 万元。使得该上市公司 1997 年获得近 8000 万元的投资收益，更有甚者在 1998 年 3 月 25 日该上市公司又称经政府有关部门同意，出资 4000 万元左右回购了该公司的有效资产。这种不规范的操作被注册会计师出具了以下说明段：1997 年 12 月 24 日某公司发布重大事件公告，将所属上海录音器材厂整体产权计账面净权益 1454 万元，有偿出让给上海广电（集团）有限公司，双方协商收购价 9414 万元，产生营业外收入 7960 万元，并相应作了会计处理。该项业务虽已经产权交易所鉴证，但未经过资产评估确认价值。

第三节　企业分立

一、企业分立的概念

（一）企业分立的定义

企业分立，是指依照法律规定，将一个企业分化成为两个或两个以上新企业的法律行为。这里需要着重解释的是，企业分立绝非企业简单的“分家单过”，原企业一般不会完全消失于企业分立过程中。其分立途径有多种，如在原企业基础上完全新建两家或多家新企业，原企业母体上分离出一部分组成新企业等。因分立而保留的企业应申请变更登记；因分立而新开办的企业应申请开业登记。

（二）企业分立的实质

企业分立的实质，是指公司将其拥有的某一子公司的全部股份，按比例分配给母公司的股东，从而在法律和组织上将子公司的经营从母公司的经营中分离出去。通过这种资本经营方式，形成一个与母公司有着相同股东和股权结构的新公司。在分立过程中，不存在股权和控制权向第三方转移的情况，母公司的价值实际上没有改变，但子公司却有机会单独面对市场，有了自己的独立的价值判断。公司分立通常可分为标准式分立、换股式分立和解散式分立。

社会生产的分工会导致企业的分立。企业的分立可从两个方面来探悉有利之处：一方面，企业分立有利于发挥生产专业化、职能化的优势，促进企业生产能力的提高；另一方面，企业分立又能有效地进行纳税筹划，减轻企业的税负。这是通常所说的“一加一大于二”的逆向应用。所以，企业分立的筹划活动对企业的生存发展关系重大。

二、企业分立的税收与债务处理

（一）企业分立的税务处理

1. 分立并不等于新办。与企业合并不等于新办一样，分立也不等于新办。因为如果对此不作限定，则可能有很多企业纯粹为了税收的目的进行分立，以达到享受优惠的条件。企业分立只是原企业在发展过程中的变动情况，企业的生产经营仍是延续的，这就是企业分立纳税筹划的存在依据之一。

2. 企业分立使原企业在形式上发生变化，按税法规定：分立的企业按各自适用的税收规定纳税。所以，企业分立又会使分立后的企业所承受的税负有别于原企业，这样，为企业分立的纳税筹划提供了另一个存在依据。

3. 中国企业分立的纳税筹划主要体现在两类税种上面：即所得税和流转税。中国税法中有一条常用原则，即在税率适用界线模糊时，一般都是从高适用税率。低税环节征收高税，当然对企业发展不利。

4. 企业分立的纳税筹划理论依据有两条：一条是减少企业所得税。在累进税率条件下，通过分立使原本适用高税率的一个企业，分解成两个甚至更多个新企业，单个新企业应纳所得额大大减少，于是所适用的税率也就相对较低，从而使分立企业的总体税收负担低于分立前的企业。另一条是减少流转税。将特定的产品生产归于单独的生产企业，避免因模糊核算而从高适用税率，这样就使得企业的税负减少。

5. 分立会增加某些方面的税收。其主要表现在：①可能会增加部分营业税。当被分立的企业各方在生产经营业务方面具有一定的联系时，比如说某一方所提供的主要应缴营业税的业务恰恰便是合并企业另一方生产经营活动中所需要的，则分立后这些业务应该缴纳营业税，而分立前是不用缴的。②可能会增加部分增值税。被分立企业相互之间的商品或劳务转移在分立前不用缴纳的部分增值税，分立后由于独立核算应该缴纳。③可能会增加部分所得税。由于分立后，被分立企业之间的亏损与盈利再也不能汇总纳税，盈亏相抵效应的消失可能会增加部分所得税。这些因素的影响虽小，但也不应该忽视。

例如，甲企业是一家制药厂，兼营生产免税的避孕药品等项目。该厂某年应纳税所得额为12万元，其中避孕药品及用具等项目占所得额中的2.5万元。那么，甲企业应如何进行纳税筹划呢？

正确的做法是将生产经营避孕药品及用具的部门分立出来设立新企业。从所得税角度来讲，两家分立的新企业，一家应税所得额为9.5万元，另一家则为2.5万元，按各自适用适率计算出应纳税额共计只有3.015万元，而分立前应纳税额为3.96万元。税负的差别就在于分立企业单独的应税所得额减少了，税率降低了。再从增值税角度看，甲企业生产经营免税项目，在计征增值税时往往会因为未独立核算等问题而一并征收增值税，于是免税项目便没有享受到应有的税收优惠待遇，这对于企业来讲是极为不利的。当免税项目的生产部门分立出来成立新企业后，必然要求进行独立核算，这样免税项目的产品便不用再因“从高适用税率”而缴纳增值税了。该案例中，企业分立的纳税筹划对所得税和增值税减负都有好处。

（二）企业分立后的债务负担

1. 原企业的债务，在企业分立后，根据分立时的具体情况由分立后的企业承担。企业分立，应当就企业分立及债务负担公告如实告知债权人，征询债权人意见。企业分立时，对原企业债务承担没有约定，或者约定不明确，比如仅约定各自承担债务的数额，没有详细债权人名单，那么分立后的企业对原企业债务负连带责任。企业分立时，对原企业的债务承担有约定，且此种约定经债权人认可的，按照约定处理。某公司与A公司就原企业的债务已有约定，分别承担相应的详细债权人的债务，原则上，这种约定是合法的，对某公司和A公司具有法律效力。但这种约定能否对抗债权人，取决于此种约定是否经过债权人的认可。如债权人在企业分立时已然认可对债务承担的约定，那么就按照约定应由A公司承担的债务就由A公司承担，某公司不承担连带清偿责任。如果债权人对债务承担约定没有认可，那么某公司对该债权人的债权负连带清偿责任。某公司承担连带责任后，可以依照法律规定和企业分立时的债务承担约定向A公司追偿。

2. 企业法人及公司由于分立或合并，登记事项发生变更的，应向登记主管机关申请办理变更登记、开业登记或者注销登记。因分立或者合并而保留的企业应当申请变更登记，具体办理要求参照原企业变更登记程序；因分立或者合并而新办（新设）的企业（公司）应当申请开业（设立）登记，具体办理要求参照原企业（公司）开业（设立）登记程序；因合并而终止（解散）的企业（公司）应当申请注销登记，具体办理要求参照原企业注销登记程序。

3. 公司合并或者分立，应当由公司的股东会作出决议。

4. 股份有限公司合并或者分立，必须经国务院授权的部门或者省级人民政府批准。

5. 公司的合并、分立，应当自合并、分立决议或者决定作出之日起90日后申请登记，提交合并协议和合并、分立决议或者决定以及公司在报纸上登载公司合并、分立公告至少三次的证明和债务清偿或者债务担保情况的说明。

6. 公司分立，其财产作相应的分割。公司分立时，应当编制资产负债表及财产清单。公司应当自作出分立决议之日起10日内通知债权人，并于30日内在报纸上至少公告三次。不清偿债务或者不提供相应的担保的，公司不得分立。公司分立前的债务按所达成的协议由分立后的公司承担。

7. 公司需要减少注册资本时，必须编制资产负债表及财产清单。

8. 公司应当自作出减少注册资本决议之日起 10 日内通知债权人，并于 30 日内在报纸上至少公告三次。

9. 公司减少资本后的注册资本不得低于法定的最低限额。

第四节　分拆上市

一、分拆上市的定义

分拆上市，是指一个母公司通过将其在子公司中所拥有的股份，按比例分配给现有母公司的股东，从而在法律上和组织上将子公司的经营从母公司的经营中分离出去。

分拆上市是一家公司将其部分资产、业务或某个子公司改制为股份公司进行上市的做法。分拆上市有广义和狭义之分，广义的分拆包括已上市公司或者未上市公司将部分业务从母公司独立出来单独上市；狭义的分拆指的是已上市公司将其部分业务或者某个子公司独立出来，另行公开招股上市。分拆上市后，原母公司的股东虽然在持股比例和绝对持股数量上没有任何变化，但是可以按照持股比例享有被投资企业的净利润分成，而且最为重要的是，子公司分拆上市成功后，母公司将获得超额的投资收益。

二、分拆上市的双重影响

分拆上市，是指境内上市公司所属企业到境外上市，开辟新的融资渠道，其积极作用显而易见，不仅可以满足所属行业创业投资的融资需求，实现所属企业的增长价值，而且还有利于提高上市公司知名度，拓展境外业务，加快其国际化进程。立足于这个角度分析，分拆上市无疑值得特别倡导。

但是，从国外发达国家分拆上市的发展历程看，其间存在的问题也不少，其所属企业在分拆上市过程中，掏空了上市公司优质资产，使上市公司持续经营能力受限，影响了母公司的独立上市地位；上市公司与所属企业，法人治理结构混乱，互相干预，母子贫富不均；所属企业大肆发行新股，摊薄母公司权益，严重侵犯了上市公司股东合法权益；等等。由此不难看出，分拆上市是一把双刃剑，能否取得预期效果，完全有赖于管理层的监管力度，否则，将适得其反。

由于公司内部业务往往有较多联系，分拆上市容易导致上市公司和控股股东及其下属企业之间的关联交易以及同业竞争问题，因此监管部门对分拆上市部分的业务独立性有很高的要求。证监会在《关于进一步规范股票首次发行上市有关工作的通知》中除要求拟上市公司保持人员、资产、财务独立外，还要求拟上市公司与控股股东不存在同业竞争，与控股股东任何形式的关联交易不超过同类业务的30%。

在已上市公司中有很多当初是分拆上市的，控股股东还有大量相关业务留在上市公司之外。这一方面可能导致上市公司与控股股东之间大量关联交易的产生；另一方面不利于集团整体资源的整合和优化。因此，不少控股股东谋求通过某种途径整体上市。如TCL集团通过吸收合并TCL通讯实现集团上市的案例，以及武钢股份公布的拟增发90亿元收购武钢集团钢铁资产的方案都是实现集团整体上市的途径。TCL案例是集团直接整体上市，TCL集团发行新股，用部分新股置换TCL通讯的流通股，同时TCL通讯退市。武钢的案例则是武钢集团借助武钢股份的平台，通过武钢股份增发新股后收购武钢集团的主要钢铁业资产，实现武钢集团钢铁业的整体上市。

2000年，联想集团实施了有史以来最大规模的战略调整，对其核心业务进行拆分，分别成立新的“联想集团”和“神州数码”。2001年6月1日，神州数码股票在香港上市。神州数码从联想中分拆出来具有一箭双雕的作用：分拆不但解决了事业部层次上的激励机制问题，而且由于神州数码独立上市，联想集团、神州数码的股权结构大大改变，公司层次上的激励机制也得到了进一步地解决。

案例分析

TCL移动分拆与重组

近几年来，证券市场上已发生多起海外分拆上市的案例。TCL集团（000100）分拆TCL移动，引人关注。TCL集团上市后不久，2004年3月底就传出移动即将单独分拆海外上市的消息，引发市场质疑，TCL集团股价也随即开始暴跌。但是，TCL集团依旧按部就班地展开工作。2004年8月17日，TCL集团拿到了证监会的批准分拆上市文件。

一、股权重组暗设伏笔

TCL集团核心资产TCL移动股权经历两次复杂重组，此为分拆前重组的第一阶段。此前，TCL移动的股东共有5家。在重组中，TCL集团先将持有的36%股权转让给TCL通讯（BVI）公司；同时，捷迅投资、美风公司、齐福投资分别将所持9%、4.2%、10%的股权转让给Alpha Alliance Enterprises Limited；TCL国际（1070.HK）持有40.8%的股权转让给TCL移动控股（BVI）公司。上述股权转让已经商务部批准并完成。

随后，TCL通讯（BVI）、Alpha及TCL移动控股（BVI）的股东将上述3家BVI公司股权再次投入TCL通讯科技控股有限公司（拟上市公司，以下简称TCL通讯控股）。

有趣的是，重组后，拟上市的TCL通讯控股和TCL移动之间，用3家注册在BVI的离岸公司分隔开，增加了股权重组的复杂程度。如后续以3家BVI公司为载体在海外如美国等地进行上市融资等运作，既可回避国内主管机关的复杂审批，并且大大丰富了资本运作的主体，还可充分享受避税优惠，可谓一举多得。因此，我们有理由相信TCL集团有更重大的资本运作。前述股权重组后，TCL国际再将持有的TCL通讯控股的股权以派发实物股息方式派发给股东（TCL实业控股和公众股东），属2004年中期的特别派息事项。这是为分拆而采取的第二个步骤。

根据8月18日公司公告，分派比例为每持有100股TCL国际的股份获派42股TCL通讯控股的股份。TCL集团的全资子公司TCL实业控股将获得TCL通讯控股22.3%的股权，连同原36%的股权，TCL集团将合计持有拟上市公司TCL通讯控股58.3%的股权，TCL国际的流通股东将分得18.5%的股权。

实物派息实施与否将以TCL国际控股股东已通过决议及TCL通讯控股发出上市文件为前提条件。如该条件未能在2005年12月31日前满足，实物派息失效。

二、两种分拆方案利益比较

TCL集团4月公告的初始方案披露，由于香港联交所有流通股不得低于25%的规定，TCL移动分拆后流通股仅18.5%，因此拟上市公司TCL通讯控股仍需发行少部分新股。由于原方案有部分新股增发，因此对TCL集团的持股比例和盈利有一定摊薄。不过，由于新股将以溢价方式发行，TCL集团持股将可享受净资产溢价带来的增值。

因此，客观分析，该增发分拆方案对TCL集团的影响较小，而该方案对TCL国际的影响比较大。一旦实施，失去占公司利润半壁江山的手机业务，显然将会对公司业绩造成很大打击。出于担心分拆方案得不到公司流通股东首肯，实物派息是一种有效补偿。TCL国际的流通股股东除仍持有TCL国际的股份外，还可按比例获得拟上市的TCL通讯控股的流通股权。

复杂的股权结构调整后，TCL移动从5家股东演变为由3家BVI公司直接持股。从整个股权结构体系里，TCL移动成了最基层的塔基，层层叠叠的各家实体公司、壳公司均可从塔基的TCL移动获得投资收益，称得上最经济、最灵活的股权体系，并为3家BVI公司的后续资本运作预留了足够空间。

由于旧方案存在的问题，8月3日，TCL集团和TCL国际分别公告了修改后的分拆上市方案。新方案不再全球发售部分新股，而改为“介绍上市”，即把已发行证券申请上市，无须在上市时另外发行新股。因为寻求上市的证券已有相当数量（TCL国际流通股股东派息所得股份），且已被广泛持有，故可推断上市后会有足够市场流通量。

此外，新方案仍需解决一个核心问题，如何让流通股比例达到25%以上，以符合联交所规定。派息后TCL国际的流通股股东的持股比例为18.5%，仍差6.5%。

25%最低公众持股量的唯一特例是预期上市后市值能达到100亿港币，并且联交所确信证券数量及持有权分布能够保证正常的流通性。按2003年TCL移动约8亿元人民币的盈利计算，100亿港币市值意味着上市后达到13倍市盈率。按目前手机行业普遍市盈率计算，考虑香港市场的低迷，实现的可能性较小。

有意思的是，早在2004年3月，TCL移动的第四大股东捷讯投资被转到美国纳斯达克上市的南太电子名下，捷讯持9%的TCL移动股权，如果借鉴TCL国际实物派发方式辗转将这笔股权派与南太电子的公众股东，加上TCL国际派息给公众股东的18.5%股权，则问题迎刃而解。

三、资料：境内上市公司境外分拆上市渐成热点

近几年来，证券市场上已发生多起海外分拆上市的案例：

2000年7月27日，A股公司青鸟天桥（600657）的子公司青鸟环宇分拆后在香港创业板上市，这是境内第一家在香港创业板上市的高科技企业。

2000年10月31日，A股公司同仁堂（600085）的控股子公司同仁堂科技在香港联交所创业板挂牌交易。

2001年3月30日，A股上市公司托普软件（000583）的子公司托普科技在香港创业板挂牌上市，共筹措资金1.2亿港元。

2003年7月，A股公司友谊股份（600827）持股51%、上实联合（600607）参股31.73%的联华超市成功赴香港联交所主板发行H股。

除了以上成功分拆的案例，2003年5月，长春高新（000661）控股子公司长春生物分拆香港创业板上市的计划被证监会叫停，主要理由就是长春生物净利润大于长春高新的净利润，会对公司产生重大影响；同期，华联控股持股48%的子公司波斯登分拆香港上市的计划亦被证监会叫停，至今未实施。

（资料来源：邬健敏：《TCL移动分拆与重组》，《证券市场周刊》2004年8月29日）

思考题

1. 股份回购、企业分立与资产剥离分别对企业总资产有哪些影响，其功能分别是什么？

2. 股份回购应遵循的原则有哪些？

3. 资产剥离有哪些方式，应如何做出选择？

4. 资产剥离中的资产评估应注意什么问题？

5. 企业分立后的债务负担应如何分配？

第六章 资产重组与托管经营

学习目的与要求：通过本章学习，重点掌握资产重组和托管经营的特点、形式及运作；要求理解债转股、企业失败等基本概念，并熟悉托管经营的流程和方法。

第一节 资产重组

一、资产重组概述

（一）资产重组的定义

企业多元化、专业化发展的大趋势大格局正在形成。为了企业的生存和发展，必须找到最大最新最快的利润增长点，必须多元化发展，走一条能够防范风险的、良性互补的多元化发展道路。资产重组是使企业多元化的有效方法。

资产重组，是指为了整合经营业务、优化资产结构、改善财务状况，对企业的资产进行剥离、置换、出售、转让，或对企业进行合并、托管、收购、兼并、分立的行为，以实现资本结构或债务结构的改善，为实现资本经营的根本目标奠定基础。资产重组最根本的目的在于提高公司的财务效益。在重组中，处理关联交易包括两类工作：明确各类关联交易之间的具体关系；制定有关的法律文件。

（二）资产重组的双重影响

重组不是万能的，没有重组是万万不能的。这是因为：一方面，不少上市公司过去的资产重组只是一个形式上的报表重组；另一方面，有相当数量的上市公司基本面不佳，产业结构不适合经济发展的要求，需要通过资产重组来大换血。因此，规范重组、推进实质性重组，才能真正使上市公司整体质量提高。

资产重组历来都是证券市场上最热门的话题，这是从 1997 年的上海本地股的重组开始的。经过几年的重组，上海本地的上市公司基本面大大改善，融资能力也得到提升，上市公司和投资者获得了双赢。

1. 负面现象。随后市场上出现了一些不正常的现象，由于重组带来的巨大利益，一些虚假重组、报表重组也应运而生，给投资者形成了一个错觉：资产重组是万能的。

于是一些借助重组操纵市场、掏空上市公司的现象时有发生，如亿安科技、康达尔；还有一些重组是大股东趁机掏空上市公司，如四砂重组事件；2004 年，国嘉、通化金马的重组神话也破灭了，上市公司损失巨大。因此笔者以为，资产重组不是万能的，投资者一定要认真分析，不要被一些主力利用重组损害了利益。也有一些投资者对于资产重组颇有微词，主要是由于资产重组对于市场的投资价值形成了巨大的冲击。

2. 积极影响。没有资产重组也是万万不能的。优化资源配置，而资产重组就是一种方式。如果没有资产重组，市场上有不少公司的结局是破产，这带来的成本要比重组的成本更大。

在资产重组过程中必须注意企业资产重组的风险及其防范。企业资产重组的风险是指企业在资产重组过程中，由于某些不确定因素的存在而使资产重组的预期目标无法实现的可能性。如何把握资产重组中的风险，有效地进行管理和防范，是关系资产重组工作能否健康发展的关键。

二、债务重组

（一）债务重组的概念和方式

债务重组，是指在债务人发生财务困难的情况下，债权人按照其与债务人达成的协议或法院的裁定作出让步的事项。其依据是协议或裁决，前提是修改债务条件，不一定要在金额上作出让步，延期还款也属于债务重组。

目前，引入债务重组的做法主要有：贷款改投资、直接融资增资减债、债权变股权、破产免债、股份合作筹资等。

1. 贷款改投资，即将企业债务转变为国家投资，转变为国家的资产存量，转变为国家欠银行的钱。但这一做法也有局限性，因为一些企业欠债过多，有政策方面的原因，也有不少企业经营方面的原因，因此，这一方法必须区别企业的具体情况，不能无限度推广。

2. 直接融资增资减债的方法有两种：①利用股票市场，即企业通过在境内外发行股票筹得资金，从而减轻企业的债务负担。②发行可转换债券，使企业筹集到资金。但前一种方法只适用于上市公司，非上市公司则无法利用这种方法，而后者受制于中国资本市场的发育情况，目前作用有限。

3. 破产免债，即将企业欠银行的钱，用政策核销掉。由于目前中国银行与国家的产权关系尚未完全理顺，因而这笔债务实质上仍由国家负担。但这种方法有可能助长一些企业赖账的心理，因而这一做法在实践中也不具普遍性。

4. 股份合作筹资，就是通过推行股份合作制，将改制与筹资统一起来，在改制的同时，使职工成为公司的股东。这是中国目前中小企业改革中普遍采用的一种方式。但只有企业效益较好，有发展潜力，才适合采用这种方式。因为在此情况下，职工才愿意出资。

5. 债权变股权，即将银行贷给企业的款项按一定的比例折为银行对企业的股权，使银行由债权人变为企业的股东。债权变股权的合理性有：①缓解了企业的债务危机，增加了企业自有资本，保证了生产的正常进行。②有可能避免银行的部分贷款风险，减少国有金融资产的流失。债权变股权的局限性有：①如果银行经营失败，银行的贷款风险并没有避免。②有可能使企业形成赖账心理。

（二）债务重组的适用条件

1. 企业资产负债率高，即过度负债，从资产负债结构上来看，根据国家统计局对30.2万户企业进行清产核资的结果，1995年这些企业的资产负债率达到了69.3%；其中资产总额74721亿元，负债总额51763亿元，所有者权益为22959亿元。

值得注意的是，以上仅是企业账面资产负债情况，如果考虑到不良不实资产核销、待处理资产的因素，则实际的资产负债率将超过75%，从财务管理的角度来看，明显属于偏高的资产负债率。

由于负债率的上升，企业的利息负担也迅速增加。据相关统计资料反映，1995年国有工业企业支付利息1250亿元，比1980年增加63倍，比1990年增加3倍，从企业日常现金流量的角度考虑，大大加重了企业的现金负担，甚至影响企业的正常生产运作。

2. 存在着大量不良债务，这些资不抵债企业存在债权债务关系的债权方（也包括国有银行），存在着大量的不良债权和潜亏因素，从而也会大大影响这些企业的资产状况，进而形成一个相互影响的不良债务循环圈。前几年影响比较突出的“三角债”问题，就是这一影响的真实写照。

（三）债务重组中债务人的会计处理

1. 以现金清偿某项债务的，债务人应将重组债务的账面价值与支付的现金之间的差额作为债务重组收益，计入当期损益。

2. 以非现金资产清偿某项债务的，债务人应将重组债务的账面价值与转让的非现金资产的公允价值之间的差额作为债务重组收益，计入当期损益，转让的非现金资产的公允价值与其账面价值之间的差额作为资产转让损益，计入当期损益。

3. 债务转为资本的，应分别以下情况处理：

（1）债务人为股份有限公司时，债务人应将债权人因放弃债权而享有股份的面值总额确认为股本，股份的公允价值总额与股本之间的差额确认为资本公积。重组债务的账面价值与股份的公允价值总额之间的差额作为债务重组收益，计入当期损益。

（2）债务人为其他企业时，债务人应将债权人因放弃债权而享有的股权份额确认为实收资本，股权的公允价值与实收资本之间的差额确认为资本公积。重组债务的账面价值与股权的公允价值之间的差额作为债务重组收益，计入当期损益。

（3）以修改其他债务条件进行债务重组的，债务人应将重组债务的账面价值减记至将来应付金额，减记的金额作为债务重组收益，计入当期损益。修改后的债务条款中涉及或有支出的，债务人应将或有支出包括在将来应付金额中，以确定债务重组收益。或有支出实际发生时，应冲减重组后债务的账面价值。结清债务时，或有支出如未发生，应将该或有支出的原估计金额作为结清债务当期的债务重组收益，计入当期损益。

（4）以现金、非现金资产、债务转为资本等方式的组合清偿某项债务时，债务人应先以支付的现金、转让的非现金资产的公允价值冲减重组债务的账面价值，再按《企业会计准则》第7条的规定处理。

（5）以现金、非现金资产、债务转为资本等方式清偿某项债务的一部分，并对该债务的另一部分以修改其他债务条件进行债务重组的，债务人应先以支付的现金、转让的非现金资产的公允价值、债权人享有的股权的公允价值冲减重组债务的账面价值，再按《企业会计准则》第8条的规定处理。

（四）债务重组中债权人的会计处理

1. 以现金清偿某项债务的，债权人应将重组债权的账面余额与收到的现金之间的差额分别以下情况处理：

（1）已对债权计提损失准备的，将该差额先冲减损失准备。损失准备不足以冲减的部分再作为债务重组损失，计入当期损益。

（2）未对债权计提损失准备的，直接将该差额作为债务重组损失，计入当期损益。

2. 以非现金资产清偿某项债务的，债权人应将受让的非现金资产按其公允价值入账。

3. 债务转为资本的，债权人应将享有的股权的公允价值确认为长期投资。

4. 以修改其他债务条件进行债务重组的，债权人应将债权的账面余额减记至将来应收金额，减记的金额作为债务重组损失，计入当期损益。修改后的债务条款中涉及或有收益的，债权人不应将或有收益包括在将来应收金额中，以确定债务重组损失。或有收益实际发生时，计入当期损益。

5. 以现金、非现金资产、债务转为资本等方式的组合清偿某项债务时，债权人应先以收到的现金、受让的非现金资产的公允价值冲减重组债权的账面余额。

6. 以现金、非现金资产、债务转为资本等方式清偿某项债务的一部分，并对该债务的另一部分以修改其他债务条件进行债务重组的，债权人应先以收到的现金、受让的非现金资产的公允价值、享有的股权的公允价值冲减重组债权的账面余额。

三、债转股

（一）债转股的定义与性质

1. 债转股的定义。债转股是指企业的债务转成权益资本、投资者的债权转让（折价）给资产管理公司，资产管理公司变为企业的股权人。

债权转股权是企业通过债务重组来实行股权运作。企业通过“债权转股权”，获得了一笔不需偿还的稳定的经营资本，可寻找有利润点的资本投资项目，提高管理水平，创造出大于货币时间价值的投资回报。从投资者角度来说，债转股是投资者权利间的交易，是在两个投资者间进行的，是真正意义的债权转股权。但对债务企业而言，是责任的转换，是将对债权人的责任转向对股权人的责任。企业对债权人的责任是到期支付本息，这种责任构成企业定期的现金流出，形成企业较大的支出负担。无论何种原因举债，不论何种原因不能还债，都不能得到法律上的豁免，除非债务人被法律宣告破产，而且，即使破产，债务人也必须以其全部破产财产清偿债务，不足以清偿部分才可以获得法律豁免。

2. 债转股的意义。债转股是中国企业发展阶段的特殊产物，是医治由于企业资本金不到位或资本金投入不足使企业陷入财务困境所采取的解救措施。债转股是变相的困难债务重组，是用部分权益替代部分债务。债务重组是债权人基于与债务人财务困难有关的经济或法律上的原因，对债务人作平常不会考虑的让步。困难债务是因经营亏损或资金周转不灵造成的不能到期归还的债务。债务重组的方式有以资产清偿债务、债务转为资本和修改债务条件。债转股属于债务重组中的“债务转为资本”。

（1）债转股是金融资产管理公司作为投资主体，将商业银行原有的不良信贷资产转为金融管理公司对企业的股权，它不是将企业的债务变为国家资本金，更不是将企业的债务一笔勾销，而是由原来的债权债务关系转变为金融资产管理公司和国家开发银行与实施债权转股权企业之间的持股与被持股或控股与被控股的关系，由原来的还本付息转变为按股分红。债转股后，金融资产管理公司与开发银行实际上成为企业阶段性持股的股东，依法行使股东的权利，参与公司重大事务的决策，但不干预企业的日常生产经营活动，在企业经营情况好转后，最终还是要通过上市、转让或企业回购等形式，把这笔资金收回。

（2）对债务企业来说，债转股并非是一种筹资手段，它没有给企业带来增量的现金，也没有增加的资源（资产），只是投资者对企业（筹资方）的要求权性质发生了转变，企业对投资者的责任也随之变化，不再是任何获利水平（甚至亏损）下的固定支出，而是盈利前提下的非固定支出。

（3）从投资者角度来说，债转股是投资者权利间的交易，是在两个投资者间进行的，是真正意义的债权转股权。但对债务企业而言，是责任的转换，是由对债权人的责任转向对股权人的责任。企业对债权人的责任是到期支付本息，这种责任构成企业定期的现金流出，形成企业较大的支出负担。无论何种原因举债，无论何种原因不能还债，都不能得到法律上的豁免，除非债务人被法律宣告破产，而且即使破产，债务人也必须以其全部破产财产清偿债务，不足以清偿部分才可以获得法律豁免。债转股是中国企业发展阶段的特殊产物，是医治由于企业资本金不到位或资本金投入不足使企业陷入财务困境所采取的解救措施。债转股是变相的困难债务重组，是用部分权益代替部分债务。困难债务是因经营亏损或资金周转不灵造成的不能到期归还的债务。债务重组的方式有以资产清偿债务、债务转为资本和修改债务条件。债转股属于债务重组中的“债务转为资本”。

(4) 从国家角度看，并非所有企业都符合债转股条件，从企业本身看也不是一转就灵，债转股对具体企业也不是都有利。所以，实施债转股要具备基本条件，企业要从有利于实现企业的长远目标角度来看债转股。只有符合条件，并对企业长期发展有利的情况下才能考虑实施债转股。

(二) 债转股的激励作用

从债转股的作用看，它不仅是企业一次难得的减债降负、降低资产负债率的举措，但是转与否、转多少要根据企业的具体情况来确定，并非转的越多越好。从转股企业角度来看，其激励作用主要有以下几方面：

1. 可减轻企业债务利息负担，降低资产负债率，优化资本结构，使债务企业摆脱破产，并卸下沉重的债务负担，减少利息支出，降低债务比率，提高盈利能力，从而使债务企业经营者获得再次创业的机会。比如，全国涉及金额最大的债转股项目——茂名石化公司114.2亿元债转股后，迅速扭转经营的不利局面，资产负债率从79.2%大幅降低至38.5%，而其旗下的茂名乙烯更是一举扭亏为盈，实现效益3.6亿元。

2. 债转股后，可提高企业的融资能力，加快企业的发展步伐。债转股后，企业负债减少，负债率下降，企业偿债能力提高，外部对企业投资风险降低，进而增强了企业的融资能力。如能结合债转股进行股票上市，不仅能提前实现股权回购，并能为企业筹集大量资金。

3. 实施债转股的企业，国家规定必须有地方政府的支持，所以会给企业带来良好的外部环境，同时为更多的人提供就业机会，稳定社会秩序。

4. 有利于企业建立健全良好的法人治理结构。国家要求债转股企业在债转股的同时，企业要按公司法要求全面改革，实行法人治理，并进行重新登记；必须建立健全良好的法人治理结构，确立投资人制度。转股后资产管理公司可以以股东身份进入企业，从而完善国企的股东结构，促进现代企业制度的建立。

5. 使债权人获得收回全额投资的机会。如果企业破产，债权人只能收回相当于企业财产全部价值的部分，而其余部分债权人不再有追索权，成为法定的沉没损失。企业继续经营，债权人才有机会部分和足额收回投资额。

6. 使新股东（由于购买债权而变为股权的股东）可以在企业状况好转时，通过上市、转让或回购形式收回投资。

（三）债转股产生的问题

1. 利息抵税作用降低，财务杠杆作用降低，导致风险收益降低。按税法规定银行的借款利息可在税前扣除，所以企业利息的成本并非利息数额的全部，而是其中一部分。债转股后，抵税作用不再存在。财务杠杆系数（息税前利润总额与净利润的比值）会因利息的减少而下降，从而使风险收益下降。

2. 经营决策权分散，会影响企业的长期规划和发展。实施债转股后，资产管理公司或开发银行成为企业的持股或控股股东，享有决定参与重大决策的权利。由于他们的股权需要企业在一定期限内回购，所以与其目标有可能不一致。例如，企业有可能会投资于周期较长、现金流量大的项目，有利于企业的长远发展；而资产管理公司或开发银行则可能会选择周期短、短期利润大的项目，以有利于股权在短期内收回。

3. 会导致资本成本提高，企业的资金回购压力增大。现代财务管理学认为在个别融资资本成本里股本的资本成本最高，所以，转股越多，企业的资本成本越高，在一定程度上与企业价值或股东权益最大化的目标不一致。

4. 使未转成股权的债权人处于继续被掠夺的风险下。如果企业没有较好的产品市场，就不会有较好的经营前景，没有较好的经营机制，就不会有较高效率的经营者。不同时具备有市场的产品和好的经营机制这两个条件，债转股后的企业仍不能起死回生，反而给经营者提供了继续职业消费及获取非工资收益的机会，而债权人的利息及本金仍处于经营者的掠夺风险下。因为，不同时具备这两个条件的企业破产比债转股对债权人更为有利，破产可以立即停止经营者的侵权行为，使债权人的损失小一些。

5. 对新股东形成未来破产的威胁。从一般意义上来说，股权风险大于债权风险，尤其是财务处于困境的企业。债转股会使新股东增大破产风险，因为企业破产时，股权人承担的风险大于债权人。

6. 可能形成社会的赖账经济。如果机制设计不好或实施出现差错，就会成为债务大赦，变相豁免企业债务。因为中国的债转股是将原企业向国有银行的借款，通过国家拨给资产管理公司资本购买国有银行的债权，转为资产管理公司对企业的股权投资。新的股权人在这次行动中处于最危险的境地，因为如果股权人仅通过购买银行债权获得企业的剩余要求权（即净资产的要求权），而没有相应地对被投资企业的控制权给予关注，或对经营者的决策进行有效地控制，这种“债转股”会掀起势头更大的赖账大潮。[①]

（四）债转股的局限性

1. 债转股企业制度的风险。《公司法》的颁布已有6年，但真正建立了现代公司法人治理结构的企业数量还是相当有限，缺乏规范的公司法人治理结构，既是银行不良债权产生的原因之一，又是债转股企业重组后资产公司股权面临的最大风险因素。当前情

① 黄瑞：《关于我国债转股问题的研究》，http：//www.e521.com/library/11/1116/0730140253.htm。

况下，债权转为股权后面临的风险更大。因为规范化的公司制改革一直步履维艰，现代公司法人治理结构不可能在相对短的时间内普遍建立起来，债转股企业经营状况没有根本好转，资产公司不仅丧失以前债权的利息，也丧失了股东分红的股息，加剧资产的流失，而且还承担经营亏损。

2. 债转股往往实现账面盈利。在债转股后，该企业无须支付利息，这样它就可以实现扭亏为盈的目的，因为这时的债务利息由债权人的利息收入变成了股东的投资收益，本应作为利息支出的财务费用变成了企业的盈利，所以债转股对企业账面上的扭亏为盈的作用是显著的，并能在短期内使大批高负债企业走出严重亏损的阴影，不过需要明白的是，这种亏变盈只是纸面上的，只是把原来成本费用项下的数字划到利润项下，而企业的经营业绩并没有因此而改变。

3. 债转股后将增加资产经营公司对债转股企业的监督成本。债转股企业虽然不需要向原债权人支付利息，但它却要向股东派发股息。债务人向债权人还本付息具有法律上的强制性，企业向其股东派发利息则相反，只与企业的经营状况有关。股东要求分红时，必须承担相应的监控职能，否则剩余就会变为零（甚至负数），而在信息不完全情况下，资产公司监督企业是一项成本很高、收益很低的活动。监督之所以必要，是因为企业经理人员不仅可以通过偷懒的办法减少盈利和影响盈利的多少，而且经理人员可以通过内部消费、做假账等办法隐瞒盈利甚至将盈利报为亏损。经验证明，国家作为股东是很难不被欺骗的。

4. 资产管理公司本身政企不分，主体缺位，缺乏有效激励机制和自我约束机制。资产公司资本目前由财政部完全拨划，属于国有独资公司，没有完全独立于政府而自负盈亏，其并不是债转股企业真正的股东，国家是终极所有者，最终承担损失。由于资产公司缺乏促成资产保值、增值的动力，很可能出现随意低价处理资产，甚至勾结舞弊，造成资产大量流失。再加上资产公司目前按照商业银行不良资产账面价值进行收购，既然是不良资产，其真实价值必然低于账面价值，但国家不能折价购买，这就已经让资产公司产生巨大损失，问题还不止于此，这就使得将来无法评定资产公司的工作绩效。

5. 资产管理公司的运作缺乏良好的市场环境。资本市场不发达，债券市场基本上只有国债一级市场，股票市场投机性强，机构投资者少，发行股票只能解决资金问题，对强化约束机制没有太大作用，制约了资产公司清理、盘活资产的手段选择，同时，资产公司依赖的市场中介机构，如会计师事务所、资产评估机构和资信评级机构等不完善，行为不规范，难以为资产公司提供必要的优质辅助服务。

不解决上述问题，债转股很难成功，资产公司可能成为“废品收购站”和无限亏损的政策性银行。当前，企业尽可能地将债务推至资产公司名下，甚至有些企业把正常的流动资产贷款也参与债转股，当资产公司管理重组时，企业管理层不予配合，或以就业相威胁，使得资产公司资产处置和重组无法进行，也吓退了不良资产的潜在买主。而资产公司管理者也可能因收受贿赂而低价向关系人出售，如此等等，都会影响资产公司安全，使债转股趋向失败。

四、企业失败与破产重组

企业失败有两方面含义，即经营失败和财务失败。企业失败往往就是企业家们缺少用系统的理性的思考去经营管理企业，没有足够能力对相关关键因素作综合分析及采取措施，这成了企业失败的一个根本原因。经营不善的行为具体体现在以下几个方面：只是等待热点，不是创造热点；只重货币资本，不重智力资本；资本经济与商品经营的位置颠倒，以资本经营作为企业经营的最高形式，而忽略商品经营；盲目多元化和专业经营化的颠倒；重企业形象，轻企业文化，轻企业内部管理；做买卖的观点代替实业经营的观点。企业“跛脚鸭”行为值得我们深思与警惕。

企业的管理存在一些基本的定律。对于企业管理者来讲，无论应用什么现代企业管理理论，都必须首先遵循而不是违背这些基本定律，只有这样，企业才具备了基本的安全性。企业失败后必须依据重组制度对企业事实破产重组等措施。设置重组制度有望使濒临破产企业复苏，减少债权人和股东的损失；对已达破产界限的企业来说，重组是其背水一战、争取生存的最后机会；对整个社会而言，重组能尽量减少社会财富的损失和因破产而转为失业人口的数量。

五、资产重组案例分析——通用汽车公司资产重组

企业通过资产重组，可以实现资产的最优配置，最终达到扩大生产规模，提高企业竞争力的目的。资产重组的方式可分为兼并、收购、解散、分拆及放弃五种形式，其中兼并与收购统称为并购或购并（M&A）。一直以来，西方企业热衷于通过资产重组，或并购、或分拆、或放弃，以达到优化资源配置，增强竞争力的目的。特别是20世纪90年代以来，西方企业、金融界面对逐步一体化的世界市场，掀起了一股并购浪潮，以达到占领市场、多角化经营和获取高技术的战略目的。

并购或分拆，孰优孰劣，并无绝对标准，需视企业战略目标及市场情况而定。通过对通用汽车公司资产重组案例的剖析，我们希望能从中得出一些有益的启示。

（一）通用汽车公司资产重组案例剖析

通用汽车公司（GM）是一直位居“幸福500强”之首、遥遥领先于其他企业的美国最大公司。1995年其销售额达到1680亿美元，利润额为69亿美元，创下了GM及其他美国公司历史最高记录。形象地说，即GM1995年底生产了860万辆轿车和卡车，如果它们一辆接一辆，将排列成一条25000英里的汽车长龙，可绕地球一周。

这些销售和利润成绩，是过去GM从来未能达到过的水平，它将来也很可能无法再创这样的佳绩了。目前，这家全美最大的企业正悄悄地、逐步地、小心翼翼地将自己

分拆为四个部分，超过另一家一分为三的大公司——美国电报电话公司（AT&T）。

GM经营计算机业务的电子数据系统公司（EDS）、从事卫星与防御系统业务的休斯电子公司（HughesElectronics），及集中生产多种汽车零部件的德尔福（Delphi）子公司都将陆续从GM中分拆出去。导致GM分拆的原因是多方面的。

从GM20世纪50～60年代的辉煌时期以来，GM就投入多而产出少。其衡量资金运用效率的指标——资产回报率一路滑坡。从1965年的17%降到最近几年的零以下，直到1995年上升到3.2%。GM的股票价格在过去的35年中仅仅上升161%，而标准普尔信用等级排名的前500家大企业的股价却上升了900%。从1954年以来每年的"幸福500强"中榜上有名的113家公司中，GM表现平庸，它给股东的回报是最低的。

有时GM似乎将被它自身的庞大所压垮。规模经济一直是汽车工业的基本法则，GM 1995年在美国销售了310万辆客车，却亏了本。

GM的每一个健康的部分看起来都比其臃肿的整体更强些。GM的计算机业务，电子数据系统（EDS）已运用于商业零售；而从事卫星与防御系统的休斯电子公司（HughesElectronics）也在行业中处于领先地位；GM集中生产汽车零部件的德尔福（Delphi）子公司同样如此。如果通用汽车公司分拆为四个部分的话，其股价将是原来的一倍半，GM的市值将比目前增加45%。风险在于：重新回到以汽车制造为核心的经营战略可能使其永远停留在落后的行列。GM将陷入低速增长的汽车工业的泥坑中，缺乏快速增长的高科技因素来帮助其顺利度过不可避免的周期性衰退。这个问题虽然困扰着所有行业，但对汽车制造业来说更为残酷。

迄今为止，分拆的最初阶段已经过去，GM正处在将EDS独立出去的最后阶段。EDS是由RossPerot创建，于1984年被GM以25亿美元收购的。EDS给GM带来了高科技的思维，同时也为GM开发了一套独立而统一的计算机系统。但是收购后不仅Perot本人与董事会之间存在冲突，在整个公司里，这两种文化之间也到处充满矛盾，它们从来没能很好地融合在一起。然而在对外业务方面，EDS有着骄人的成绩。它为劳斯莱斯（RollsRoyce）、施乐公司（Xe-rox）及英国国内税收局（InlandRevenue）开发出了复杂的信息系统。EDS 1995年的销售额为124亿美元，盈利9.39亿美元。

分拆的方案是：GM将它所持有的EDS股份转让给了独立的GM养老基金。带给GM股东的好处则是EDS将付给GM 5亿美元以换取自由。而且EDS还要背负起一个由GM带来的沉重负担：EDS必须履行其职责，负担现在及以后几十万退休职工的退休金。

GM在1985年以52亿美元收购了Hughes公司。GM希望先进的电子技术能帮助它制造出更好、更安全的汽车。但结果却不尽如人意。Hughes确实开发出一些汽车装置，但总的来说，技术转化的收益微乎其微。"把GM和Hughes绑在一起并无协同作用，毫无经济价值。"

与 EDS 一样，Hughes 的对外业务也有不俗的成绩。1995 年的营业额为 147 亿美元，利润 11 亿美元。主要是向中国、日本及其他国家出售通讯卫星的收入，同时它也为五角大楼制造洲际导弹及其他武器。GM 已向社会出售了手中持有的 9600 万股 Hughes 的非普通股。根据最近一次交易的每股 60 美元的股价，GM 在 Hughes 的 76% 的股份价值 190 亿美元，这相当于现在 GM 整个市值的一半。

第三部分，即生产刹车、车灯、传动器及其他几百种汽车零件的 Delphi 公司。Delphi1995 年的营业额为 264 亿美元，其中的 1/4 来自于福特、本田、丰田及其他 GM 的竞争者的业务中。从 GM 分离出来后，Delphi 将向这些客户出售更多的汽车零配件。而福特及其他公司则很可能更愿意向它们最大的竞争对手的供应商买货。估计独立出来后，Delphi 的市值约 60 亿美元。

GM 愿意丢掉 Delphi 还有另外一个原因。Delphi 的产品价格高。如果 Delphi 从 GM 分拆出去的话，GM 则可以自由地从世界各地采购所需零部件。卸掉了购买 Delphi 昂贵的零部件的包袱，则可以降低成本；而且它属下的大量退休工人的退休及养老基金也随之分离出去。

任何大企业都必须有着更高的目标，而不是仅仅为股东服务。“一个公司是一个有人格的、有活力的企业，”斯美尔董事说，“它不仅是资产的集合。管理的责任是使企业永远充满活力，这也是对股东的责任。”因此，GM 永远充满生机的机会在于它的产品除了发动机和传动器，还有计算机和卫星。

（二）通用汽车公司资产重组案的启示

1. 避免陷入“并购”＝“搞活”的误区，大不一定等于好。目前在企业资本经营、资产重组的浪潮中似乎存在一个误区，即谈资本经营必并购，一哄而上进行并购，误以为一旦兼并或收购，企业就能搞活。都搞企业集团，误以为“大”等于“好”。实则不然。企业采取兼并、收购，还是分拆、放弃，均要视企业、市场的实际情况与企业的发展战略而定，并购并非灵丹妙药。通用汽车公司之所以逆潮流而动，选择分拆，是因为分拆后的 GM 将更具活力。

2. 并购不是单纯为扩大规模，而应注意结构的调整。特别是对于一些夕阳产业，如钢铁、纺织、汽车等行业，除通过并购达到规模经济之外，更应该考虑通过并购完成企业内部的结构调整，以获取高新技术，给企业未来发展带来新的动力。而不单纯是简单的扩大规模，或建立产品链。面对市场，具体对象，具体分析，该并则并，该拆则拆，这种实事求是的态度才是搞活企业的途径。

3. 并购论证和可行性研究要充分考虑到兼并完成后的企业的经营运作，考虑到不同企业文化之间的融合，特别是在企业跨国兼并，实施国际化经营时，更应注意这一问题。在企业的经营中，1＋1 不一定等于 2。并购后两个企业如不能较好地融合，可能远远达不到预期效果。

第二节　托管经营

一、托管经营概述

（一）托管经营的定义

托管，即委托管理的意思，具体是指企业所有者将企业的经营管理权由具有较强经营管理能力，并能够承担相应经营风险的法人或自然人去有偿经营，以明晰企业所有者、经营者、生产者责权利关系的一种经营方式。换言之，是指通过契约形式，受托方有条件地接受管理和经营委托方的资产，以有效实现资产的保值、增值。

（二）托管经营的性质

企业托管是近年来中国经济生活中出现的新生事物，是一种新的资本经营形式。在中国目前企业产权制度改革滞后的情况下，托管是一种搞活企业的灵活办法，也是一种值得探索的上市公司进行资产重组的途径和方法。

理论上，有人认为托管经营实质是效益较好的企业受行政委托或者与亏损企业商定，利用自身技术和资金优势，在一定时间内代为经营的一种经营方式；也有人认为，企业改制中的托管经营与经济界使用的托管经营的概念不同，是指委托方与受托方通过签订合同，由委托方将其所有的企业或项目交给受托方在一定的时间内进行经营管理，委托方、受托方形成一定的权利义务关系的经营方式；还有人认为，托管经营是指委托方将其主管的中、小国有或者集体所有亏损企业或者效益较差的企业，依据书面协议委托给效益较好的企业在一定时间内代为经营和管理的一种经营方式。具有以下的属性：

1. 托管经营属于一种“表外”产权运作模式。这种模式往往是在不改变或暂不改变原有产权归属的前提下，直接开展企业资产的重组和流动，这一特点无疑为受托方减少了诸多麻烦。比如，一方面可以绕开企业并购、破产的复杂产权程序，有效地回避其中的某些敏感问题；另一方面相对于并购而言，对其资金的要求也较低。

2. 托管经营属于一种“低风险”的产权运作模式。通常，托管经营中的受托方在发现自己的托管经营决策错误的情况下，还有选择退出托管的余地，其退出托管经营的损失无非是托管合同违约金，或是坚持履行托管合同到期的收益与支出的差额，相对来说是有限的。

3. 托管经营属于一种“过渡性”产权运作模式。通过对一些地区托管经营实践的调查发现，虽然托管并没有变动产权，但通过托管经营的形式过渡到收购、兼并、合资、合作，却是大多数受托方的最终目的。

企业托管是企业改革实践的产物。1995 年 4 月，海南省第一届人民代表大会常务委员会第六次会议通过的《海南经济特区企业资产条例》中规定："企业资产委托经营"是指资产管理部门将公司制企业的资产通过合同方式委托给其他企业进行经营，并由受托企业承担保值增值责任。1995年7月，黑龙江体改委《关于企业委托经营试点工作的意见》中指出：委托经营是指企业产权所有者通过法律形式将企业经营管理权交由职业性的具有较高经营管理能力并能承担相应经营风险的法人或者自然人有偿经营，以明确企业所有者、经营者和生产者的责、权、利关系，实现经营的价值和企业效益最大化的一种经营方式。

企业托管作为企业重组的一种方式，不同于其他资产经营方式。与企业承包、租赁相比，企业托管的经营特征表现为：企业托管是处置权的让渡行为。而后者是以短期经营利润为条件的企业业务经营权的让渡行为。前者比后者更彻底，符合企业经营的根本性要求。企业托管以企业整体资产的保值增值为目标，较好地形成了企业资产经营的内部利益约束机制，从机制上避免了对企业资产的减损；而承包和租赁制注重短期的经营利润和货币收入，不能从利益机制上促成经营者与企业资产价值的制约关系，致使企业经营行为短期化。企业托管时对企业资产经营权和处分权的让渡，涵盖了企业资产的系统操作内容和全过程，因而是一种长期经济行为。

由于企业托管的各方对企业托管的目的和要求不完全相同，致使企业托管的形式具有多样性：①微利或者亏损中小企业一般可以实行整体委托经营。②大型的企业可以对其下属的分场或者车间化整为零、分而治之，实行分层委托经营。③部分委托经营。可以从企业中的生产线、几个生产车间，对其实行委托经营。④专项委托经营。即对企业中的某项业务，如产品生产、产品销售、产品设计的单个环节实行委托经营。应当说，目前托管经营还具有非常重要的意义。尤其是对于一些投资比较大的企业，经营不善将直接影响投资人的投资回收，而进行托管则增加了企业转变经营效益的可能。

（三）托管经营的特征

1. 托管双方当事人是特定的主体。委托方通常是托管企业的所有者，一般指托管企业的开办单位，主管部门和出资者。当托管企业的开办单位与主管部门、出资者不一致时，应当以实际出资者作为托管企业的委托方。以尊重所有权和经营权相分离的原则，防止托管经营进一步走入传统的政企不分的老路。对托管企业为股份制企业或者股份合作制企业时，企业的托管经营属于其经营重大事项，其决定权不归企业经营者所有，必须由股东董事会行使。个体企业和合伙企业的委托人为个人和合伙人。托管方当事人一般为生产经营的经济效益较好的企业，与被托管企业的经营有一定的相似之处。在目前这种情况下，个人成为托管方当事人条件应当严格控制。当然随着经济的发展和经济体制的完善，可以逐渐放宽个人成为托管人的条件。

2. 托管企业具有相对独立性。企业托管之后已经改变了原有的经营方式，在一定程度上企业的财产使用权发生了变化。但是，由于企业并未发生所有权的转移，企业托管与企业兼并不同，企业仍然保留原来的企业的名称和经济性质，也不同于企业租赁，即只保留企业财产所有权，不保留原企业职工和独立核算制度。企业被托管之后，托管方与托管企业发生的经济往来，应属一般的经济关系，使用相应的经济法律、法规来调整。对于托管方当事人超越托管权限，侵犯托管企业的合法权益的行为，委托方有权予以抵制和拒绝。如果托管方当事人已经损害了托管企业经济利益，且该行为不属于托管合同约定的形式的范围，托管企业可以直接提起诉讼要求托管方予以赔偿。

3. 托管合同只是内部合同，只是对托管方和委托方当事人发生相应的法律效力，不具有对抗第三人的法律效力。托管企业的债权债务并不发生转移。根据企业托管经营的前后，可以分为托管前的债权债务和托管后的债权债务。因企业的托管，不涉及要办理工商登记手续，因而对托管企业的债权人来讲无法发生公示效力。对于托管前的债务，债权人当然仍只能向托管企业进行追偿。同样对于托管前的债权，托管企业仍可以向债务人进行追偿。尽管委托方已经将托管企业的财产交给托管方当事人进行经营，由于托管人经营不善可能客观上损害了债权人的权益，债权人也不得向托管方直接追偿，而只能将委托方当事人列为诉讼主体，在其交付受委托方处置的资产范围内承担责任。同时，对于在托管期间内发生的债务，债权人仍只能向托管企业进行追偿。纵然托管方当事人在托管的过程中可能引起托管行为而获得收益，债权人也不得以此为由将托管方作为债务清偿的主体。托管方与委托方当事人之间只是一种委托的法律关系，一般情况下托管方当事人不承担连带责任。

（四）企业托管的适用对象

1. 适用于一些经营恶化、挽救乏术、濒于倒闭的企业，比如一些产品、技术、设备、人员老化，鲜有市场竞争力的企业，一些债务负担沉重甚至资不抵债而又告贷无门的企业，一些经过多次和多种方式整顿而无效的企业等。

2. 适用于一些暂时能够维持运转但已明显感到经营管理力不从心的企业。企业的原始产权主体既无力自我经营企业，又不愿放弃或不愿轻易放弃企业所有权，托管就可能成为最佳的重组方式。

3. 当运用其他方式（如兼并、收购、破产等）进行企业重组存在体制性障碍时，可考虑托管方式。为回避某些体制性障碍，可通过托管方式暂缓原始产权的转让，而先将法人产权让渡出去，一方面先努力救活企业，另一方面设法给予受托方更优惠的经营条件，以满足受托方的利益要求。

4. 当适用其他方式进行企业重组存在资金投入过大的障碍时，可考虑托管办法。此时托管可有效地缓解买方主体的资金压力，因为它可暂不进行原始产权的变更，进而可暂时免交购买这项产权的费用。

5. 当买方主体一时说不准购买目标企业的未来前景，抑或本不想购买目标企业原始产权时，可通过托管方式在一定程度上降低这项投资的风险。

（五）企业托管的主体与客体

企业托管的主体：一般的企业托管中的受托方，必须是具备接受企业资产托管经营管理能力和权力的独立企业法人。可以是按现代企业制度模式建立的企业托管公司、资产管理部门，也可以是中外合资或外商独资企业。其职责在于直接以实现企业资产的保值、增值为目标，按约定条件，在规定期限内，通过经营、管理、运作受托资产，取得显著的经济回报，使企业获得新的生命力。

企业托管的客体：委托管理的标的企业可以按实际发展需要，以多种对象为选择，可以是经营不善的亏损企业，资不抵债或濒于破产的企业，也可以是经营较好的企业。以前者为对象，是一种公认的选择，理由是这种企业的托管有利于借助外来力量的支持使原先已经或正在失去活力的企业重新获得生机，它符合政府和企业急于改造大批亏损、经营不善企业的迫切愿望，在实际中具有相当大的市场。而以后者为对象，则需要观念的突破，从某种角度来看其意义更为深远，托管不仅有利于这些企业通过资产重组和再配置获得更好、更大的绩效，而且有利于国际标准的现代企业迅速形成。

二、托管经营的类型

企业托管是具有法人资格的企业组织委托同样具有法人资格的专业组织机构实施本企业内部管理的过程、方法和实施手段。委托管理是社会发展的必然产物，是社会化分工的具体表现。实施企业托管经营是在企业所有权和经营权分开的基础上，再进一步将企业经营者从企业要素与企业生产者中分离开来，作为新的独立的利益主体，以受托方的身份与委托方即企业所有者签订经营合同，从事企业经营管理，从而形成所有者、经营者和生产者之间的相互利益关系和制约关系，通过这种“外在于”企业的经营者，把有效的经营机制、科学的管理手段、科技成果、优质品牌等引入企业，包括投入一定量的启动资金等，对企业实施有偿经营。企业托管的基本模式有以下几种：

（一）管理托管

管理托管是指帮助企业建立适合本企业管理需要的职业化管理平台，并在此基础上帮助企业培养出一批具有专业管理素质的管理团队，同时指导企业合理改善企业经营管理现状的托管服务模式，由派出的项目组长出任客户企业副总经理，对客户企业管理秩序负责。

（二）经营托管

经营托管是指以一定的经营指标为目标，帮助企业实现当期的经营指标，帮助企业建立适合本企业管理需要的职业化管理平台的运营模式，由派出的项目组长出任客户企业副总经理，对客户企业当期利润和投资回报率负责。

（三）资产托管

资产托管是指以资本的保值、增值为目的的全面经营托管的服务模式，由派出的项目组长出任客户企业副总经理，对客户企业生产目标和资产回报率负责。

实践中，从产权的角度来看，托管经营也存在着不同的模式，概括起来有三种。

1. 企业产权的托管经营。托管经营以企业产权为标的物，委托方当事人依据一定的法律法规和政策，通过与受托方签订合同，以一定的条件为前提，以一定的代价作为补偿，将企业的全部财产权让渡给受托方处置。企业产权的托管经营实质上是一种非公开市场的企业产权交易。在产权市场没有得到健全与完善的条件下，这成为产权流通的一种变通方式。

2. 资产的托管经营。该种托管是指政府授权的资产管理部门，以资产所有者代表的身份，将企业和公司制企业的资产通过合同形式委托给受托方当事人。由于所有制性质决定，在这种托管经营中，托管的标的物只能是企业的经营权，而不是企业的财产权。这是一种以短期产出为运作目标的经济行为，受托方当事人只能在合同约定的范围内，通过对托管企业经营机制的转换以及采取其他手段，使资产保值和增值。

3. 企业的托管经营。该种模式是由特定的部门或者机构，将一部分亏损的国有中小企业接管，通过全面的改造，改变原有的企业结构和资产结构，从而实现资源的再配置，受托管方对托管企业是全面的接受，包括企业的全部财产、全部职员和债务。

严格地讲，托管经营是指企业法人财产权主体（委托人）通过信托协议，将企业资产或者企业法人财产（整体或者部分）的经营权和处分权让渡给具有较强经营管理能力，并能够承担相应经营风险的法人（托管人），由托管人对受托资产进行管理和处理，保证企业资产保值、增值的一种经营方式。企业托管的实质是在明确企业资产所有者和经营者之间责、权、利关系中引入符合市场经济规则的信托机制。企业托管实质上源于信托。

三、托管经营的运作过程与效应

（一）托管经营的过程与步骤

企业托管业务的流程并不复杂。首先，找到需要托管的企业，双方签订合作意向；然后，对受托企业进行实地考察、分析评估；再次，托管方提出经营管理的方案，受托方提出经营目标；在此基础上，双方开始实质性洽谈，确定最终经营管理方案和经营目标，正式签署托管协议；最后，托管方派出管理团队，进入企业实施托管。

企业托管主要有五个步骤：

1. 接受资产管理部门或投资机构的委托，在一定期限内，以保证受托资产保值、增值的一定条件为前提，决定托管企业的有关资产重组或处置方式。

2. 签约确定受托资产总额，并确定在受托有效期内，由受托方分段获得有关资产处置权的价格和方式，最终实现委托资产的法人主体变更。

3. 受托方按约定条件代理售出受托资产，委托方按契约条款的规定向受托方支付一定的代理费或手续费。

4. 受托方以接受受托企业全部债务和职工安置为条件，无偿受让有关企业。

5. 受托方接受债权人的债权委托，并以相应的经营手段使债权人兑现或改变权益，受托方获取一定的代理费。

（二）托管经营的效应

企业托管是在目前不宜马上在大范围内推进企业破产和收购、兼并的情况下，针对企业产权主体不清、明确产权所需的配套法规严重滞后，社会保障体系不完善、资产代表权责不清等问题，在不改变或暂不改变原先产权归属的条件下，直接进行企业资产等要素的重组和流动，达到资源优化配置、拓宽外资引进渠道以及资产增值三大目的，从而谋取企业资产整体价值的有效、合理的经济回报。

作为企业改革的一种形式，受自身适用范围和条件的限制，托管经营虽然没有像兼并、收购那样在实践中得到迅速地推广，但是，企业托管还是产生了一些积极的影响。

1. 企业托管盘活了存量资本，为部分危困企业解决了困难。实行托管的企业，大多数都是实行股份制改造无聚资，“租、卖、兼”无吸引力，破产倒闭无承受力的“三无”企业。受托方接管后，在盘活存量资本上大做文章，采取增加投入、检修设备、技术改造、狠抓产品质量、积极拓宽市场渠道等措施，使大部分低效资产和闲置设备得到了利用。

2. 转换了企业的经营机制，扩大了企业的自主经营权，提高了企业的管理水平。企业托管通过合同关系界定了企业所有者和企业经营者的权利、义务关系，为实现政企分开、政资分开和两权分离创造了条件。托管经营与承包经营的一个非常重要的区别就是，托管经营克服了承包经营在两权分离上的局限性。承包经营的经营者的企业内部选择或者行业内部选择，多限于经营者个人，经营风险承担能力弱。而托管经营面向广阔的市场，由市场来完成对委托双方的选择，具有广阔的选择空间。企业托管实行与承包经营完全不同的经营机制，避免了承包经营的短期行为和事实上的包盈不包亏，由国家承担无限责任的弊端。承包经营以一定的经营利润为指标，不能从利益上促成经营者收入与企业资产增值的联动效应，导致承包者的短期行为。

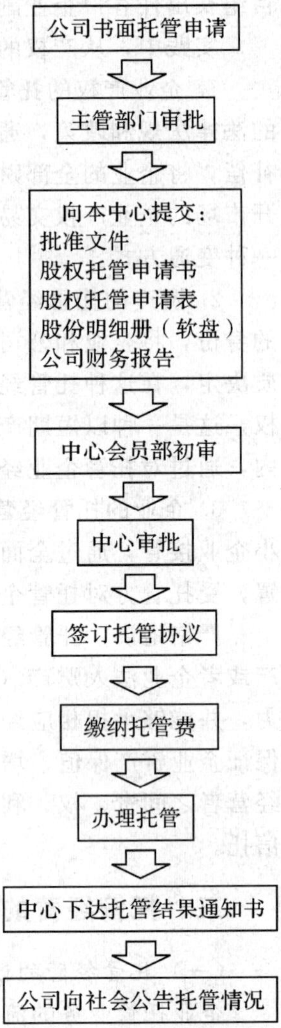

图 6—1 企业托管流程图

3. 扩大了融资渠道，缓解了企业资金紧张的矛盾，有利于企业逐步向兼并过渡。

在企业重组的过程中，有相当一部分优势企业需要增加投入，扩大生产规模，提高市场竞争力，但由于缺乏资金，无论是增量投入还是存量调整，都受到很大限制，而实行托管经营，由优势企业对困难企业采取一些“扶贫济困”的措施进行帮带，当推进成熟时，即可实施兼并。这样做的好处是，受托企业可以在不增加或者少增加投入的情况下，以最低的成本获得被托企业的厂房或者设备，实现资产的流动和重组。

思考题

1. 资产重组有什么特点？
2. 债务重组的作用和意义是什么？
3. 破产重组对企业失败的后果有什么影响作用？
4. 托管经营有哪几种类型？
5. 托管经营的运作过程有哪些步骤？

第七章　租赁经营

学习目的与要求：通过本章学习，重点掌握经营租赁和融资租赁的联系与差异，以及各种租赁方式及运作程序。并要求读者尽可能结合实际对租赁经营方式的创新问题进行探讨。

第一节　经营租赁

一、经营租赁的含义与特点

（一）经营租赁的含义

租赁是商品经济发展的产物。在经济生活中，人们对租赁的概念早已熟悉，并在经济活动的许多领域广泛开展了租赁业务，如土地租赁、房屋租赁、设备租赁等等。租赁的基本含义是，在所有权不变的前提下，出租者将所出租的财产（物）按照一定的条件、一定的期限交给承租者占有、支配和使用；承租者向出租者交纳租金；租赁期终止时，承租者将财产（物）完整地返还给出租者，租赁双方的这种经济关系要用合同（契约）的形式规定下来。为了避免出租财产在租赁期间发生意外损失，签订合同时，承租方往往要提供抵押和担保。企业租赁经营与一般融资租赁都具有租赁关系的基本特征，所不同的只是租赁对象（标的物），前者的标的是可用于从事经济活动的企业资产（包括有形资产和无形资产）；后者的标的是具有特定使用价值的有形资产。

经营租赁又称传统租赁，是指由出租方根据承租方的需要，与承租方订立租赁合同，在合同内将机器设备等出租给承租方，承租方在取得机器设备等使用权的时间内，按合同规定向出租方支付租赁费的一种租赁业务。这种租赁的机器设备等的租赁期一般较短，在租赁期满后，将租赁机器设备等退还给出租方。机器设备等在租赁期内所发生的修理费、保险费以及其他有关费用，均由出租方承担。因此在租赁费中，除了包括租赁机器设备等购置成本、利息外，还包括租赁机器设备等的修理费、保险费、业务管理费等。由于租赁机器设备等的所有权属于出租方，承租方在租入机器设备等后，不必记入企业的固定资产账户，只需将租入机器设备等的名称、型号、规格、数量、租赁费及其支付时间等记入“租入固定资产备查簿”。租赁期内按合同规定支付的租赁费，直接记入当月生产成本，或通过待摊、预提的办法分月摊提记入生产成本。租赁期满，将机器设备等退还承租方时，应在“租入固定资产备查簿”中加以注销。

企业租赁经营不同于一般的设备租赁，它是一种企业经营方式，区别于一般传统的财产租赁，也不同于现代的融资租赁。企业租赁的标的是企业的经营权。企业通过对同行业企业的租赁，可以获得经营资产，扩大规模，促进企业的发展。而且这种扩大规模的方法与通过基本建设扩大规模相比，具有节省投资、提高效率的优点。同时，企业通过对不同行业企业的租赁，可以实现企业的多样化经营战略。

（二）经营租赁与融资租赁的差异

经营租赁不同于融资租赁，租赁是只能以实体财产为标的物的交易。租赁同买卖的区别在于，买卖转移所有权，而租赁则不转移所有权。买入是为了拥有，租入则是为了使用。租赁发展到一定阶段时，出现了融资租赁这种方式。它不仅是为了使用，而且还为了最终拥有。正是从这个意义上考虑，人们说它实际上类似于分期付款销售或抵押贷款，尽管就法律关系而言，它们是完全不同的。租赁带上了融资功能，是租赁所具有的明显的现代特征。但是，随着市场的发育，人们发现，租赁的融资功能固然可取，但是典型的融资租赁对于承租人来说，同时也有负面影响。其中，最主要的是两条：①承租人要完全承担租赁物的残值风险。②由于融资租赁项下的应付租金是承租人的财务报表上的负债，因此其负债对净资产的比率会加大，外部筹资的空间会被挤压。正是在这样的背景下，具有一定的融资功能，又有别于典型的融资租赁的经营租赁应运而生。对于这样的经营租赁，它同融资租赁的根本区别就在于并非是它毫无融资功能，而在于承租人不承担租赁物的残值风险。

1. 风险与报酬的转移不同。在两种租赁方式下所有权都归出租方。在融资租赁方式下，与租赁资产所有权有关的风险与报酬实质上已经转移，承租方需对资产计提折旧，并预提修理费及其他费用。而在经营租赁方式下，与租赁资产所有权有关的风险与报酬实质上并未转移，出租方仍需承担租赁资产的折旧、修理费用等。

2. 期限差异。融资租赁以承租人对设备的长期使用为前提，所以与设备的经济寿命相当。而经营租赁中承租方不打算长期租赁资产，租赁期限相对较短。

3. 承租人拥有的权利不同。在融资租赁中，租赁期满时，承租人对租赁资产有廉价购买的权利，也可续租，或将租赁资产退还出租方，而经营租赁在租赁期满时不具有上述权利。

4. 承租人在租期内对设备的使用价值负责。由于设备是承租人选定的，而且所有权属于出租人，因而在租期内承租人有责任保证设备的使用价值不受损失，为此要进行一些必需的维修、保养、保险工作，费用由承租人负担。

5. 租金具有完全支付性。融资租赁由于期限相当于设备的经济寿命，因而在一个不间断的较长租赁期内，承租人所付租金总额要相当于出租人全部或大部分投资，可以说是一租到底。期满出租人一般把设备折价卖给承租人，双方关系宣布结束。

（三）经营租赁的特性

由于租赁经营与承包经营是我国企业经营方式改革中广泛采用的两种基本方式，且操作方法相类似，人们往往混为一谈。其实，租赁经营具有它固有的特征。

1. 较彻底地实现两权——所有权与经营权的分离。在租赁关系中，出租方拥有租赁对象的所有权和相应的收益权；承租方以交纳租金为代价换取对租赁对象的经营权，即占有权、支配权和使用权，所有权与经营权的分离是较彻底的。至于租赁对象的处置权是属于所有者的，它已超过经营权的范围，所以承租者无权改变租赁对象的物质形态和进行处分、赠予等活动。

2. 出租过程体现的是商品经济关系。在租赁关系中，租赁对象的价值是由租金来体现的。租金实际上是租赁对象——标的物价值量的反映。在社会化的商品生产活动中，众多的企业由于条件、机遇和素质的差异，在竞争时，承租方要提供抵押金（现金或实物)，并要求有偿付能力的第三方提供担保。

3. 租赁双方地位平等。由于租赁关系体现的是一种商品交易关系，租赁双方在经济地位上是完全平等的，它不受行政隶属关系所左右。承租方利用租赁合同，依法取得企业资产进行经营活动，实现自主经营、自负盈亏、自我发展、自我约束，成为独立的商品生产者和经营者。承包经营带有委托经营的性质，在行政上难以摆脱上下级关系的影响。承包期终了发包方往往要对承包方经营业绩进行考核。

（四）经营租赁的原因

小型企业经营租赁一般在微利、亏损企业进行。实行租赁经营的目的各不相同，大体有如下一些原因：

1. 有的是因为企业素质差，生产、经营陷入困境。

2. 有的承租企业要发展、扩张，受到厂房、场地等条件限制，欲利用出租企业现有的生产条件加以改造。

3. 有的承租企业出于发展战略的需要，把租赁企业的生产经营纳入本企业发展规划，壮大自身实力。

4. 有的主管部门把租赁经营作为挽救濒临破产企业的措施。

5. 有的欲通过分割出租的办法，分散经营风险，提高整体经济效益。

6. 有的以租赁经营为过渡手段，进而达到兼并、联合、出售，或实行股份合作制等目的。

二、企业经营租赁的操作

租赁经营无论出于什么目的或采取什么形式，操作上都有一些共同之处。

（一）竞争招标

根据《租赁条例》的要求，租赁经营要按一定的程序进行，一般采取竞争招标的办法。这样可以在较大范围内择优选择经营者，同时使租金基数定得较为先进合理。一个完整的招标程序通常包括以下几个步骤：

1. 招标准备工作（成立招标组织、评估资产、确定标底）。

2. 发布招标通告和进行资格审查（包括出租方和投标人的资格审查）。

3. 筛选投标人。

4. 草拟租赁经营合同。

5. 公开答辩，确定候选人。

6. 征求职工意见。

7. 制定待签合同文本。

8. 综合考评，确定中标人。

9. 签订租赁合同，办理公证手续。

10. 承租人（或承租方代表）进厂就职，办理变更登记手续。

（二）风险抵押

凡租赁企业，承租方必须出具一定数量的财产（现金或实物）作为抵押，常称为风险抵押。抵押财产多少，理论上应与租赁企业的资产挂钩，但在实践中很难作出全国统一规定。武汉市曾做过调查，当时实行租赁经营的国有小企业平均有固定资产 20 万元左右，较高的在 500 万元以上。如按银行同期利率或固定资产占用费水平计算，承租人很难拿出这样一大笔财产作为抵押，如只按一个固定的比例，又不能覆盖全部小企业。而且极有限的抵押也不可能真正成为负亏的保证。考虑到中国企业租赁经营的抵押主要是加大经营者的风险感和责任心，即使西方国家的经营者也只是承担有限责任，因此在实践中，各地多是按企业资产的多少，在承租方承受能力的限度内，分档规定抵押金的数额。从以往的操作来看，个人租赁、合伙租赁，每人交纳抵押金一般在 5000 元～10000元之间，很少有超过 2 万元的。至于全员租赁，从经营者到每个职工，还要按个人所担负的责任和风险的大小，拉开档次。当然，在收入分配时也要相应考虑风险收入。

（三）租金计算

企业租赁经营的租金计算方法不同于传统的融资租赁和地租。融资租赁，以出租物的原始价值折旧为基础加上预期的资本利润率来计算租金，以回收所有者原始投资和取得社会平均利润。地租，以土地的买价和改良土地的追加投入为基础，参考利用土地资源谋取利润的潜力，按照不同的区域计算级差地租。

中国的企业租赁经营则不同。承租方在租赁企业资产，取得经营权的同时，也取得企业所在地块的使用权。在中国一切土地属国家所有，任何企业都要缴纳土地使用税，并纳入财政预算管理。所以计算租金时，对国内承租者一般不计入土地占用费，外商承租时则应考虑土地占用费问题。从理论上讲，计算租金应以企业全部资产（有形资产和无形资产）和社会平均利润率为依据。由于无形资产的评估在中国还是一个新生事物，缺乏足够的经验和依据，所以在实践中往往只以有形资产为依据，再参考企业前几年的盈亏状况和预期盈利能力来计算租金。并以此为标的，通过竞争招标来确定基本租金。“七五”期间，中国在小型企业推行租赁经营责任制时，各地区创造过10余种租金计算方法，较为典型的有如下几种。

1. 固定租金法。这种计算方法在合同中规定每年交纳租金的绝对数额（基数租金）。如果实现利润超过这个基数租金，超过部分纳税后的余额，由承租方与企业按一定的比例（如5∶5，3∶7，2∶8）分成，企业分成部分留在企业主要用于改善职工福利，也可用于发展生产。有的地方又加以改进，在基数租金的基础上乘以企业素质系数和市场动态系数作为实交租金。

2. 浮动租金法。这种计算方法先在合同中规定每年应实现的基数利润、基数租金和承租人的基本收入，实际利润超过基数利润时，实交租金随实际利润等比例上浮，承租人收入亦随实交租金等比例增长。如完不成基数利润，照交基数租金。不足者由承租方抵补。承租人无力抵补基数租金时，由担保人连带抵补。

3. 资产利润率法。这种计算方法以行业资产利润率作为百元资产租金率，应交租金分为基本租金和增长租金两部分。基本租金又分为有形资产租金和无形资产（商誉、专利等）租金。有形资产租金按出租企业的有形资产总额（净资产）乘以百元资产租金率来计算；无形资产租金由租赁双方根据企业获得超额利润的能力来确定（可能是正数，也可能是负数）。增长租金是承租者的经营收入扣除基本租金和个人纯收入后的剩余部分，这一部分作为增长租金交给企业，也视同无形资产租金。相应地，承租者的收入也分为基本收入和增长收入两部分。承租者完成合同规定的基数利润和基数租金时得基本收入。超额完成基数利润时，以合同规定的第一年资产利润率为基数，逐年按比计算，按资产利润率增长幅度给予增长收入。

4. 基数租金法（公式法）。这种计算方法是先确定每年的基数租金和基数利润，不论盈亏如何，基数租金不得少交。实际利润超过基数利润时，按公式计算应交纳的租金。实际租金＝基数租金×租赁年度实现利润－应缴所得税租赁年度基数利润－应缴所得税。它的特点是实际租金与实际利润不等比浮动，实际利润超过基数利润越多租金率越高，旨在控制承租人收入不致冒出过多。

5. 基数递增租金法。这是指租赁双方预先规定各年度的基数利润和基数租金，实际租金则按当年的基数租金乘以实际利润与基数利润之比，再乘以几项调节系数，适度上浮。调节系数包括固定资产利润率系数、企业素质系数和市场动态系数，计算较为复杂。从各地测算比例来看，基数租金一般为基数利润的8%～10%。但要注意，企业所得税是由出租方还是由承租方缴纳，两者情况不同，租金水平自然不同。

三、经营租赁的关系分析

（一）承租人和出租人之间的法律关系

承租人与出租人之间的法律关系主要表现在租赁经营合同上。租赁经营合同应当规定租赁期间、租金、租赁企业的具体经营问题等内容。根据租赁合同，出租人和承租人又获得另外一层法律关系。租赁经营合同标的的是租赁企业，包括企业的经营权和相关的财产。这样出租人就成为租赁企业的所有人，而承租人就成为租赁企业的经营人。承租人依照租赁合同，对租赁企业进行自主经营，依法处分租赁企业的财产，在租赁合同规定的范围内，出租方不得随意干涉。

从这一点上看，租赁经营虽然实现了所有权和经营权的分离，但是，这种分离方式却显得十分的原始和落后。因为，企业租赁的最终目的是为了提高企业经济效益，增强企业的竞争能力，最终使企业的所有者受益。而在租赁经营的情况下，很难实现这一目的。出租人在合同生效后，只对租赁企业享有所有权，这种所有权在租赁期间内主要表现为获得租金的权利，即体现为一种债权，而不是参与权。出租人很难对企业的经营再实施有效的影响，即使承租人对企业的经营有损于出租人的利益也是如此。承租人与出租人的利益是不同的，按照市场规律，承租人必然要按照自己利益最大化的方式进行经营，这样就经常会从根本上损害出租人的利益。租赁经营的实践也恰恰证明了这一点，尤其是对于企业，采用这种经营方式其风险性更大。

（二）租赁经营的外部关系

租赁经营虽然是发生在出租人和承租人之间，但是，由于租赁企业必然要同第三人进行民事交易，这样就使得出租人和承租人不可避免地同第三人之间发生法律关系。实践中，出租人在出租企业时常常会有一种误解，以为自己将企业出租后，就可以向出租房屋一样，只收取租金，而不再对租赁企业承担任何义务，基于此种错误认识，在租赁合同中经常约定，在租赁期间，因租赁企业经营发生的一切债务均由承租人负责，出租人不承担任何责任。

然而，实质上出租人同承租人之间订立的合同只是一种内部合同，不具有对抗第三人的法律效力，在租赁期间，以租赁企业的名义对外发生的债务由承租企业承担，出租人不得以租赁合同中对债务承担方式已经有约定为由对抗债权人。

当然，如果出租人和承租人在租赁合同中对租赁企业的债务承担有约定的，在出租人或者租赁企业承担债务后，可以依照租赁合同的约定，向承租人追偿。这样，就会使出租人通过出租企业来避免承担债务的愿望落空。而且在许多情况下，还会适得其反，由于出租人不实际控制企业，也就很难控制租赁企业的债务，承租人经常会无意甚至有意地利用这种法律关系，为自己谋取利益。尽管承租人也可能在订立租赁合同时提供了担保，但是，这种担保经常很难发生实际效果。正因如此，租赁经营无法成为企业改制的主要方式，尤其是对于企业，这种方式更加不适合。

第二节 融资租赁

融资租赁是20世纪60年代世界金融创新潮流的产物，60年代，融资租赁业进入主要西方国家并逐步国际化，发展中国家于70年代中期也开始发展融资租赁业。融资租赁业在世界上以年平均30%的速度增长，在国际资本市场中占有非常重要的地位。中国的融资租赁业起步于80年代，经过10多年的时间已形成了一定的规模，并对经济发展起了一定的支持和推动作用。当前，正处于中国融资租赁业发展的关键时期，为了迎接“入世”的机遇与挑战，必须认真总结与借鉴国际上发展融资租赁业的经验，以推动中国的融资租赁业在正确的轨道上健康发展。

一、融资租赁的概念与特点

（一）融资租赁的概念

融资租赁，是指这样一种交易行为，出租人根据承租人提供的规格，与第三方（供货商）订立一项供货合同；根据此合同，出租人按照承租人在与其利益有关的范围内所同意的条款取得工厂、资本货物或其他设备（以下简称设备）；并且，出租人与承租人（用户）订立一项租赁合同，以承租人支付租金为条件授予承租人使用设备的权利。

融资租赁是具有融资性质和所有权转移特点的设备租赁业务，即出租人根据承租人所要求的规格、型号、性能等条件购入设备租赁给承租人，合同期内所有权归出租人，承租人只拥有使用权。合同期届满，承租人付清租金后，有权按残值购入设备，出租人丧失所有权，承租人拥有所有权。

从概念上可以被视为集融资与融物、贸易与技术更新于一体的新型融资方式。其操作程序是：有意以租赁方式购买某种设备的企业，在自行选定设备品种、规格、型号、交货条件后，向租赁公司提出办理租赁业务的申请，租赁公司经审查认为项目可行后，由租赁公司代为融资，并根据承租人要求向供应厂商购进其所需设备再交付承租人使用，承租人只需按期交付租金，而待租期结束，租赁标的物的所有权通常可自动转移到企业一方。

符合下列条件之一的，为融资租赁：

1. 在租赁期满时，租赁资产的所有权转让给承租方。
2. 租赁期为资产使用年限的大部分（75%或以上）。
3. 租赁期内租赁最低付款额大于或基本等于租赁开始月资产的公允价值。

4. 从事租赁业务的单位，应按《中华人民共和国营业税暂行条例》的规定缴纳营业税，但不缴纳增值税。

5. 其他单位从事的融资租赁业务，所有权转让的，只缴纳增值税，不缴纳营业税；所有权未转让的，只缴纳营业税，不缴纳增值税。

（二）融资租赁交易的特点

融资租赁是一项至少涉及三方当事人——出租人、承租人和供货商，并且至少由两个合同——买卖合同和租赁合同构成的自成一类的三边交易。这三方当事人相互关联，两个合同相互制约。

1. 拟租赁的设备由承租人自行选定，出租人只负责按用户的要求，给予融资便利，购买设备，不负担设备缺陷、延迟交货等责任和设备维护的义务；承租人也不得以此为由拖欠或拒付租金。

2. 全额清偿，即出租人在基本租期内只将设备出租给一个特定的用户，出租人从该用户收取的租金总额应等于该项租赁交易的全部投资及利润，或根据出租人所在国关于融资租赁的标准，等于投资总额的一定比例，如80%。换言之，出租人在一次交易中就能收回全部或大部分该项交易的投资。

3. 对于承租人来说，融资租赁属于资产负债表内的科目，租赁设备应在承租人的资产负债表中反映，因此是由承租人对设备计提折旧的。设备的保险、保养、维护等费用及过时风险均由承租人负担。

4. 设备所有权与使用权长期分离。设备的所有权在法律上属于出租人，设备的使用权在经济上属于承租人。

5. 基本租期结束时，承租人一般对设备拥有留购、续租或退租三种选择权。

6. 不可解约性。对于承租人而言，租赁的设备是承租人根据其自身需要而自行选定的，因此承租人不能以退还设备为条件而提前中止合同。对于出租人而言，因设备为已购进产品，所以不能以市场涨价为由提高租金。总之，在一般情况下，租期内租赁双方无权中止合同。

（三）融资租赁业产生与发展的经济动因

推动发达国家和新兴工业化国家融资租赁业产生与高速发展的经济动力是什么？可以归结为市场经济制度和国民经济工业化两个因素。

融资租赁是以融物的方式来融资，而所融之物大量的和主要的是机械设备。在市场经济制度下，一切生产要素都是商品，商品的取得需要资金来购买，这就决定许多企业，尤其是大量的中小企业需要通过外源融资来弥补自有资金的不足，这是租赁信用产生的制度基础。当一国的工业化进入机械化自动化时期，大量企业由劳动密集型向资本技术密集型转化，生产规模的扩张需要补充新的机械技术设备，竞争和技术进步，使产品的生命周期越来越短，设备更新的周期越来越短，工业设备价高，使用年限长，使企业设备更新改造的压力越来越大。以先使用设备再以租金分期偿还的融资租赁信用正是适应了这种市场需求，得以创立并大规模发展，有力地推动了各国的工业化进程。

因此，可以认定，市场经济制度和国民经济工业化是20世纪60年代以来世界融资租赁业兴起和发展的制度基础和历史条件。融资租赁业发展落后的国家，不外乎缺乏市场经济制度或工业化发展滞后这两个因素所致。

中国融资租赁业起步晚和发展迟缓首先是由于封闭经济和计划经济体制造成的。在封闭经济下进口设备很少，无所谓于国际方面的交流。在计划体制下，大量的企业机械设备不是商品，通过物资部门计划调拨，所需资金也是财政划拨，就是说设备推销者无需推销设备，设备需求者也无须购买设备，因而融资租赁方式也就无存在的必要。现在我们实行的是开放经济和市场经济，并且大量发展个体私营经济，可以预计，制度因素必将导致中国的融资租赁业有一个较大较快的发展，从另一个角度看，中国正处于工业化中期，工业化还有很长一段路要走，当前正在进行与国际接轨，实施产业与产品结构战略性调整、产业升级换代的高峰期，具有融资租赁业发展的雄厚的经济基础。

当然，率先进入新经济时代的国家，制造业的比重会有所下降。如美国GDP中，制造业只占了30%，服务业占了61%，农业占了9%，英国20年前800万人从事制造业，现在还不到40万人。中国的工业化后期也难免融入新经济的因素，不是完全的“走老路”，而是走工业化、信息化、现代化并进的道路。但这并不意味着传统产业的逐渐退出经济舞台和融资租赁业的经济基础动摇，随着新经济的到来，传统产业占GDP的比重会减少，但不可能放弃传统产业，而只是用高新技术改造传统产业，实现制造业信息化工程，使之升级换代，可以说，新经济改变的只是融资租赁设备的内容，而不是融资租赁方式本身。

二、融资租赁业的经济功能与意义

融资租赁是以融物的方式来融资，以融资的方式来融物，是融资和融物的有机结合，既是融资方式的创新，又是融物方式的创新。

（一）从微观看符合买方和卖方的需要

1. 满足了企业的需求。承租人（买方），有权选择自己最需要的设备，掌握设备及时更新主动权，可以减少资金投入，提高自有资金使用效率，可以降低设备的无形损耗（由出租人承担），有利于避免利率汇率风险，比银行借款手续简单；出租人（卖方），融出的资金有设备所有权作担保，能比较安全收回投资并可获利；设备制造商，可以此扩大产品销售；银行，贷款给租赁公司，实际上是以租赁公司为中介向风险较大的中小企业贷款，由于有租赁公司和实物所有权的双重担保，既开辟了资金市场，又减少了风险。

2. 在一定条件下它具有银行贷款及其他融资方式所不具备的优势。银行贷款（这里主要指分期偿还的银行贷款），一般供应量有限，担保难，需求方难取得。即使取得贷款可以一次性购入设备并获得所有权，出于技术进步，购入设备的市场生命周期短，而设备的法定使用年限长，企业需承担设备技术进步的风险，同时由于旧设备无法处理而不能主动及时更新设备，影响企业的效率与发展。而融资租赁以物为担保及时取得设备使用权，租赁期与市场生命期一致，保证了设备及时更新，防止了设备无形损耗。至于其他融资方式，如股权债权融资，或由于该国资本市场不发达，或由于企业条件不足、入市条件苛刻等因素难以获得。

以上两方面是融资租赁方式成为仅次于银行贷款的微观基础。

（二）从宏观角度看有利于经济持续发展

融资与融物结合，以融物方式融资，有利于优化产业和产品结构，提高经济增长质量和效益；有利于支持中小企业的技术改造，提升其在国内市场的竞争力；有利于引进外资和国外的先进技术设备，总之有利于提高国家的经济增长速度，推进工业化进程。

根据国外的经验，融资租赁方式还有两个特殊功能：

1. 可以绕过有关国家的金融监管和贸易壁垒，其融物功能可以避免金融监管，其融资功能可以避免贸易壁垒。因而成为促进一个国家资本输出的重要方式。

2. 对宏观经济有重大调节作用，在投资消费旺盛经济繁荣时期，通过控制融物的条件，抑制过度、重复不合理投资和消费，支持有效合理投资和消费，防止通货膨胀；在投资消费不足经济萧条时期，通过扩大融资的功能，扩大投资刺激消费，防止通货紧缩。融资租赁具有抑制经济周期过度波动，保持经济平稳运行和持续发展的作用。

融资租赁业的独特的宏观经济意义正是它引起各国政府对这个行业特殊重视的原因，也是各国政府普遍给予融资租赁业以政策扶持的原因。

这条经验也说明，在中国，融资租赁方式在融资方式中的“拾遗补缺”地位，终将随着融资租赁业的发展获得根本性的转变。中国的融资租赁业也将随着中小企业和个体私营经济和高科技企业的发展而日益突显其功能，找到更大的发展空间，并将因而获得政府更多的政策支撑。

三、融资租赁的创新

融资租赁行业和融资租赁企业唯有在融资租赁技术、融资租赁管理、融资租赁机制、融资租赁环境、融资租赁理念等诸方面持续创新，才能赢得应有的发展。从融资租赁产生发展的成因来看，以资金为纽带，以物为载体的融资租赁是金融业高度发达，金融资本和产业资本、商业资本、知识资本在市场上相互渗透与结合的产物。融资租赁把金融、贸易、生产三者紧密结合，将银行信用、商业信用、消费信用有效叠加，是实现资源优化配置的重要方式。

（一）融资租赁方式与工具的创新

融资租赁的基本方式是三方当事人（出租人、承租人、厂商）间的两份合同（购买合同、租赁合同）所确定的债权债务关系。从最基本的直接购买融资租赁，可以诱导出多种变体，如转融资租赁、售后租回融资租赁、杠杆融资租赁、委托融资租赁、托拉斯融资租赁等。除这些在北美、西欧及东亚韩日已成熟使用的融资租赁方法外，由于市场的驱动和业务的拓展，近几年来国内外的一些租赁公司又开发出许多新的行之有效的方法，现将这些方法的要点简述于下：

1. 转融资租赁。这是由出租人从另一家融资租赁公司租进设备，然后转租给承租人使用。第二出租人可以不动用自己的资金而通过发挥类似融资租赁经纪人的作用而获利，并能分享第一出租人所在国家的税收优惠，降低融资成本。转融资租赁多发生在跨国融资租赁业务中。

2. 售后租回融资租赁。一般简称回租，这是由设备使用方首先将自己的设备出售给融资租赁公司（出租人），再由租赁公司将设备出租给原设备使用方（承租人）使用。厂商通过回租可以满足其改善财务状况（资产负债表）、盘活存量资产的需要，并可与融资租赁公司共同分享政府的投资减税优惠政策带来的好处，以较低的租金即可取得继续使用设备的权利。财产（设备）所有人通过这种方式可以在不影响自己对财产继续使用的情况下，将物化资本转变为货币资本。

3. 杠杆融资租赁。国外杠杆融资租赁的运作方式十分复杂，涉及的当事人较多，一般包括承租人、生产厂商、物主出租人、物主受托人、债权人、经纪人等。融资租赁公司（出租人）只承担设备成本的一小部分，一般为20%～40%，并以此为“杠杆”，大部分由银行或银团等金融机构提供。出租人要把租赁物的所有权、融资租赁合同的担保受益权、租赁物的保险受益权及融资租赁合同的收益权转让或抵押给贷款人，贷款人对出租人无追索权。该融资租赁对象大都是一些购置成本特别高的大型设备，如飞机、轮船、卫星等。

4. 委托融资租赁。这有两种方式：第一种方式是拥有资金或设备的人委托非银行金融机构从事融资租赁，第一出租人同时是委托人，第二出租人同时是受托人。第二种方式是出租人委托承租人或第三人购买租赁物，出租人根据合同支付货款、又称委托购买融资租赁。

5. 项目融资租赁。这是承租人以项目自身的财产和效益为保证，与出租人签订项目融资租赁合同，出租人对承租人项目以外的财产和收益无追索权，租金的收取也只能以项目的现金流量和效益来确定。出卖人通过自己控股的租赁公司采取这种方式来推销产品，扩大市场份额。通讯设备、大型医疗设备、运输设备甚至高速公路经营权都可以采用这种方法。

6. 销售式租赁。这是生产商或流通部门通过自己所属或控股的租赁公司采用融资租赁方式促销自己的产品。这些租赁公司依托母公司能为客户提供维修、保养等多方面的服务。出卖人和出租人实际是一家，但属于两个独立法人。在这种销售式租赁中，租赁公司作为一个融资、贸易和信用的中介机构，自主承担租金回收的风险。通过综合的或专门的租赁公司采取融资租赁方式，配合制造商促销产品，可减少制造商应收账款和三角债的发生，有利于分散银行风险，有利于促进商品流通。

7. 抽成融资租赁，又称收益百分比融资租赁。这是对回笼期较长但现金流量稳定且具有一定垄断性的项目，可尝试采用收益权担保、收费分成的融资租赁方式。这种融资租赁的租金不是固定的，而是由承租人的盈利状况决定的，通常由承租人向出租人先支付一定的租金，租金余额按承租人营业收入的一定比例抽成。具体的比例可以灵活多变，由承租人和出租人根据实际生产状况确定。

8. 风险融资租赁。这是出租人以租赁债权和投资方式将设备出租给承租人，以获得租金和股东权益收益作为投资回报的租赁交易。在这种交易中，租金仍是出租人的主要回报，一般为全部投资的50%，其次是设备的残值回报，一般不会超过25%左右，这两项收益相对比较安全可靠。其余部分按双方约定，在一定时间内以设定的价格购买承租人的普通股权。这种业务形式为高科技、高风险产业开辟了一种吸引投资的新渠道。出租人将设备融资租赁给承租人，同时获得与设备成本相对应的股东权益，实际上是以承租人的部分股东权益作为出租人的租金的新型融资租赁形式。同时，出租人作为股东可以参与承租人的经营决策，增加对承租人的影响。实际操作中，一般由融资租赁公司以设备价款的60%买下设备，与承租方共同组建营运管理中心，参与各项重大决策，在收回本金后仍保留项目的20%～30%收益权。风险融资租赁实际上是风险投资在融资租赁业务上的创新表现，与抽成融资租赁（收益百分比融资租赁）有相同之处，但又不完全相同，其差别在于风险融资租赁中存在着一种质的转换：债权转股权，与此相对应借贷资本转为权益资本。

9. 结构式参与融资租赁。这是由注资、还租、回报三个阶段构成。其中注资阶段资金注入的方法与常规融资租赁资金注入方法无异；还租阶段是将项目现金流量按一定比例在出租人和承租人之间分配，例如70%分配给出租人，用于还租，30%由承租人留用。回报阶段是指在租赁成本全部冲减完以后，出租人享有一定年限的资金回报，回报率按现金流量的比例提取。回报阶段结束，租赁物件的所有权由出租人转移到承租人，整个项目融资租赁结束。结构式参与融资租赁和我们熟知的BOT方式有异曲同工之妙。

10. 捆绑式融资租赁，又称三三融资租赁。这是指承租人的首付金（保证金）不低于租赁标的价款的30%，厂商在交付设备时所得货款不是全额，大体上是30%左右，余款在不长于租期一半的时间内分批支付，而租赁公司的融资强度差不多30%即可。这样，厂商、出租方、承租人各承担一定风险，命运和利益“捆绑”在一起，以改变以往那种所有风险由出租人一方独担的局面。

11. 综合性租赁。这是租赁与贸易相结合的租赁方式。由于结合的方式不同，大体有以下几种：一种是租赁与补偿贸易相结合，这一方式是承租人不是以现金支付租金，而以设备投入生产后所生产的直接产品来抵付租金。另一种是租赁与加工装配贸易相结合，这一方式是出租人不但向承租人提供设备，而且还提供原料或零部件，由承租人进行加工装配后，将成品交付租赁公司或它指定的第三者，以加工装配的产品工缴费作为租金。再一种是租赁与包销相结合，这一方式是承租人利用租赁公司提供的设备生产，其全部产品由租赁公司包销，并从包销价款中扣取租金。

12. 主租赁。这是一种开放型租赁方式。承租人在整个租赁期内除租用目前所需设备外，还可根据今后的需要，按同样的租赁条件和规定（租金除外）租用新的设备，而无须另签订新约，租赁公司在整个租期内有责任提供最先进的设备。租赁公司提供的设备数量可以根据季节或承租人的要求而有所不同。租赁的期限通常与设备使用的年限差不多。这种形式的租赁，实际上等于租赁公司给予承租人的一个授信额度。主租赁通常用于卡车、计算机及其附属设备的租赁。

融资租赁业是一个正在蓬勃发展的行业，随着金融产品的不断开发、税收政策的调整、市场竞争的激烈、高科技产品的不断涌现以及法律和信用环境的不断完善，融资租赁业无论从融资方式、业务程序、业务结构及为客户提供平台服务等方面，都会出现一些新的业务方式和制度安排。以上林林总总的方法，均为列举性的，难以穷尽。创新的领域是广大的，只要拥有创新的意识，持续创新，新的融资方式就会不断涌现。创新有法，但无定法，所谓“运用之妙，存乎于心”是也。

（二）租金、租期设置的创新

常规融资租赁对租金、租期的设置非常严格，3 年就是 3 年，5 年就是 5 年。在租赁成本和起租日确定以后，还租日期和还租金额（本金部分）也随之固定，不允许承租人有半点疏忽或闪失，否则将对承租人采取惩罚措施（逾期交付租赁费要加收罚金，通常罚金按每日当期租赁费的万分之三加收），并留下不良履约记录。

现在，在对租金、租期的设置上变刚性为弹性，变静态为动态，变规定为协商。项目融资租赁在还租方式上非常灵活，租金的支付额、支付期、租期的长短等都可共同协商调整。租金不再是固定的等额支付，而是根据项目的试运行期、投产期、生产期、成熟期等不同阶段及承租人的经营状况而定，更多的与承租人的收益结合起来，以项目的现金流量为基础，钱多的时候多还，钱少的时候少还，暂时没有钱的时候暂时可以不还，承租人完全免除了因未按时还租而留有不良履约记录的忧虑。

整个还租租期亦不必固定，而是由租赁双方约定一个大概的融资租赁期限（以折现后所有的成本回收完毕所需时段为基本参照），从而大大减小了承租人的债务压力。若在约定的租期内，因企业的经济效益不佳，暂时无力还租或因不可抗力导致承租人不能付清应付租金，出租人可采取灵活变通的办法，如出租人可给承租人一定的宽限期；若宽限期内仍不能履约，当事双方还可探讨债转股的可能。这种租金、租期的柔性设置使租赁公司面对变化多端的市场更具生存力和挑战力。

（三）融资租赁资金来源方面的创新

租赁行业本质上是资本密集型行业，没有大资金的支持，租赁业就成了无本之木、无源之水，租赁企业也就难以为继。传统融资租赁公司的资金来源比较单一，除了吸收股东投资外，差不多就是依靠银行贷款、保险业借款和基金借款。股东投资（注册资本金）固然是最安全、最低成本和最宝贵的资金，但不管股东的实力多强、支持力度多大，相对于巨大的需求而言，数量毕竟有限（总是相对短缺），况且股东也不可能无止境地多次追加投资。银行贷款、保险业借款和基金借款都是审查严格、程序较长、手续较繁、额度有限，更主要的是成本较高。进一步加大股东融资的力度，同时通过政府信贷政策规定，给融资租赁公司提供政策性优惠贷款、拆借等方式是融资租赁公司可以做好和争取做好的工作。日本在这方面做得较好，如日本有“融资租赁优惠制度”、“制度融资租赁”（政策资金供给制）等政策，规定由金融机构向日本开发银行直接融资，再由开发银行向融资租赁公司提供优惠贷款。

融资租赁公司由于资本来源不同而形成金融资本型、产业资本型、独立资本型和复合资本型等不同类型模式，各种类型公司有各自的特色服务领域和优势。近年来，随着经济的发展，出于竞争的需要，融资租赁公司的资本结构呈多元化发展趋势，即多种资本融合，形成多元结合的股份制公司，其中以金融资本与产业资本结合为主流。为了开展租赁业务，融资租赁公司必须解决资金渠道的多元化和资金来源的持续化。

相对于企业融资而言，吸收民间投资更具有项目融资的色彩。项目融资是针对某一个项目的融资，依赖项目自身所产生的效益偿还，资金提供者只保留对项目的有限追索权（对项目以外的财产和收益无追索权）。目前融资租赁公司所采用的融资租赁方式，大多数是类似企业融资的常规融资租赁方式。企业融资需要审查企业的信用状况，需要第三方出具担保，偿还通常依赖企业的综合效益，其适用对象主要是单机和某些“短平快”项目。对期限长、金额大、目标公司初期无信用等级可言但中期和远期的效益肯定看好的项目，采用吸引民间投资的项目融资方式尤其适合。具体操作上，以项目自身的效益为租金来源，审查仅限于项目本身，不需要第三方担保，符合融资租赁对担保要求不那么严格的要求。

四、融资租赁与其他筹资方式的比较

（一）融资租赁与借款比较

企业通过外部融资取得固定资产（设备）时，利用银行贷款和利用融资租赁是两种常见的方法。一般认为，同银行贷款相比，融资租赁对企业而言的成本较高。这是因为，租赁利率通常高于银行贷款利率，而且，融资性租赁公司还会在期初收取一定的手续费。然而，有一个因素值得注意，那就是，在利用融资租赁的情况下，承租人企业可以享受加速折旧的优惠。因为，财政部、国家税务总局 1996 年 4 月 7 日以财工字〔1996〕41 号文发布的《关于促进企业技术进步有关财务税收问题的通知》第 4 条第 3 款规定，“企业技术改造采取融资租赁方式租入的机器设备，折旧年限可按租赁期限和国家规定的折旧年限孰短的原则确定，但最短折旧年限不短于 3 年。”而利用银行贷款自行购置设备，就不能享受该优惠待遇。如果某企业注重的不是其财务报表的表面收益水平，而是希望能够实际上减少其所得税的税负，则利用融资租赁多半会是较之银行贷款更为有利的。

（二）融资租赁与银行贷款的区别

融资租赁在某种含义上类似于过去的固定资产贷款，但有一些区别：

1. 融资租赁是借款和借物融合在一起的信用；银行贷款是单一的借款信用。

2. 融资租赁资金融通期限长，一般在 3 年以上；银行贷款主要是流动资金贷款。

3. 融资租赁不用一次性还本付息，而以分期付款方式支付租金，还可根据客户的现金状况调整付款方式。

4. 融资租赁资金利用紧凑无贷款空置付息。

（三）金融租赁与分期付款的区别

1. 分期付款的付款期限往往短于交易物的经济寿命；而融资租赁往往与租赁物的经济寿命相当。

2. 分期付款不是全额信贷，买方通常要即期支付一部分货款；而融资租赁是全额信贷，对租赁物的全部价款，甚至运输、保险、安装等附加费用都提供资金融通。

3. 融资租赁期满时租赁物通常留有残值，承租人须办理交换或购买手续才能处理租赁物。

融资租赁在加速折旧、促进企业技术进步和大宗产品销售、提高产品竞争力等方面具有的独特优势，已成为仅次于银行贷款的第二大金融工具。融资租赁把制造业、流通业、金融服务业紧密结合起来，使各行各业的参与者受益良多。

思考题

1. 经营租赁有哪几种类型？

2. 经营租赁的特性有哪些？

3. 融资租赁业产生与发展的经济动因是什么？

4. 融资租赁存在哪些困境与问题？

第八章 资本经营的风险与监管

学习目的与要求： 通过本章学习，重点掌握资本经营的风险类型、规避风险的措施、监管体制、监管部门的职责与基本的监管措施；要求在了解融资、资产重组、并购、管理层收购的风险及防范等问题的基础上，明确中国《公司法》和《证券法》等法律法规对证券市场、上市公司、外资企业的监管与法律责任以及中国境外公司到海外上市的监管方法与使用的法律。

第一节 资本经营的风险管理

一、资本经营风险的类型与结构

以合并、兼并、收购、参股、控股、托管、破产、重组、组建企业集团等为内容的资本经营在中国进行得如火如荼，极大地促进了中国资产存量的调整、产业结构的调整以及经济增长方式的转变，对中国的经济生活产生了深远的影响。同时，在微观层面上，企业通过资本经营实现了对企业“生血、活血、补血”的功能，扩大了企业家的战略运用空间，改善了企业的经营管理，提高了企业竞争力与盈利能力，对中国企业经营状况的改善和国际竞争力的增强产生了非常积极的作用。但是，还应该注意到，企业资本经营过程中同样也蕴涵着巨大的风险——资本经营风险。

资本经营风险，是指资本经营活动过程中所存在的某些不确定因素造成的资本经营结果偏离预期的可能性。只有成功地规避各种风险，资本经营才能够取得成功。就目前而言，企业资本经营活动中可能出现的风险大致可分为政策风险、体制风险、一般经济风险、财务风险与运作风险。

（一）政策风险

政策是政府为实现一定历史时期的路线而制定的行为准则，它对社会经济的作用集中表现为对微观经济行为主体活动的强制约束力。在市场经济条件下，由于受价值规律和竞争机制的作用，企业竞相争夺市场资源，都希望获得更大的自由度，从而不可避免地可能会触犯国家的某些政策。此外，随着国内外政治经济形势的变化，政府不得不随之调整政策，甚至剧烈变更，并且这种变化不是预先确定的。因此，企业的资本经营活动难免会受到冲击，操作风险也随之增大。

（二）体制风险

由于历史和制度的原因，中国企业的某些重大问题的决策，如并购等，可能不是按照市场经济的原则进行，而是在政府部门的授意下或直接撮合下完成的。并购企业对目标企业没有进行系统完善的评估，对资本经营活动缺乏全面设计和整体规划，对资本经营活动能否产生相应的竞争优势缺乏应有的理解，对整合后企业的经营管理和发展战略更是心中无数。并购完成后关心的问题不是如何创造竞争优势，而是规模扩张产生的满足与职位分配等利益问题。这种现象使得许多并购活动未能实现预期的目标，甚至产生许多负面效应。

（三）一般经济风险

社会经济活动的变化是资本经营风险的一个主要来源。企业资本经营活动置身于整个经济的景气循环中，必然要受到诸如通货膨胀、经济周期、利率波动等社会经济活动的影响，而产生一定的经济风险。

（四）财务风险

企业资本经营的财务风险包括融资风险和企业资本结构恶化的风险。

1. 融资风险。一般而言，资本经营活动需要大量的资金支持。实施资本经营者如果在实施资本经营活动时未能筹集到所需的资金，就会导致资本经营活动中途夭折的风险，或过量的现金使用导致本企业的正常经营受到干扰的风险。

2. 资本结构恶化的风险。资本经营必然会使企业的资本结构发生变化，从而会产生一定的风险。一方面，企业资本经营占用大量的流动资金，会降低企业对外部环境的快速反应能力和适应能力，增加企业运营风险；另一方面，如果企业资本经营采用举债融资的方式进行，企业可能会由于举债过于沉重，导致企业负债比例过高，资本结构恶化，影响企业负债的偿还而面临破产清算的危险。其中，企业资本结构是否合理，筹资风险有多大，可以用自有资金收益率指标来加以衡量。

自有资金收益率直接与筹资风险相关。自有资金收益率高，说明企业筹资效益大，筹资风险小；反之，则说明筹资风险大。在借入资金利息率小于全部资金收益率的情况下，则借入资金越多，自有资金收益率就越大；反之，借入资金越少，自有资金收益率就越小。在借入资金利息率大于全部资金利息率的情况下，则借入资金与自有资金收益率成负相关状况，即借债越多，效益越差。因此，企业应根据不同的情况，合理地安排企业自有资金与借入资金的比例，即合理安排企业资本结构，以使企业取得最大的经济效益。

（五）运作风险

由于资本经营是一项极为复杂的企业行为，涉及面广，头绪多，不可能一蹴而就。

它的运作可分成准备策划阶段、谈判实施阶段以及整合阶段等多个阶段。而风险就存在于每一个阶段中。

1. 策划准备阶段的风险。企业资本经营活动是路径依赖的。路径依赖理论认为，沿一个路径走得越远，所进行的投入越多，转换到其他路径的成本越高。因此，理性、严密、科学的策划准备分析对企业资本经营来说是至关重要的。这一阶段的工作成效如何，直接关系企业资本经营活动的成败与否。这一阶段的风险主要有以下几个方面：

（1）企业自我评估风险。企业自身实力是企业进行资本经营的基础。由于企业对自身实力缺乏客观正确的认识或对自身所处行业认识不充分，而使企业整合后产生的收益低于预期收益，甚至使企业蒙受巨大损失。

（2）资产评估风险。资本经营必然要涉及资产评估的问题。目前存在着很多的资产评估方法，但任何方法都不可避免地存在着许多缺陷，如受评估人的主观判断、专业知识水平、职业道德以及工作经验影响以及不同的评估方法对同一评估会产生差异。因此，评估出的价值往往与实际价值不一致，既可能高估，也可能低估，从而可能使企业选择不合适的目标对象或付出较高代价，使企业资本经营未能产生预期效果。

（3）预测风险。企业还可能过高估计协同效应，或过低估计整合难度及整合后规模过大导致的低效率而使资本经营行为失败。或未能正确预见所从事的行业的业务范围的未来发展方向与趋势，而在没有生命力的行业追求规模的扩张，使企业不但不能获得预期的高额利润，反而损失惨重。

2. 谈判实施阶段的风险。谈判实施阶段的风险主要来源于两个方面：信息风险和目标企业反并购风险。

（1）信息风险。在资本经营活动中，找到双方都可接受的价位是活动成败的关键所在。但由于工作涉及的双方信息的不对称，目标企业可能会利用自身所处的有利地位而在谈判或合同签订中隐瞒某些重要的信息并极为夸大其某些长处，以抬高其成交价格，获取不正当的收益。另外，任何企业的大型资本经营活动都少不了对企业内外公众发布有关企业资本经营的信息。如果宣传人员、公关人员在工作之前掌握的信息不完全，不充分，对工作的内容和意义理解不深刻，致使在宣传、交往中表达的意思违背企业的真实意图，使得与资本经营活动有关的各方，如政府、目标企业、潜在竞争者、大众传媒和相关厂商对企业的资本经营活动产生误解，从而使得各方不但不对企业的资本经营活动热心支持，反而采取不配合甚至采取阻挠、对抗的手段阻止工作进行，使企业遭受不必要的损失。同时，许多的资本经营活动是在安全保密的情况下进行的，对这些活动来说，保密工作的好坏往往是其成败的关键。有意识的泄露消息以获取好处的道德风险或无意识的泄露消息，可能会使企业进行资本经营的成本大大增加，甚至使企业的资本经营活动失败。

（2）目标企业反并购风险。在企业的并购活动中，为避免企业本身惨遭其他企业吞并的厄运，目标企业会想尽一切办法阻挠、破坏其他企业对其进行的并购活动。这样就可能造成种种不利的后果：抬高股票价格，提高收购方的并购成本；使并购活动中途夭折，打乱企业的并购计划；被收购方进行控告，收购方如果败诉，就可能遭受较大的损失。因此，企业的反并购活动会加大企业并购工作的难度和风险。

3. 整合阶段的风险。企业并购等资本经营活动的完成，并不表示企业资本经营活动的成功。它只是为企业提供了一个良好的物质基础，并不意味着企业业绩和管理水平会随着该活动的完成就自然而然地会得到提高和改善。资本经营活动完成后，必须对企业进行有效的整合，才能得到真正意义上的重组和重整，完成企业资本经营的目标。整合阶段不仅包括企业生产要素的重新组合，还包括企业运行机制、企业发展战略的重组，企业文化的融合，同时还涉及企业与外部环境的关系等。这些方面处理不好，就会使企业并购后难以达到预期的目标。该阶段的风险主要有以下几个方面：

（1）文化融合风险。每个企业都有一定的文化传统。这种传统体现在它的分配制度、管理发展战略、管理理念以及企业员工的精神面貌，工作作风等多个方面。企业文化一旦形成，就具有一定的稳定性和惯性，对外来文化的冲击很自然地做出排斥的反应。在强强合并中，合并双方企业文化是否能有效地融为一体是并购后整合中最为关键的一个问题。若企业文化难以相容，未能实现有效的整合，就必然会导致许多矛盾和冲突，致使企业合并后的运行低效。在强弱结合中，优势企业是否能对劣势企业加以有效利用，关键看其是否能用其优势企业文化同化劣势企业文化。而这个同化的过程绝非是一帆风顺，一蹴而就的过程，如果整合过程中处理不当，就不但是优势企业不能有效利用被并购的劣势企业，甚至劣势企业可能成为其负担，从而存在极大的风险。

（2）制度整合风险。企业并购完成后，并非一定要将本身的管理制度转移给目标企业，若原有企业管理制度良好，则无需改变。但是若原有企业管理制度不符合并购方的期望，并购方为改善经营绩效，就会将本身良好的制度转移给目标企业，这时可能就会碰到许多问题。例如，被并购方的管理人员和员工可能会对新的管理制度缺乏认同感而抱有抵触情绪，新旧管理层和员工之间可能会产生诸多矛盾等，而使企业的资本经营活动产生许多无法预料的风险。

（3）经营整合风险。经营整合包括对企业产品策略的调整、供销关系的调整、资产调整以及生产作业和组织机构的调整。如在整合过程中处理不当，就可能使一个或多个方面的条件恶化。譬如说，调整后的产品不能适应市场需要而滞销，和原企业客户关系恶化等，使企业的生产经营状况恶化，降低企业的盈利能力。

（4）利益处理风险。整合过程中牵涉到较多的利益主体，如双方出资人、债权人、债务人、政府部门等等。整合后各方利益能否有效协调，在很大程度上会影响企业的运作效率。另外，整合过程中如未能合理协调目标方的经理人员和员工利益，引起企业的混乱和动荡，影响企业的经营业绩，也会使企业的目标难以实现。

二、并购过程中的风险防范

由于欧美企业有着上百年甚至数百年市场经济条件下经营的经验，很多企业的资本经营是相当成功的，强化了技术实力、扩大了规模、降低了成本、提高了效益和竞争力，使企业保持持续的生命活力。如美国不少企业通过兼并、联合、重组，在很短的时间内就大幅度提高了经济效益，有些企业年投资回收率高达200%，生产能力提高18%，产品可靠性提高10%。资本经营是企业的战略性活动，虽然有许多优点，但是经营不当也可能使企业背上沉重的包袱。美国有关研究机构通过跟踪并购活动发现：1/3可获得成功、1/3没有显著变化、1/3遭到失败。

资本经营是一种充满风险的企业活动。企业从开始筹措资本到运营资本阶段，乃至投资回收分配的整个过程都伴随着大量不确定因素，这些不确定因素给企业的整体资本经营行为带来巨大的风险。因此，及时发现资本经营活动中潜在风险因素，研究资本经营过程中的风险对策，规避可能出现的风险，对于保证企业资本经营活动的正常进行、提高资本经营的效果、增强企业发展的整体实力具有十分重要的意义。

由于资本经营的风险涉及的因素较多，因此资本经营的风险管理不存在固定模式和规则。但是，任何方式的资本经营风险管理，一般包含下面三项最基本的运作机制。风险识别机制，是指企业判定资本经营过程中可能存在风险的能力；风险防范机制，是指风险尚未真正发生之前，事先对企业资本活动进行防范设计，以减少企业面对风险的概率，因此要做好风险防范首先就必须了解未来可能发生的风险状况，分析资本经营可能发生的范围、程度及概率；风险控制机制，主要是指当风险发生后，企业能通过一定的手段和方法转移、分散或控制风险的影响，减少风险造成的实际损失，通常可采用风险转移、风险分散等措施。

（一）企业并购风险的四个简单评价模型

企业并购风险的评价一直都是困扰中外企业家的难题。企业并购涉及因素极其复杂，不可预知事项较多。例如，企业信息披露的非对称性；企业整体估价困难性；产业前景预测复杂性；主、被并购企业文化的互斥性；并购过程中来自外界的干扰等等。这些因素都会对企业并购成败产生致命的影响。目前对于企业并购风险的评估仅停留在企业家个人的经验、知识、能力、阅历、直觉的基础上，我们对其风险的认识也只能处于初始阶段。如何识别企业并购风险，可以利用以下几个模型简单地对企业并购的风险进行探讨。为了便于说明，以下将并购企业称为主并购企业，被并购企业称为目标企业。

1. $R=P(r<r_0)$

式中，R为企业并购风险；P为概率；r为企业并购的投资收益率；r_0为企业并购前的投资收益率。这一模型来源于概率统计，认为企业并购同样是一种投资行为，要求企业通过并购来实现投资收入率的提高，并将投资收入率下降的可能性作为企业并购的风险。在企业并购的早期阶段，由于大多数企业采用定性分析方法，这种评价方法具有广泛的使用价值。

2. $R=P(a)$

式中，R 为企业并购风险概率；a 为随机事件，在这里表示企业并购行为失败。这一模型同样来源于概率统计，适合于有丰富实践经验、观察敏锐、善于捕捉时机的企业家，凭借主观经验与客观条件直接对并购风险作出判断。

3. $R=1-\alpha 1\alpha 2$

式中，R 为企业并购风险概率；α1 为企业并购初期成功率；α2 为企业并购磨合期成功率。这一模型考虑到企业并购两种不同时期的成功率，从并购风险的另一面——企业并购的成功率来考虑并购风险问题。从公式可以看出，要想降低企业并购风险就要提高并购初期和并购磨合期两个时期的成功率，从而要求企业家从更长远的角度考虑并购风险问题，具有实用价值。

4. $R=1-\beta 1(1-\beta 2)$

式中，R 为企业并购风险概率；β1 为主并购企业支持率；β2 为被并购企业反对率。这一模型考虑到企业并购的两种重要的比率，要想取得并购成功，离不开主、被并购企业双方的支持。主并购企业的支持率越高且被并购企业的反对率越低，并购风险越低；相反，则企业并购的风险大。这就要求企业并购行为符合双方的利益。

（二）企业并购常见的三种风险防范

以上从理论上构造了企业并购风险的模型，对于希望通过并购实现企业扩张的企业家来说无疑有着重要的意义。如何构建一个综合评价模型并在实践中利用这些模型，将是一个需要继续讨论的课题。企业并购面临的风险多种多样。例如，有的企业对并购双方实力估计错误；并购价格过高；人员安排不当；并购前的假设错误；借债太多；最高管理层头脑发热盲目扩张；并购目标选择错误；地理位置分散；并购策划不够完整；企业组织互不相容；企业文化差异；行业差异；宏观法律环境；等等。这些风险大多与企业并购的可行性研究不周有关。下面就主并购企业常常遇到的三种并购风险——错误选择目标企业的风险防范、资产评估中的风险防范、企业并购中资金超支风险的防范进行讨论，其他并购风险的防范在此不加讨论。

1. 错误选择目标企业的并购风险及防范措施。对于选择并购目标企业存在的诸多风险可以采取以下具有针对性的措施加以有效防范。

（1）确定企业发展战略与企业并购的动机。对于一个希望通过并购实现成长的企业而言，首先应从企业发展的战略出发，通过对企业面临的外部环境和内部条件的研究，分析企业资源的优势和劣势、能力的长处和短处，确定企业并购的动机。概括而言，企业实施并购的动机可以分为四类：①生存型动机。例如，因亏损发生资本结构恶化而向外并购；因技术陈旧落后而向外并购；因原材料短缺而并购上游企业；因产品失去市场而并购。②防范型动机。主要表现为：因市场遭到入侵而并购；因竞争者成本低廉而并购；因其他企业推出新型产品而并购；因出现意外事件而并购。③多角化动机。例如，为实施多重战略方案而并购；为支持新产品开发与生产而并购。④发展型动机。主要表现为：为取得市场地位而并购；为取得先进技术而并购；为增强财务实力而并购；为获取专门人才而并购；为取得规模经济效益而并购。明确企业进行并购的目的，并据此确定并购的目标企业以及发展方向，是企业避免并购风险、实现并购战略的有效措施。

（2）全面调查和研究目标企业。并购企业通过各种途径和渠道寻找具体的目标企业后，还应搜集每个目标企业有关生产经营各方面的信息，并依据这些信息对这些被并购目标企业进行评价和对比。①产业环境信息。应搜集和分析产业状况信息，即产业所处的发展阶段、产业在社会经济中的地位和作用、产业的基本情况，包括资源来源及要求、产品品种与功能结构、生产过程及所需技术、需求性质与要求、销售方式等；产业结构状况包括产业内的竞争力量，了解潜在的加入者、替代品的生产者、原材料的供应者、产品的购买者和行业间的竞争激烈程度；产业内战略集团状况，包括产业内有哪些战略集团、这些集团的战略定位、生产规模和市场占有率、这些战略集团对收购可能的态度和行为。②目标企业财务状况信息。应搜集和分析资本结构信息，包括资本来源、债务比重及其杠杆作用和盈利能力。③目标企业经营能力信息。搜集和分析以下信息：经营目的、经营方针和企业形象及企业文化；经营计划，如长期计划、中期计划、短期计划等；公共关系，如企业社会关系、与行业内企业关系、与关联企业关系；企业的活力，包括研究开发、新产品设计与试制、研究设施、新产品促销手段、物流系统、销售管理；产品制造，如生产场地、生产设备、工艺技术、生产管理、物资采购、生产组织及其他信息；人事劳动管理，如人才构成、劳动环境、劳资关系、工资、财务管理、后勤服务等。④目标企业高层领导信息。高层领导能力与品质、性格、气质、工作作风及管理方式与决策方式。

并购企业在对搜集到的目标企业的信息进行全面、具体、细致的分析比较基础上，还应依据并购目的对各目标企业进行筛选，并最终确定符合企业发展要求的目标企业。目标企业的筛选应考虑如下因素：目标企业的资源与并购企业的资源是否具有相关性和互补性，是否有利于并购企业发展目标的实现；目标企业是否具有核心能力或核心产品；目标企业是否能够巩固和提高并购企业的竞争能力和竞争地位，是否能够扩大企业的市场占有份额。

（3）对并购进行可行性研究。任何企业在实施并购前都必须进行可行性研究。只有对企业并购所应具备的条件、并购企业的发展前景以及经济效益等情况进行全面系统的综合论证，才能为选择目标企业提供可靠的依据。

企业并购的可行性研究主要内容有：确定企业并购的必要性、企业并购的目的和方向、并购方式、被并购企业规模等。①对企业并购进行必要性研究。并购企业首先应从企业经营战略出发，根据企业的发展目标，通过对企业所处外部环境和内部条件的分析，做出企业是否进行并购的决策。②明确并购目的和方向。或是为获取新技术和新产品或专门人才为目的，或是为取得稳定的原材料来源等作为并购方向。如果企业是为了发展，则可考虑把获取规模经济效益、提高市场占有率和竞争能力、开展多角化经营等作为并购方向，并根据企业在市场竞争中的地位进行选择。③研究被并购企业的规模。在确定被并购企业规模时，应从企业的经济实力出发，既要考虑在并购时的财力支出，又要考虑到并购完成后企业可能出现的后续力量不足问题。④确定并购的方式。确定企业并购的方式应根据并购双方企业的具体情况而定。可参考的并购方式有整体收购、部分收购、现金收购、参股收购、控股收购或承担债务收购等。⑤并购后的市场需求和经济效益分析。根据行业和国内外的市场状况，评估并购后企业产品在质量、功能、价格等方面的竞争力，预测产品的需求状况和市场占有率、并购后的投资回收状况和增利状况，这是并购可行性研究的核心内容。

2. 资产评估中的风险防范。为了防范并购过程中资产评估可能出现的风险，并购企业在对目标企业的资产进行评估时应坚持和采用如下准则。

(1) 目标企业的资产必须具有可用性。主并购企业应采用资产可用性原则以避免并购目标企业的垃圾。为此，并购企业可采取如下措施：①对目标企业资产进行分类。主并购企业应对目标企业资产进行分类，应从目标企业的资产能否为自己生产经营目标确定的经营方向、产品策略、技术开发、市场营销、管理方式、辅助工作等提供服务、发挥效用出发，对目标企业资产进行具有使用价值和不具有使用价值的分类。②对目标企业有使用价值的资产进行可用性程度的鉴定。主并购企业应以资产相关性、互补性和融合性为准则，为目标企业资产可用程度进行高、中、低的等级鉴定，一方面为评估目标企业资产价值、确定并购价格提供依据；另一方面为评估对目标企业进行改造的难度、确定对目标企业进行改造所需的资源投入数量提供依据。

(2) 必须对目标企业资产进行成本—收益分析。主并购企业为避免在使用目标企业的资产时出现成本大于收益而给自己带来不必要的损失的情况发生，还必须在对目标企业资产进行评估时，进行成本—收益分析。进行成本—收益分析的关键是对目标企业资产的成本支出和收益回报的测算。在对目标企业资产进行成本—收益比较时，如果资产收益大于资产成本，则表明目标企业的资产是可用的，是能够给并购企业带来经济利益的；如果资产成本大于资产收益，则说明目标企业资产的使用是不经济的，并购企业应在并购完成后，立即把目标企业中使用不经济的资产进行出售，以使损失最小化。

(3) 对目标企业商标等无形资产评估要适度。为防止对被并购的目标企业的商标等无形资产夸大评估而出现的风险，主并购企业可采取以下措施加以防范：①对被并购的目标企业的商标声誉进行详细的市场调查，声誉佳者可作为无形资产进行评估，声誉欠佳者则不应列入需要进行评估的无形资产范围。②对被并购的目标企业使用的专利进行时间审查，凡未到期者可按其并购后的可用年限作价评估。③对被并购的目标企业的专有技术，应进行技术水平和技术层次鉴定，并依据鉴定结果进行评价；应进行专用程度鉴定，对于已经发生扩散的专用技术，则不应作无形资产进行可用性分析，并依据评估结果，确定相应的价格。

（4）对目标企业债权进行有效性分析。防止为无法收回的债权付账风险的出现，并购企业在并购过程中首先对被并购企业的债务人进行调查，然后按有效性原则对被并购企业债权进行区分。对那些能够收回的债权，并购企业应积极承担，对那些已经成为呆账、死账的无法收回的债权，主并购企业则不应承担。

（5）全面了解掌握目标企业的债务。为防止没有列入目标企业债务清单的债务可能给并购企业造成损失，并购企业可采取以下措施：①对被并购企业的业务往来账目进行周密而细致的审查，并与被并购企业提供的债务清单进行对比。②通过一定的媒体向被并购企业债权人发出并购公告。

3. 企业并购中资金超支风险的防范。对并购活动中可能出现的资金超支风险，并购企业可采取以下措施加以防范。

（1）严格制定并购资金需要量及支出预算。并购企业在实施并购活动前，首先应对并购各环节的资金需要量进行核算，并据此制定出被并购企业完全融入并购企业所需的资金数量预算。以预算为依据，并购企业还应根据并购资金的支出时间，制定出并购资金支出程序和支出数量，并据此做出并购资金支出预算，并购企业在完成并购资金需要量及支出预算后，还应根据企业财务状况和融资可能，对企业资金使用情况做出合理安排，做到在保证企业现有经营活动正常进行前提下，确保企业进行并购活动所需资金的有效供给。

（2）主动与债权人达成偿还债务协议。中国一些并购企业因不能按时偿还债权债务，而使其正常生产经营活动陷入困境，主要原因在于这些企业在并购前没有通知被并购企业债权人，没有与被并购企业债权人达成债务偿还协议。因此，为防止陷入不能按时支付债务资金的困境，主并购企业在对已经资不抵债或处于破产边缘的企业实施并购时，必须考虑被并购企业债权人的利益，在并购前通知被并购企业债权人，并与债权人就债务清偿事宜进行协商，在与债权人取得一致意见时方可实施并购。

（3）采用灵活的并购方式减少现金支出。为防止企业并购资金风险的出现，并购企业可以采取减少资金支出的、灵活的并购方式，这些方式包括：①效益补偿式并购。这是指主并购企业在承担被并购企业全部债权债务的同时，对地方政府过去给予被并购企业的投入，即资产大于债务的投入部分，并购企业不即时支付现金，而是用被并购企业资产加入并购企业后实现的利润，按双方商定的基数和年限逐年递增清偿，直至全部清偿完毕为止。效益补偿式并购实质上是一种分期付款，即负债收购。②连续抵押式并购。这是指一家企业在并购另一家企业时，很少动用或干脆不动用自己的经营资本，而是以被并购企业作抵押向银行申请相当数量的用于并购的贷款。在成功地并购被并购企业后，再以被并购企业作抵押，向银行申请并购新的企业贷款。如此连续抵押下去，不断完成并购。③先破产后并购。这是指在某企业宣布破产后，并购企业与破产企业的清算组订立接收破产企业的协议，并按照协议承担法院裁定的破产企业的债务，并购破产企业。这种方法减少了主并购企业的代价，减轻了并购的负担，有利于推动企业并购的进行。④先搬迁后并购。这是指把那些污染严重或地处黄金地段的并购企业或被并购企业进行整体搬迁腾挪，搬迁到有产品关联或有闲置厂地的企业，腾出一处厂址进行房地产开发或租赁，筹集资金解决城市环境污染问题，又有利于解决主并购企业并购后的资金短缺问题。⑤背债控股并购。这是指在被并购债务主要来自银行贷款并无力偿还或无偿还可能的情况下，并购企业与银行商定，银行把过去对被并购企业的贷款转变为银行对主并购企业的贷款，由主并购企业承担独立偿还被并购企业的银行债务，银行允许主并购企业把承担银行债务作为资本金，划转到被并购企业的股本之中并达到控股地位，实现并购，这种方法虽然使并购企业背上了被并购企业的银行债务，但却帮助并购企业解决了并购资产短缺问题。⑥折股分红式并购。这是指当被并购资产大于债务时，并购企业不需要购买被并购企业的剩余资产，而由被并购企业的所有者或资产管理机构出面与主并购企业协商，以入股的形式把被并购企业的剩余资产加入到主并购企业中去，并根据所占份额的多少，分取相应的利润。这种方法既可以缓解主并购企业资产不足问题，又可以加快被并购企业公司化改造步伐。此外，还有行政划拨式、杠杆式并购等。

(三) 防范资本盲目膨胀

企业购并、资产重组，必然使单个企业的资产数量和经营规模扩大。一些人由此出发，简单地将企业资产规模（或经营规模）扩大的过程，看做是资本经营的过程，并将“规模”与“经济”连接在一起，认为只要有了“规模”，也就实现了规模经济；一些企业简单地将经济实力、经营业绩与资产规模画等号，试图通过购并，实现资产规模在尽可能短的时间内的最大化，为此，以“规模经济”为自己的行为正名。事实上规模经济的形成以资产增加（即投入增加）为前提。增加资产的途径主要有两条：①资金投入的增加，它包括利润转化为投资、股东的追加投资和借贷资金投入等。②企业间的购并、资产重组等。从这个意义上说，企业购并、资产重组是实现规模经济的重要机制。但是，资产规模的扩大并不会自然地形成规模经济，企业购并、资产重组也并非都有利于构造规模经济格局。只有那些符合规模经济要求的企业购并、资产重组活动，才具有这些积极意义。

(四) 调整、选择好经营主导模式

纵观企业经营，在不同的历史阶段，往往有不同的经营主导模式。就其基本类型来看，大体上可以分为生产经营、销售经营、需求经营、资本经营、社会经营、形象经营六种。企业的六种经营模式，是对以往各类企业经营的概括和总结。在现实的企业经营实践中，一个企业的经营往往不止采取一种模式，在不同的经营时期、不同的经营环境都会有所变化。但无论怎样变化，总有一种模式是起主导作用的，我们称之为主导模式。决定什么样的模式作为企业的主导模式有各种因素，最根本的因素是市场，说到底是市场赖以存在的社会公众。市场处于卖方市场状态，公众购买力旺盛，产品供不应求，企业经营的重点往往放在产品的生产上，生产经营模式就很突出。市场处于买方市场时，产品大量积压、公众缺乏购买热情，为激发公众的购物欲望，调动其购买热情，卖出积压产品，经营的重心就摆在推销上，销售经营就成为企业经营的主导模式。当产品积压推销也成效甚微时，危机就摆在了企业面前，要想摆脱危机，企业就必须把注意力放在公众需求上，生产适销对路的产品，以需求经营模式主导企业经营。社会经营模式是企业在社会压力下道德升华的产物。以这种模式为主导模式的企业往往置身于社会与企业矛盾比较突出、尖锐的环境中。缓解、消除矛盾，改善关系，维护、发展企业的生存空间，是企业选择这种模式的基本背景。

资本经营模式关注的是社会资本的运动。企业采取资本经营为主导模式，是为了快速实现资本积聚，进行大规模扩张，广泛占有市场。急进时期的企业往往以这种模式为主导。选择形象经营为主导模式的企业多是志存高远者，这类企业不仅关注生产、销售、需求、社会、资本等各方面，而且注重创造现代文明企业形象。它们不仅要适应和满足公众的物质需要，而且要与社会公众在精神文化领域实现全方位沟通。正因为如此，选择以形象经营为主导模式的企业要进行彻底改革，目的在于构建独特的企业文化，从意识形态解决内部凝聚力和对社会公众的亲和力问题。正因为这种模式的立脚点不是单纯地放在某一方面，而是从精神文化领域的更高境界来着手企业的全面经营管理，所以它不仅被越来越多的企业作为主导模式，而且为不少政府机关、社会团体、机构乃至军队所借鉴。

（五）借壳上市债务风险的防范

1. 进行细致的前期调查。在中国目前证券市场及其法制不完善的背景下，一些仅具“壳”价值的ST类公司，往往存在管理不规范、信息披露不及时不充分、对外债务及对外担保数量较多等问题，在债务重组前或者至少在签订收购协议前，聘请法律、投资银行等专业人士对目标公司进行详尽的审慎调查极为必要。一般情况下，如果重组方能够在债务重组前介入目标公司的重组工作，则应在了解其负债基本情况的基础上，重点调查清楚每一笔大额的主债务（包括对外担保形成的或有负债）的金额、债权人、担保情况、是否超过诉讼时效、债务产生的背景和原因、贷款资金的真实去向、有无关联交易等真实信息。通过审慎调查，不仅可以了解目标公司的真实负债情况，更为重要的是为下一步债务重组的顺利进行奠定坚实的基础，可以针对不同的债务，设计不同的债务剥离或重组的方式。如重组方介入目标公司较晚，则在签订收购协议前，不仅应就前述债务情况进行调查，更要对其包括债务剥离在内的债务重组协议进行深入细致的研究，保证其合法有效，以免后患。

2. 把握好债务剥离的时间点或债务转移的条件。债务剥离的目的是为了对目标公司进行重组，而上市公司重组是一项复杂的系统工程，不仅涉及各重组方，而且须履行一系列审批、备案手续，有的还需要申请全面要约收购豁免，个别重大资产重组行为还需要获得流通股东的表决通过。加之中国证券市场“新兴＋转轨”的特性决定的政策变动频繁等因素，买壳上市不可能一蹴而就，其中充满了很多变数。为了防止债务剥离与公司收购相协调，避免债务剥离而公司收购未成或收购完成而债务不能有效剥离，在二者之间建立法律上的衔接非常必要。如可以将“中国证监会收到收购上市公司股权的材料后在规定的时间内未提出异议、《股权转让协议》获得国有资产管理部门的有效批准、关于收购上市公司股权的全面要约收购豁免申请获得中国证监会的批准”，甚至“收购上市公司股权的过户手续完成”及“与收购有关的重大资产重组获得中国证监会及发行审核委员会的批准”作为债务剥离的条件，在上述条件同时满足后，约定的债务的转移生效。

3. 保障债务剥离协议的有效性。重组完成后，因重组过程中相关行为的有效或合法性问题引起纠纷乃至诉讼的案例已屡见不鲜。特别是债务剥离行为，不仅涉及的各方主体数量众多、关系复杂，而且涉及公司法、证券法、合同法、金融法、担保法等民商法领域的法律法规和众多的上市公司监管方面的规章或规范性文件。稍有不慎，就有可能导致债务剥离协议的无效或可撤销，进而使重组方陷入骑虎难下、欲罢不能的窘境。就前述几种主要的债务剥离途径而言，保证债务剥离协议的有效性需把握如下几个要点：

（1）债务转移必须征得债权人的同意。依据合同法，债务人将合同的义务全部或者部分转移给第三人的，应当经债权人同意。否则，该债务转移不发生效力。另外，法律、行政法规规定转让权利或者转移义务应当办理批准、登记等手续的，应当履行批准、登记手续。

（2）有的债务不可转移。有的债务专属于债务人，不可转移，否则无效。实践中，此类债务多数表现为对政府有关部门的负债，如税收负债。

（3）债务转移时必须向债权人进行如实、充分的信息披露，包括后续的重组计划。对后续的重组计划如实披露的意义在于，一方面让各方有思想准备，为后续工作的顺利推进排除障碍；另一方面，更是防止已签订债务重组协议的债权人对后续工作产生异议，进而申请撤销后续工作中签订的相关协议或解除、变更已签订的协议。此种情形一旦出现，则重组工作前功尽弃。

4. 防范潜在的债务风险。即便经过事前的审慎调查，由于出让方刻意的隐瞒或某些行政处罚行为的滞后等，仍有可能在收购完成后暴露出原来未曾掌握的债务。为防范此类潜在的债务风险，可以从如下几方面考虑：

在股权转让协议中约定出让方对债务金额的保证义务。如出现此类潜在的债务，则出让方对受让方应当承担违约赔偿责任；合理安排过渡期；分期支付股权转让价款，并且留存一定的尾款；重组中的资产置入应考虑到潜在的风险。

三、融资过程中的风险防范

（一）融资风险及其管理

融资风险又称财务风险，是指由于举债而给企业财务成果带来的不确定性。

企业全部资产包括自有资金和借入资金两部分。举债经营会对自有资金的赢利能力造成影响。同时，由于借入资金需要还本付息，一旦无力偿付到期债务，会使企业陷入财务困境甚至破产。当企业资金利润率大于借入资金利息率时，使用借入资金获得的利润除了补偿利息外还有剩余，因而使自有资金利润率提高。但当资金利润率低于借入资金利息率时，使用借入资金所获得的利润还不够支付利息，还需要动用自有资金的一部分利润来支付利息，从而降低自有资金利润率。由于各种因素的影响，资金利润率和借入资金利息率差额具有不确定性，从而引起自有资金利润率的高低变化，进而导致融资风险。这种风险程度大小受借入资金和自有资金比例的影响，借入资金比例越大，风险程度越大；借入资金比例越小，风险程度越小。因此，对融资风险管理，关键是要保持一个合理的资金结构，维持适当的负债水平，既要充分利用举债经营获取财务杠杆收益，提高自有资金赢利能力，同时又要注意防止过度举债而引起的财务风险加大，避免陷入财务困境。

融资风险主要来源于以下几方面：①资金来源的不确定性。企业资金除自有资金外均应向外界筹集，如果企业不能及时足额地从外界筹集到资金，势必会给企业生产经营活动带来风险。②融资渠道的多样性。企业融资渠道主要有国家财政资金、银行信贷资金、非银行金融机构资金、其他企业资金、居民个人资金和企业自留资金等。如果融资渠道选择不当，就会增加融资成本，影响企业经济效益，给企业带来风险。③融资成本的高增长性。由于种种因素的影响，企业融资成本有不断上升的趋势，如果企业经营管理不善，对融资成本的影响估计不足，会导致决策失误，也就无法实现预期融资目标，给企业的信誉带来风险。④汇率的变动性。企业借入外汇资金，会由于汇率的提高而增加支出，减少利润，带来融资风险。当然，除了上述融资的主要风险外，还有政治、社会、自然、产业等其他风险，也都直接或间接地对融资产生影响。

对融资风险的管理可以通过计算融资风险评价指标进行。评价指标主要有：①自有资金收益率。②综合资金成本率。

通过对自有资金收益率和综合资金成本率的计算，可以确认最优资金结构，选择合理的融资方式，以降低资金成本，从而降低企业融资风险。

（二）融资风险的防范

科学地预测融资风险，合理地规避融资风险，可以最大限度地为企业谋取经济利益。但只有确定最优的资金结构，才能有效地降低融资风险。企业的融资过程是充满风险的过程，而确定最优资金结构，选择最佳融资方案，合理防范风险，是一项重要任务。如何确定最优资金结构，主要应考虑以下几方面：

1. 选择最有利的融资方式。企业融资方式包括内部融资方式和外部融资方式，其资金成本往往不同。在选择融资方式时，首先应考虑内部积累，然后再考虑外部融资，通过各种数量分析方法，以资金成本为基础，建立起接近最优资金结构的良好结构。

2. 改善经营机制，努力实现借入资金变为自有资金的置换。企业要适应市场经济变化，改善自身经营机制，变独资经营为股份制经营或集团经营。通过改制变借入资金为自有资金，既可以扩大企业规模，又可以减少融资风险。

3. 充分考虑投资收益不低于银行存款利率。企业在确定最优资金结构和进行融资时，应充分考虑投资回报率不低于银行存款利率这一点。能够得到投资者长期稳定的支持，是融资成败的关键因素。①

四、企业资产重组的政策风险及防范

（一）政策风险及其管理

在市场经济条件下，由于受价值规律和竞争机制的影响，各企业争夺市场资源，都希望获得更大的活动自由，因而可能会触犯国家的有关政策，而国家政策又对企业的行为具有强制约束力。另外，国家在不同时期可以根据宏观环境的变化而改变政策，这必然会影响企业的经济利益。因此，国家与企业之间由于政策的存在和调整，在经济利益上会产生矛盾，从而产生政策风险。

政策风险主要包括反向性政策风险和突变性政策风险。反向性政策风险是指市场在一定时期内，由于政策的导向与资产重组内在发展方向不一致而产生的风险。当资产重组运行状况与国家调整政策不相容时，就会加大这种风险，各级政府之间出现的政策差异也会导致政策风险。突变性政策风险是指由于管理层政策口径发生突然变化而给资产重组造成的风险。国内外政治经济形势的突变会加大企业资产重组的政策风险。

政策风险管理是现代企业资产流动、产权重组的主要方面，也是企业管理的重要内容。企业在资产重组中可能会因与国家有关政策相抵触而造成损失，因而加强政策风险管理，对于企业资产重组至关重要。企业在对政策风险进行管理时：①要提高对政策风险的认识。对资产重组过程中面临的政策风险应及时地观察分析和研究，以提高对政策

① 对外经济贸易大学国际经济研究所：《企业资产重组的风险及其防范》，《中国经济时报》2003 年 11 月 21 日。

风险客观性和预见性的认识，充分掌握资产重组政策风险管理的主动权。②要对政策风险进行预测和决策。为防止政策风险的发生，应事先确定资产重组的风险度，并对可能的损失有充分的估计，通过认真分析，及时发现潜在的政策风险并力求避免。在风险预测的基础上，合理安排资产重组计划，搞好风险项目的重点管理，提出有利于资产重组的最佳方案，正确作出处理政策风险的决策，并根据决策方案，采取各种预防措施，力求降低风险。对政策性风险管理应侧重于对潜在的政策风险因素进行分析，并采用科学的风险分析方法。通过对政策风险的有效管理，可以使企业避免或减少各种不必要的损失，确保资产重组工作的顺利进行。

（二）政策风险防范

政策风险防范主要取决于市场参与者对国家宏观政策的理解和把握，取决于投资者对市场趋势的正确判断。由于政策风险防范的主要对象是政府管理当局，因而有其特殊性。

1. 反向性政策风险的防范。对于反向性政策风险的防范主要是理顺国家政策与企业资产重组运作内在机制之间的关系。由于政策风险对于市场经济发展及合理的资产重组起着阻碍作用，因而应慎重地制定政策。对于地方政府来说，在制定政策时应尽量与中央政府保持协调一致，以减少反向性风险。中央政府在制定政策时，应根据市场经济体制的要求，制定其配套的改革政策，以实现资产重组的法制化。

2. 突变性政策风险的防范。对于突变性政策风险的防范主要取决于国家监管部门，其防范措施为：①加强平时的日常监管。在市场运行过程中进行日常监管，可以防微杜渐，防患于未然。出现异常情况时及时作出判断，对违章事件及时查处，以保持良好的资产重组的市场环境。②提高市场监管水平。根据市场的运行和变化，运用市场控制手段，把握市场供求结构和行业平衡，完善资本市场，减少突变性风险，使企业的资产重组在一个平衡、协调的市场中进行。

五、实施管理层收购的风险分析

在中国当前的市场环境下，管理层收购还是比较新颖的企业并购方式，一些相关的政策和法律还没有出台，因此大多企业在考虑管理层收购方式时，还是摸着石头过河。因此，管理层收购的诸多环节都存在一定的风险因素，大致来说有：

（一）政策风险

由于中国的管理层收购更多地担负着解决企业产权改革的使命，因此比较敏感，尤其是目前在中国的证券市场，绝大多数是企业国有股东的变更需要经过财政部的审批，而且经常要面对资产是否流失这个难以回答的问题，因此无形当中给企业管理层收购的操作带来了难度，目前已经尝试的宇通客车等案例大都因为审批问题而处于等待状态。因为政策审批的原因，使得中国的管理层收购更多只是暗流涌动，已经尝试操作管理层收购的企业也大都低调。

（二）法律风险

目前，中国对于管理层收购没有明确的政策和法律规定，更多的是涉及国有及集体资产转让的规定，包括：《企业财产监督管理条例》、《企业资产管理产权登记管理办法》、《资产评估管理办法》等。因此，法律规定的变化会给管理层收购带来一定的法律风险。更重要的是，法律的不健全使得管理层收购主体的合法性在现有法律框架下存在障碍。

目前的管理层收购通常是由管理层注册成立一家新公司作为收购目标公司的主体，然后以新公司的资产作为抵押向银行贷款，以获得足够的资金来购买目标企业的股份，这个新的公司的资金来源大部分需要银行的贷款。这种壳公司也应当遵循《公司法》，而《公司法》要求对外累计投资额不得超过公司净资产的50%，从目前已发生的几个上市公司的管理层收购的案例来看，就存在有些公司对外投资超过净资产的50%的现象。另外，当前中国的管理层收购案例中有不少采用了职工持股会的做法，但是职工持股会的性质是社会团体法人，不能从事投资活动。

（三）行政风险

管理层收购过程隐含大量的行政因素，诸如人员的安排，管理层收购主体和客体的确定等等。行政因素的介入，使得管理层收购一些环节（如定价）变得相当简单，而一些环节（如人员的安排）则相当复杂。实际上，由于中国特殊的股权结构使得管理层收购大多数都需要通过协议转让非流通股的方式来实现，而目前非流通国有股须经行政审批方可进行转让。

（四）定价风险

管理层收购涉及管理层、大股东和中小股东，涉及股权结构变动，内部人有可能利用内幕的信息等侵犯到中小股东的利益。由于信息不对称使得定价过程不可能很合理，管理层收购定价过高，收购主体不同意，定价过低，国家或者集体受到损失。管理层获取大量超额利益的典型举动是：先将公司做亏，净资产做小，然后以相当低廉的价格来实现收购的目的。

（五）方案规划风险

由于管理层收购过程涉及面大，同时直接影响着企业的发展，因此我们完全可以说管理层收购是一项系统工程，管理层收购成功实施过程需要考虑诸多的细节问题，每一个细节都必须要有缜密的考虑，如果我们的规划方案仓促出台，那么很有可能造成整个过程的失败。

（六）融资与分红风险

管理层收购会动用大量资金，管理层收购以后就面临偿还资金的压力，在目前没有股权转让渠道的情况下，必然要通过分红来承担这个压力，这样管理层有可能采取过度的大比例的分红，这对上市公司的持续经营是不利的。从年报中披露的情况看，高派现与管理层收购有着密不可分的联系。管理层有可能为了加速还债而加大分红力度，从而降低上市公司现金流量，加重企业的经营风险。

（七）运作风险

实施管理层收购之后，管理者成为企业的大股东，企业的命脉完全掌控在一个或几个人的手里，如果监管不力，大股东通过各种方式滥用股权侵吞中小股东的利益将更为便捷，而且所获的利益更为直接。同时，由于管理层收购时设立的职工持股公司一般进行了大量的融资，负债率非常高，上市公司新的母公司的财务压力是很大的，不排除高管人员利用关联交易等办法转移上市公司的利益至职工持股的母公司，以缓解其财务压力。

管理层收购不仅仅具有以上风险，同时由于目前投资人权力缺位、民事刑事配套法规不健全、违规违法惩处不力，都使管理层收购的实施存在较大的风险，因此选择管理层收购方式，万不可掉以轻心。至于管理层收购的风险规避，主要是规避政策和法律上的风险。在管理层收购刚刚起步的中国，很多法律和制度还缺乏清晰规定，因此，目前管理层收购活动有很多细节还介于合法与不合法的灰色地带。如法律规定禁止银行贷款给个人从事股权投资的活动，同时也禁止公司用资产或股票作为抵押贷款从事股权投资。针对这样一种客观环境，管理层收购的实施主体（管理者）一方面要适当地规避法律或制度上可能的障碍；另一方面也需要和当地政府及主管机关保持良好的沟通与合作，以确保管理层收购能顺利进行。

总体来说，管理层收购的兴起，很大程度是因为我们已经进入知识经济时代，很多观念正在发生变化。管理层收购在西方发起的直接动因主要是解决经理人代理成本等问题，意在解决公司的所有者结构、控制权结构及企业的资产结构。在中国，管理层收购的兴起主要是为了明确产权和强化激励。目前，中国对于管理层收购没有明确的政策规定，更多的是涉及国有及集体资产转让的规定，包括《企业财产监督管理条例》、《企业资产管理产权登记管理办法》、《资产评估管理办法》等。各地方也有各自具体的规定，但无论从国家还是地方来看，都鼓励经营者持股的现象。虽然我们不能在管理层收购与良好的公司治理之间简单画上等号，但管理层收购带来的企业控制权与所有权的融合将使过去不合理的分配体制发生根本性的改变，并由此引导公司治理向良好的方向发展。因此，管理层收购将会成为中国企业发展过程中改革的重要方式，管理层收购方式将会在中国逐步推广开来，从这个角度来看，探索并实践有中国特色的管理层收购意义深远。

六、资产剥离潜在风险浅析

在银行受不良资产影响严重，国企改革举步维艰的情况下，1999 年 4 月，国家经贸委负责人表示，要通过金融资金管理公司解决不良资产问题。不久，在国务院的批准下，中国信达、华融、长城、东方等4家金融资产管理公司相继宣布成立，随即便全面展开了不良资产的收购工作，各主要国有商业银行的资产剥离工作也相应随之展开。时下，“资产剥离”一词在金融界颇有一些热点的味道。

由于拟剥离不良资产的特殊性和当前金融资产管理公司自身的局限性，决定了风险承受主体的转移——资产剥离蕴涵着较大的风险。

（一）来自拟剥离不良资产自身的风险

从某金融资产管理公司在河北省地区的主要进展情况来看，截至目前，不良资产剥离工作进展顺利，剥离档案材料均已陆续移交资产管理公司审查，这些拟剥离的不良资产主要有以下几种：

1. 待处理损失贷款。在这部分拟剥离的不良资产中，除已列入730、739呆滞、呆账贷款科目的“两呆”资产外，还有相当一部分贷款是事实上已经成为“两呆”贷款，但由于种种原因未列入损失科目的贷款，据初步测算，该地中行拟剥离的实际“两呆”资产约占计划拟剥离的不良资产的20%左右。

2. 关停企业贷款。经对拟剥离的不良资产进行分析表明，关停企业贷款约可占秦皇岛市中行拟剥离的不良资产总量的60%，这些企业多数名存实亡，或处于停产倒闭、人去楼空的状态，这些贷款对象主要以中行原政策性扶持的老外贸企业为主。

3. 严重亏损企业贷款。这些企业多数已陷入困境，虽勉强维持经营，但已处于资产半停产状态，度日如年，难以为继，资产流失严重。

4. 抵押、保证条件不完备的贷款。这部分贷款或纯属信用放款；或抵押、担保条件失效；或抵押物灭失，担保企业消亡；或未办理动产、不动产抵押登记等等原因不一而足，但共同特征都是贷款失去了相应的物资保障和法律保障。

5. 小、散、差户贷款。这部分不良资产分布范围广、企业多、地域分散，且收益少，管理难度大、成本高，有些可能已丧失了第一手或第二手的还款来源。由上述拟剥离的不良资产的几种主要类型看，被商业银行剥离的不良资产大多是几乎回收无望的信贷资产，这样商业银行就把对于企业债权回收的风险转为了资产管理公司资本投入的风险。

（二）来自对资产剥离认识方面的风险

1. 一些企业把资产剥离当成一种优惠政策，认为资产剥离将债务转移到资产管理公司后就可以如同呆坏账一样核销掉，可以甩掉沉重的债务包袱，为此争相挤上这班车。更有些企业有偿还债务能力，但故意不还，千方百计挤进资产剥离行列，资产剥离可能会进一步助长某些企业的等、靠、要心理。

2. 某些银行认为通过资产剥离，可以盘活存量，减少原来执行的到期收回不良贷款本息硬指标，以减轻工作、思想上的压力。

3. 一些地方政府在资产剥离问题上认识非常模糊，表现为缺乏大局观念，积极为本地企业争取资产剥离指标。这些认识上的模糊导致企业、银行、政府均非常热衷于剥离，甚至不惜弄虚作假。这就使得拟剥离的不良资产含有“水分”，违背国家成立金融资产管理公司的初衷。

（三）来自法律法规、政策环境方面的风险

资产剥离，对中国来说，还是一项新的探索，没有现成的经验可借鉴，更没有专门的法律法规。日前所执行的多是各商业银行资产保全部门和金融资产管理公司自行制定的剥离实施细则或操作办法，缺乏明确的法律支持。这些剥离文件各自为政，虽然体现了不同商业银行和资产管理公司的剥离意图，但是否符合国家成立金融资产管理公司的整体初衷，就不得而知了。剥离法律法规的欠缺，不但严重影响了资产剥离的进度和效果，也为资产剥离后金融管理公司的管理埋下了隐患。

（四）来自管理公司自身的风险

1. 金融资产管理公司在省会级城市以下没有分支机构，而其从商业银行接收的不良资产分布范围广、企业多、且地域分散，不良资产本身就蕴涵着巨大的风险，风险的转移就更需要风险的防范，在缺乏有效的委托代管机制的情况下，单靠人员少得可怜的资产管理体制公司能否承担起管理不良资产的重任的确让人担心。

2. 资产管理公司处置不良资产手段单一乏力，债权追偿难。尽管人民银行批准金融资产管理公司 13 项经营业务，同时也要求公司应利用所给予的特殊法律地位和专业优势，最大限度减少损失，而实际上目前可供金融资产管理公司利用的手段非常有限，大致可分为三类：①对仍有市场前景和潜力的国企实行债转股；②对于能产生现金流的资产实行资产证券化；③对确实无法挽救的资产实行拍卖、出售、破产清理的政策。但从上面拟剥离的不良资产的几种主要类型来看，这三种处置方法又受到很大局限。首先，可作为“债转股”实施对象的企业不多；其次，缺乏规范发达的资本市场，资产证券化难以实行；最后，从实践来看，拍卖、出售、破产清理不良资产往往要承受一定的损失。

既然资产剥离要冒很大风险，那么它的使命又何在呢？商业银行将不良资产剥离给金融资产管理公司，对于商业银行而言，息随本走，银行的收益量会受到影响，但这仅仅是从账面上受到的影响，对于那些已经处于“不良”性质的资产而言，收息往往是一种账面记录而不是实际收益；更何况，商业银行的纳税依据是账面值而非实际收益。因此，在按账面价值剥离不良资产的格局下，实际上收不到息的资产“转移”走了，商业银行赢得了新生命的萌芽，获得了新的发展时间和空间。可见，资产剥离是一种延缓矛盾和风险爆发时间的应急性措施。金融资产管理公司就是要化解商业银行不良资产之忧，代表国家来管理处置这些不良资产，承担着“化腐朽为神奇”的历史使命。

要让剥离的资产真正得以发挥作用，最大限度地减少损失，保全资产，就必须做好资产剥离风险的防范。具体而言有以下几点：

1. 提高对资产剥离工作的认识。资产剥离既不是核销呆坏账，也不是对企业的优惠政策。特别是地方政府、企业要以大局为重。资产剥离不是最终目的，只是一种手段，最终达到支持企业发展，减少银行不良资产，优化企业资产负债结构的目的。并非所有企业的贷款都要搞资产剥离，必须严格按照国家和金融管理公司的有关规定开展工作。

2. 进一步规范资产剥离行为。在宏观政策环境方面，抓紧制定剥离方面的法律法规，出台配套政策和进行制度上的改进。处置和管理不良资产的难度大、矛盾多，缺乏法律法规的保障，商业银行的剥离和金融管理公司的经营工作都不会顺利健康地发展。各国在不良资产重组过程中都出台了一系列配套政策法规和进行了制度上的改进。如美国 1989 年通过的《金融与机构改革、恢复和强化法案》中对资产重组、破产清算、重组公司的权限、调查信贷欺诈和违法职能等方面都做了规定，很值得借鉴。规范经营行为，在我国目前商业银行的剥离和金融管理公司的经营工作显得尤为必要。

3. 建立健全有效的委托代管机制，加强资产管理公司对被接收债务企业的拉制力度，以资产剥离为契机，建立起对产生不良资产企业的监督机制，并适当地增加资产管理公司处置不良资产的手段，扩大“债转股”的范围，银行通过金融资产管理公司，把原来银行与企业间的债权债务关系转变为金融资产管理公司与企业间的持股与被持股、控股与被控股的关系，从而创造了一种资本市场化运营新机制，以化解资产剥离之后的风险，使不良资产通过金融资产管理公司的投资经营达到资产的保值和增值的目的。

4. 积极培育资本市场，为资产剥离工作创造良好的环境。①要进一步扩大证券市场的规模，积极地把一些效益好、实施资产剥离的企业推向股票市场。②进一步规范和开放企业产权交易市场，提高资产管理公司股权的流动性。③要进一步培育和发展机构投资者队伍，使庞大的资产管理公司的股权能够有人购买得起。

第二节 资本经营监管概述

一、资本市场的监管目标与原则

(一) 资本市场的监管目标

金融市场监管的目标涉及以下几方面：

1. 为了保证金融市场机制，进而保证整个国民经济秩序的正常运转，以高效、发达的金融制度推动经济的发展。

2. 为了限制和消除一切不利于市场运行的因素，维持市场价格的稳定，保障市场参与者的正当权益，保证市场在具有足够的深度、广度、弹性基础上稳步运行，减少波动，为国家货币政策与财政政策的实施创造良好的金融环境。1998 年，“国际证券监督管理委员会组织（IOSCO）”因应形势的发展，将证券监管目标从 1992 年报告中的两个扩大为三个。这种改变反映了近年来全球资本市场发生的深刻变化。这三个目标是：保护投资者，保证市场的公平、效率和透明，降低系统风险。

具体地说，保护投资者是使投资者免受误导、操纵、欺诈、内幕交易、不公平交易和资产被滥用等行为的损害。信息披露是保护投资者的重要手段。按照 IOSCO 的原则，信息披露的关键是会计和审计报告要符合规范、质量高并遵照国际标准。另一个重要方面是监管机构设定的规则应当具备法律效力和权威；投资者有权通过中立机构如法院或其他仲裁机制向中介机构因其不当行为而导致的亏损取得赔偿。

保证市场的公平、效率和透明包含数层意思，主要指监管者通过恰当地设立交易制度来保障交易的公平，使投资者都能够平等地进入市场、使用市场资源和获得市场信息。监管制度应当保证交易价格形成的公平性。监管制度应当发现、防止和惩罚操纵市场者和其他导致市场交易不公平的行为。为保证市场的有效性，监管者应当保证市场信息的即时公布、广泛传播和有效反映于市场价格中。监管者应当推进市场的有效性。市场透明度指“在公众中实时传播的有关某项交易的在交易前后的信息量”。监管者应当保证市场高透明度。

降低系统风险是指监管者应当通过设定对市场中介机构的资本充足率和内部控制要求等措施降低投资者的风险。一旦金融机构出现财务危机，监管者应当尽量减轻危机对整个市场造成的冲击。为此，监管者应当要求中介机构满足资本充足率和一定的运营条件以及其他谨慎要求；当中介机构倒闭时，客户可以免遭损失或者整个系统免受牵连。但是，承受风险是投资的必然要求，也是市场活跃的基础，监管者不能也没有必要试图消除风险。它应当鼓励人们进行理性的风险管理和安排。监管者应当做的是要求投资者将风险承担限制在能力范围之内，并且监控过度的风险行为。

上述三个监管目标是相辅相成的。有助于保证市场公平、效率和透明的监管措施通常也有助于保护投资者利益和降低系统风险，有助于降低系统风险的措施，实际上就是在保护投资者。应当注意的是，过度监管也会导致负面效应。如 IOSCO 指出的，监管的终极目标是推动资本形成和经济增长。为此，维护一个自由的竞争市场以使其能发挥有效引导社会资源的功能是至关重要的。监管的滥用有时会阻碍市场竞争的形成，从而限制市场的发育和促进经济增长作用的发挥。因此，在实施监管时应当创立与经济增长相融的“监管环境”。这种环境包括：①对进入和退出市场没有设立不必要的障碍。②将市场准入条件尽量降低以使市场能够开放给最广泛的参与者。③监管者在设定规则时应充分考虑对市场造成的冲击。④作出财务承诺的所有市场参与者应当承受同等的被监管责任。

（二）资本市场的监管原则

资本市场的监管对象涉及范围很广，针对市场参与者的不同性质监管者应当设定不同的监管原则。市场参与者大体上可以分为这样几类：监管者本身、投资者、证券发行人、证券交易的中介机构（投资银行、证券公司等）、合作投资组织（基金等）、自律组织等。

1. 监管者应遵循的原则。①监管者的责任应当明确。监管者要负责任地、公平地和有效地实施监管，就应当首先明确责任、权利和义务。要做到这些，最好应当以法律的形式明确其责任；同时给予监管机构和职员在法律上明确的权利和权威。②监管机构应当具有政治和商业上的独立性、经济上的可核算性。如果监管机构在政治上不是独立的，那么上级行政部门对它的管理应当规范和透明。可核算性则指：监管者独立于特殊的部门利益；存在对监管者的公开核算体制；存在对监管者监管决策进行法律审核的体制。③监管措施应当具备一致性、综合性、透明性和公平性。在政策的形成过程中，监管者应当与涉及利益公众进行咨询、政策公开。监管者要承担教育投资者或市场参与者的义务。

2. 证券经营机构自律原则。有效的监管应当充分发挥自律组织的作用。自律组织是监管机构的有力补充。自律组织的作用表现在要求成员达到某个道德标准，而这是政府或独立监管部门不能做到的。自律组织在深刻性和专业性方面强于政府组织，对市场反应也异常敏捷。

3. 强化证券法规原则。证券交易的复杂性和欺诈者的诡计多端，要求对政策法规进行强有力的执行。因此，为进行有效监管，监管机构应当拥有综合执法权力。监管部门必须有权进行监察、调查和监视市场参与者，同时政府其他部门应当提供足够的支持。通过监察和监视中介机构的行为可以提高对投资者保护的标准。这些权力是强化监管、保障监管的有效性所必需的。由于所应赋予的权力很大，它们不一定由一个机构承担。证券监管权威的强化还需要通过国际间的合作来实现；应当保证监管机构在处理跨境交易的不当行为时也具有相应的权威。监管者在拥有调查、获取跨境不正当交易信息的权力的同时，应当与其他国家的监管者建立信息分享的渠道。监管部门应当严禁国际间通过证券交易进行“洗钱”活动。

金融活动的国际化和资本市场的全球化加强了监管部门间信息分享的必要性。例如，在多个市场同时上市交易股权的跨国公司便需要这类信息分享。最重要的是，跨国不正当交易行为往往是引发系统性风险的主要因素。有迹象表明，在全球金融市场日益融合的今天，跨境的欺诈、市场操纵和内幕交易活动发生的频率越来越高。国际间的监管合作已成为各国资本市场监管部门关心的主要问题。信息分享机制是其中最重要的部分。

4. 对证券发行人的监管原则。这方面的监管原则要点包括：所有影响投资者决策的财务信息和其他相关信息必须全面、准确和及时予以公布；任何一个公司的所有证券持有人应当享受平等、公正的待遇；会计和审计应当符合较高的国际标准。

5. 对合作投资计划的监管原则。监管体系应当设定合作投资计划合法性的标准以及对发起、运作合作投资计划的人士或机构的监管条例。监管体系应当对合作投资计划的法律形式和合法组织结构进行确定；这种组织结构应当保证客户资产的独立性受到保护。合作投资计划应当承担同样的信息披露责任。监管体系应当保证合作投资计划中每单位投资份额在资产评估、定价和赎回时有一个恰当、公开的基础。

6. 对市场中介机构的监管原则。这类原则包括对中介机构设定起始资本、运营资本和谨慎性资本要求；监管体系对中介机构的内部管理和运营行为设定标准；对中介机构的破产清算设定固定程序等。

7. 对二级市场的监管原则。这方面的要求很多，要点包括：①交易体系的建立应当置于监管部门的监督与监控之下，符合监管原则。②应当对交易进行日常监管，保证在平等和公平原则上的交易完整、达到市场不同参与者需求之间的适当平衡。③监管应当推进交易的透明度。④监管条例应有助于发现和阻止市场操控、内幕交易等不公平交易。⑤监管体系应当保证市场参与者进行必要的风险管理。⑥市场清算应当置于监管部门的监视之下；保障清算体系的公平、有效和有利于降低风险。

二、监管条件和结构的演变

20 世纪 90 年代西方国家政府对资本市场的监管起了一些重大变化。总的来说，新的监管体系特别加强了对内幕交易、混业经营和跨境融资活动中的不当行为进行预防、监督和惩处。

（一）监管结构变化松中有紧

OECD 在一份报告中指出，资本市场的监管体系在近年来的变化并非单一的放松管制（OECD，1995）。以 OECD 国家为例，20 世纪 80 年代中期以来，资本市场监管体系的改革中就包括建立新的监督委员会并扩大其职权、设立新的监管法规等。特别是针对金融体系中混业经营的发展，各国不同金融机构的监管部门有加强合作或者合而为一的趋势。

例如，荷兰于 1992 年通过了《证券交易监督法案》。该法案扩展了“证券委员会”对所有证券交易的监管职责，并对证券公司设定了严格的财务和行为标准。德国 1994 年通过了《第二次金融市场推进法案》、设立“联邦证券监督机构”；新机构的主要任务是监督内幕交易、重大财务事件的信息披露、行为监督、参与国际市场监管合作等；新法案还要求各交易所设立独立的内部交易监督机构、扩展地方州政府的监管权限等。

（二）放松市场准入条件

市场准入条件的放松一般被认为可以加强市场竞争、提高市场效率。在许多国家，最突出的是对外国投资者的市场准入条件呈现不断放松的趋势，例如取消对外国金融服务企业控制权的限制等。例如，在欧盟国家，继 1989 年引入《第二次银行指引》允许银行在欧盟各国自由设立分支机构之后，1995 年欧盟各国又建立了《投资服务指引》和附带的《资本充足指引》。这些指引的实施极大改变了欧洲各国金融立法体系。在此指引下，各国的投资服务机构和银行只需受本国相关部门的监管就可在任何其他欧盟国家从事金融服务；这些企业还可以不具备物理店位，通过电子媒介为客户提供跨国投资服务。再如，现在在美国，外国证券发行人不再需要承担过于繁复的信息披露责任。美国与加拿大之间建立的《跨司法管辖区域信息披露体系》互相承认对方的信息披露标准文本。这被认为是各国监管体系走向协调一致的第一步。

虽然如此，在上市条件方面国际间的合作还是十分有限的，其中会计准则的差异是明显的障碍之一。IOSCO 曾于 1993 年建议该组织的成员国采用《国际会计标准（第 7 号）》作为跨境上市的信息披露基础。

（三）加强风险防范措施

近年来，各国均将防止证券业务全球化带来的系统性风险摆在监管工作的议事日程中。目前，这类风险的主要来源是衍生产品市场和跨国银行和金融机构业务的多元化和多市场化。对此，西方监管部门已经要求证券从业机构发展内部风险管理和防范体系；要求这些机构或公司对财务报表进行有效监督；高级管理人员应直接负责风险控制系统，并提高清算的效率等。1995 年欧盟的“银行监督委员会”就要求将市场风险管理纳入监管条例之中，包括引入《资本充足指引》。该指引同样适用于投资银行。为规避衍生产品导致的风险，“银行监督委员会”的巴塞尔委员会和 IOSCO 于 1994 年共同颁布了针对衍生产品进行风险管理的监管文件。在该文件中，风险管理的基本原则包括“由董事会和高级管理人员直接参与对风险的监视；引入连续风险计算的充足的风险管理体系；监督和控制风险；准确和可靠的管理信息系统；即时的管理报告；贯穿到底的审计过程”等。另一个主要的风险防范措施是加强清算，尤其是跨国清算系统的建立。

（四）跨国监管的协调、合作和有效实施

全球性资本流动的一个原因是这些资本的所谓监管套利活动，即投资机构转移到监管相对松弛的国家或司法管辖区以逃避监管。防止监管套利的一个方法是加强各国在监管方面的协调和合作，这就要求各国监管体系之间要加强包容性。区域性的统一或单一金融市场可能是其中一个方向。当然，在现实中各金融市场之间存在竞争关系。放松监管潮流中隐含的一个动机是吸引更多的监管套利资金进入本地市场。一个市场的竞争力依赖于监管水平、税务负担、交易成本和金融创新的自由度。监管政策的制定者一方面要考虑过度监管会造成资金流失；另一方面，高效、合理、以市场为导向的监管体系也可以稳定投资者的信心，是市场繁荣的基础。

从这个角度看，各国之间的协调更显重要。基于这种认识，西方国家监管部门之间的合作正在不断加强。例如，1994 年美国和英国之间就衍生产品场外交易市场的监管达成详细的协议，协议由美国证监会（SEC）和期货交易委员会（CFTC）与英国投资委员会共同签署，其中重要一环是相互信息共享。

三、新兴资本市场的监管

1997 年的亚洲金融风暴带给世界金融界很多思考。1998 年 4 月包括中国在内的 22 个国家和机构汇聚在美国华盛顿，共同探讨如何改革全球金融体系以使类似的危机不再发生。该会议达成三点共识。一个月以后，7 国集团财政部长会议发表了《加强全球金融体系结构》的声明，指出全球金融体系亟待改革的五个方面：①提高（金融体系）透明度。②协助（新兴市场）国家为融入全球经济和允许资本自由流动做好准备。③加强本国金融体系。④确保私人部门为它们的借贷承担责任。⑤进一步加强国际金融机构的作用，加强它们之间的合作。

（一）亚洲金融危机带给监管者的反思

亚洲金融危机的发生改变了全球金融界对一些传统观念的认识。它为改革现有国际金融体系、加强对金融体系的监管指明了方向。主要教训包括：

1. 国际金融机构和评级机构的作用有限。在发生危机的大多数新兴市场国家，国际金融组织拥有获得该国经济、金融信息的特权，并通常被授权对该国的金融体系进行监督。但在危机发生之前，这些组织没有能够很好地发布相应的警告。

2. 私人资本流动具有消极作用。传统观点认为，私人资本在国际金融市场间的流动具有良好的优化资源配置的功能。亚洲金融危机使一部分经济学家和政策制定者对私人资本流动采取了较保守的观点，认为它们至少好坏参半（Baghwati，1998）。

3. 对对冲基金有必要加以监管。对冲基金在危机中的所作所为使它们多多少少担上了罪魁祸首的罪名。这就引发了对这些基金进行必要监管的问题，如增加它们活动的透明度。IMF 曾估计全球对冲基金、专门基金和投机型互惠基金的总资产接近 1000 亿美元，交易时借助杠杆作用可以扩展到 5.10 倍。IMF 的调查研究和其他相关研究没有发现确凿的证据表明对冲基金在亚洲金融危机中起了关键作用。IMF 的报告只是发现对冲基金仅在泰国的危机中起着一些作用，就规模而言对冲基金远小于养老基金等（Eichengreen 等，1998）；美国国家经济研究局的报告则指出它们在亚洲金融危机过程中没有特别的举动（Brown，GoetzmannandPark，1998）。

4. 金融市场的自由化应谨慎从事。新兴市场化国家或地区，一方面希望融入世界金融体系获得好处；另一方面又要考虑将由此而来的系统风险降到最小。对这些经济体系而言，金融改革、经济发展和金融自由化等问题必须综合考虑，按次序进行。

5. 各国经济一脉相连。在世界经济紧密相连的客观环境中，各国政府的经济决策有可能影响到相邻地区和贸易伙伴。各国的宏观经济管理者在制定政策时应当相互咨询、配合和协调；同时，各金融市场达成监管的一致性变得异常紧迫和重要。

6. 制度发展和金融监管具有特别重要的意义。

（二）新兴市场证券监管的任务

新兴市场的监管架构应当改革以获得足够的资源、能力和恰当的监管结构来适应广泛得多的监管任务和达成复杂得多的监管目标。这些任务和目标包括以下几方面：

1. 监管者能够处理范围广泛的经济关系，保证本地市场运作的有效性和信息揭示的有效性，有能力评估在各种市场和环境中投资活动的性质。

2. 所有的相关监管部门都有能力鉴别系统风险的产生机理，并能相互协调以保障市场的安全。为此应当建立规范的协调机制以保证对系统风险的有效监视和对不测事件的预警能力。

3. 新兴资本市场既要发展国内市场，又要在国际金融市场上竞争。面对这样的责任，新兴市场的监管部门就必须发挥两方面的作用：一方面是监督和推动证券业的发展；另一方面则是为本区域金融市场的自由化建立政策性框架。亚洲金融危机同时还揭示出证券业前线监管部门（指交易所、清算机构和证券登记机构等）存在的重大问题。危机暴露出在亚洲一些国家的监管架构中监管部门不仅缺乏监督的能力、监管的权威，而且不能对其成员采取任何预先行动。强有力的前线监管对于政府主要监管部门达成监管目标起着重要的辅助作用。在新兴市场，主要监管部门与前线监管机构之间的关系必须加强。新的监管架构中应当明确主要监管部门、前线监管部门、会员或成员之间在监管领域的权利和义务及其之间的相互关系。

（三）维护市场稳定

新兴市场金融体系和宏观经济所表现出的资产价格波动、金融中介机构经营状态恶化、紧缩的货币政策、极大降低资产的流动性和市场信心急剧下降等危机现象削弱了监管体系功能的正常发挥，监管体系功能的丧失进一步加剧了市场不稳定，形成恶性循环。因此，维护市场稳定显得相当重要。

1. 建立危机管理与应急机制，新兴市场自身和相互之间应当发展和建立危机处理机制，以便能够对危机作出协调、及时的反应。

2. 监管条例应具备恰当的灵活性，监管条例应当具有足够的灵活性以使监管机构能够在危机发生时采取异常措施或相机行事。当然，这并不意味着监管机构应该拥有过分的权力。对系统风险管理的要求也需要市场保持对监管机构的信心。

3. 决策部门应当能够得到及时和全面的信息，对金融系统最具风险的关键领域进行监控是决策部门获得有用信息的重要途径。

4. 维护市场信心，监管部门可以通过适当安排分阶段地公布各种声明来“管理”人们对市场的预期，保持投资者心态的稳定。这些声明必须是全面和一致的。

维护市场的稳定还要求监管者对金融机构设定谨慎性融资规则，以防止金融机构在提供融资服务时过于冒险。"谨慎性融资规则"一般指要求金融机构具备一定的资本充足比率，这样，一旦某个机构发生财务危机不至于"牵一发而动全身"，引发整个系统的危机。亚洲金融危机中有许多为高风险投资活动融资的金融机构都缺乏足够的资本金。对此，IOSCO建议采用以风险暴露程度为基础的监管框架（IOSCO，1998）。另外，监管部门还应当考虑如何确立一种激励机制以使金融机构能够自觉遵守这些标准。事实上，不仅新兴市场应当加强对证券经营机构的谨慎性监管，各发达国家近年来也在实施或提高对投资银行的资本充足比率要求。例如，十国集团（G—10）对资本充足比率的监管要求金融企业内部风险管理系统达到一定的质量标准。显然，企业内部风险管理更具灵活性、更全面，企业也有更多自主权。对金融企业内部风险管理的监管将监管目标从资本充足率的简单数量控制转向对风险的综合控制，监管目标更具动态性。另外，这种方法还可节约监管成本。

（四）市场参与者的风险管理与客户资产保护

在发生危机的大部分国家或地区，市场参与者普遍缺乏风险管理的共识或缺乏风险管理的企业文化。风险管理并非仅仅是在衍生市场做风险对冲这么简单化。新监管理论认为，风险管理应当融入企业日常管理之中。市场参与者对风险的内部控制体系应包括很广的范围：风险管理策略，风险管理功能，风险测度、报告、控制和运筹，风险管理体系建立等。市场监管者的责任和任务之一就是推动、教育和提高所监管企业或市场参与者的风险意识、风险管理水平和风险管理体系的建立。

确保投资者受到保护和市场的完整是保障客户资产安全的前提。客户投资资产分账管理和提供良好的清算系统是保护客户资产安全的重要手段。这一点对新兴市场尤为迫切。因为在许多新兴市场中，金融机构随意挪用客户保证金的事件相当普遍。对客户资产保护不足是金融风险扩散的重要原因，但这个问题相比于金融机构的风险控制常常是被忽略的。

四、证券市场的监管及其法律责任

证券监管机制通俗地讲就是查处一切危及证券市场正常运行及长远稳定发展的违法违规行为，保障证券市场游戏规则不被破坏，维护市场公平与秩序的机制。许多国家都对证券市场进行管制，尽管美国不是第一个对证券市场进行管制的国家，但它却比其他国家更早地建立了证券管制基本框架。

（一）证券市场监管的意义

1. 证券市场管制与保护投资者利益。19世纪30年代初期，在有关股票市场运行问题的国会听证会上，人们发现了大量的操纵股价的证据，操纵者采取各种各样的手段控制股价，以使他们从普通投资者中获利。1934年的证券交易法为了防止这些行为制定了许多的控制性法律。

美国禁止内部交易，以保证拥有更多公司财务信息的公司管理者和所有者不能以非内部人的损失为代价而获利。在很长的时间里，内部交易在德国仍有合法性，在日本对内部交易的管制也不是很有效。20 世纪 90 年代以来，德国执行了欧盟内部交易规则，日本也实施了有关内部交易披露准则，内部交易得到了明显改善（Herring 和 Litan，1995）。

接管制度和保护小投资者管制条例，使接管按正常方式进行，并使小股东不至于被大股东以低价清偿方式剥削。LaPorta 等人（1997）的研究表明，对小股东保护是证券管制的一个重要的组成部分。在许多国家，由于缺少对小股东的保护，从而严重地限制了公司筹集资金的能力。

投资管理公司具有特殊的欺骗和欺诈的机会，这些公司的流动性意味着他们和那些不流动的公司相比存在很多问题。要求投资公司的管理者提供广泛的信息，并且使其接受严格管制尤为重要。互助基金和其他类型的投资管理公司中，大量的小投资者的存在意味着搭便车行为的必然性。没有一个个体投资者愿意监督管制层，这迫使对投资管理公司进行管制。

2. 证券市场管制与提高效率。尽管从历史角度看，证券市场管制基本上是为了保护投资者，但同时也在提高证券市场效率方面发挥了重要作用。披露标准和注册准则保证了证券市场的信息发布，这些信息将反映在市场价格上，并使价格准确的反映价值，换句话说，这些管制条例能提高市场的信息效率。

禁止操纵行为在保证价格以及准确反映内在价值等方面同样发挥重要作用。如果操纵行为猖獗，那么必然会存在资源配置的严重无效问题。更为严重的是，这可能导致减少投资者参与市场的积极性，进而减少投资总量。

接管制度和保护小投资者管制条例在提高效率方面作用十分明显。接管制度加强了公司控制，并保证资产为最有管理能力的团队所管理。保护小投资者管制条例保证小投资者愿意参与资本市场，如果他们总是冒着被大股东剥削的风险参与资本市场，那么很简单他们就会退出，这样投资和市场流动性就会降低。此外，投资管理准则在提高效率方面也发挥了重要作用。通过减少投资管理者滥用权力的可能性，再一次增加了投资者参与资本市场的意愿。同时，准则的设计减少了代理问题，降低了为使管理者承担风险而提供的激励，并在某种程度上实现了提高效率的目标，进而增加了投资，加快了市场的流动性。

3. 证券市场管制与系统风险防范。证券市场管制的基本框架源于对客户的保护，它在提高资本市场效率方面起到了重要作用，证券市场管制对于系统风险防范仅仅做了有限的规定。在美国，证券公司受到的是保证其行使某些功能的监督。

证券公司和银行的抗冲击能力存在一定的区别，其主要源于他们之间存在的四个关键性的结构性差异：

（1）证券公司把客户资金和自有资金分开，使有关公司资产的不利消息不致引起公司客户对公司资产的担心。

（2）证券公司的债务不是那种以清偿次序为基础的储蓄性债务，相反它通常是约定日期的债务性工具。

（3）证券公司通常持有流动性的可交易资产，并且这些资产以每天的市场价格为基础记载，相对透明的资产负债表降低其由于信息不对称问题而产生的易受损性，而且万一证券公司出现了信任危机并因此没有足够的借款能力，那么它可以相对容易地减少它的资产负债表的总量规模，而不至于出现资产的清算损失。

（4）证券公司没有直接接触需要支付较大价值的支付体系的机会。因此，一个证券公司的倒闭只能在很小程度上对整个支付体系产生冲击，它更多地引起为其结算、清算的银行的倒闭。

这些结构上的不同，其最终结果是证券公司和银行相比不易受到突发事件的冲击，而且，即使受到冲击使证券公司无力偿债，那么，证券公司的倒闭也不大可能引起向整个金融体系传染式的传播，从而成为系统风险的一个来源。[①]

（二）证券监管的目标与重点

证券市场是一个靠投资者信心支撑的市场，政府和监管部门对投资者的有效保护是证券市场可持续发展的保证。

1. 必须把保护投资者利益特别是保护中小投资者利益作为监管工作的重中之重。

2. 加强对证券经营机构的监管。其基本思路是，强化证券公司的法人治理结构，增强其管理的透明度，防范经营风险。对证券公司的监管主要围绕高层管理人员资格、资本结构、内控制度、技术条件等方面开展。要建立合理的市场准入标准，加强资格审查，督促证券公司建立合理的治理结构，加强现场和非现场检查，对有问题的机构进行重点检查，对存在的隐患及时处理，防患于未然。

3. 加强对上市公司的监管。其基本思路是，要求上市公司切实履行信息披露义务，不断完善法人治理结构，科学进行投资决策，有效运用募集资金。上市公司特别是要按照法规要求，切实履行信息披露义务。同时，加强对信息披露情况的分析，尤其是对重大事件的案例分析。另外，还要研究实施上市公司摘牌制度，对不符合继续上市条件的公司要采取措施退市，真正体现证券市场的优胜劣汰。

4. 继续加强证券执法，坚决打击一切违法违规活动。要进一步加大对内幕交易、操纵市场和其他欺诈行为的查处力度，加大执法和稽查力度，重点查处一批大案要案，对市场违规者形成威慑力量，促使市场参与者形成守法规范经营的理念。

5. 要进一步发挥证券业协会及证券交易所等机构的作用，进一步研究在发挥自律

---

① 王克敏、崔建伟：《西方银行与证券市场管制相互作用机制》，《财贸经济》2003年第5期。

组织作用方面的配套措施，确立专业机构和人员的道德规范。自律组织本身也要提高素质，加强自律制度建设，切实承担起责任，发挥好作用。

6. 要加强对投资者的教育，通过各种方式引导他们树立合理的投资理念，提高自我保护能力，并通过加强社会监督，充分发挥新闻媒体的舆论监督作用，达到强化监管，保护投资者利益的目的。

思考题

1. 资本经营风险的类型及原因有哪些？
2. 如何有效地规避资本经营风险？
3. 企业资产重组、并购、管理层收购分别存在哪些风险？
4. 资本市场监管的作用何在？
5. 证券市场监管的主要内容是什么？
6. 大陆公司的监管与境内公司海外上市的监管有哪些不同？

参考文献

1. 干春晖、刘祥生编著：《公司兼并与收购》，立信会计出版社，1995 年 4 月版。

2. 赵炳贤著：《资本运营论》，企业管理出版社，1997 年 1 月版。

3. 赵云喜著：《资本学——中国经济的温和革命》，中国城市出版社，1999 年 1 月版。

4. 孙黎主编：《公司收购战略——产权交易最高形式的操作》，中国经济出版社，1994 年 10 月版。

5. 王铁锋著：《中国企业并购分析及价值创造》，经济科学出版社，2004 年 5 月版。

6. 张德亮著：《企业并购及其效应研究——以上市公司为例》，中国农业出版社，2004 年 8 月版。

7. 胥朝阳著：《企业并购的风险管理》，中国经济出版社，2004 年 10 月版。

8. 王明夫著：《资本经营论》，中国人民大学出版社，2004 年 9 月版。

9. 姚长洪著：《企业并购整合问题研究——面向核心竞争能力提升的并购后整合分析》，中国经济出版社，2005 年 8 月版；庄乾志著：《银行跨国并购的风险分析》，《财经问题研究》1999 年第 7 期。

10. 国家体改委生产体制司组织编写：《资本营运指导全书》，中国经济出版社，1998 年版。

11. 王开国著：《中国企业资产重组的理论与实务》，上海人民出版社，1998 年版。

12. 王先庆主编：《中国上市公司板块分析》，广东经济出版社，1998 年 5 月版。

13. 王先庆著：《金融新热点：投资基金前瞻》，地震出版社，1994 年 8 月版。

14. 张亦春、王先庆著：《国际投机资本与金融动荡》，中国金融出版社，1998 年 5 月版。

15. 李忠鹏著：《金融联盟》，天地出版社，1998 年 7 月版。

16. 王先庆主编：《金融市场学》，广东经济出版社，1997 年 1 月版。

17. 何志勇主编：《上市公司：聚变时代中权力的获得与利用》，西南财经大学出版社，1998 年 8 月版。

18. 何维达：《论社会主义市场经济条件下资本存在的客观和功能》，《当代财经》1996 年第 2 期。

19. 余新民:《资本经营——现代企业管理的新课题》,《湖南财政与会计》2001 年第 8 期。

20. 薛频:《从产品经营到资本经营》,《江苏企业管理杂志》1997 年第 10 期。

21. 檀向球:《沪市上市公司资产重组绩效实证研究》,《中国证券报》1998 年 9 月 28 日。

22. 唐任伍、董杰:《西方并购动因与并购效应理论的发展》,《经济学动态》2003 年第 2 期。

23. 刘晓丹:《并购:内涵改变推动形式创新》,《中国证券报》2003 年 12 月 18 日。

24. 吴清烈、冯勤超:《武忠企业战略并购决策的信息结构与支持框架》,《中国软科学》2001 年第 5 期。

25. 陈依频:《并购前细规划并购后重整合》,台湾《会计研究月刊》2000 年第 4 期。

26. 田雨:《跨国购并——我国企业资本经营的新思路》,《证券时报》1997 年 11 月 21 日。

27. TCL 通讯:《证券市场首例换股合并案 TCL 集团合并》,《证券时报》2003 年 9 月 30 日。

28. 刘健钧:《并购新形式——创投支持管理层收购》,《中国创业投资与高科技》2003 年 5 月 4 日。

29. 王立新、吕建华:《MBO 主体的法律问题》,《证券时报》2003 年 8 月 23 日。

30. RobertF. Grondine 金海岸翻译:《日本的杠杆租赁与经营租赁》,《2002 年世界租赁年鉴》。

31. 对外经济贸易大学国际经济研究所:《企业资产重组的风险及其防范》,《中国经济时报》2003 年 11 月 21 日。

32. 叶厚元:《并购决策风险的评价模型及几种风险防范措施》,《决策借鉴》2002 年 7 月 3 日。

33. 王克敏、崔建伟:《西方银行与证券市场管制相互作用机制》,《财贸经济》2003 年第 5 期。